Michelle LaRowe

DIE BESTEN NANNY-TIPPS

Handbuch für die Kindererziehung vom Babyalter bis zur Einschulung

Über die Autorin

Michelle LaRowe ist Berufs-Nanny. Im Moment hilft sie bei der Erziehung von zwei 6-jährigen Zwillingsjungen. Bevor sie diesen Beruf ergriff, hat sie einen Abschluss in Chemie gemacht. 2004 wurde sie von der *International Nanny Association* zur „Nanny des Jahres" gewählt. Neben ihrer Tätigkeit hat sie eine ganze Reihe von Ratgebern für Eltern geschrieben und engagiert sich im Berufsverband der Nannys. Michelle lebt in der Nähe von Boston.

MICHELLE LAROWE

DIE BESTEN NANNY-TIPPS

Handbuch für die Kindererziehung vom Babyalter bis zur Einschulung

GerthMedien

Die amerikanische Originalausgabe erschien im Verlag
W. Publishing Group, A Division of Thomas Nelson, Inc.
unter dem Titel „Nanny To The Rescue“.

Aus dem Amerikanischen übersetzt von Antje Balters
Die Bibelstellen wurden der Übersetzung „Hoffnung für alle“ entnommen.

Best.-Nr. 816-160
ISBN 978-3-86591-160-5
1. Auflage 2007
Umschlaggestaltung: Hanni Plato
Satz: Die Feder GmbH, Wetzlar
Druck und Verarbeitung: GGP Media GmbH, Pößneck
Printed in Germany

Für Familie Kuntz,
für die ich seit über
sechs Jahren arbeite

INHALT

EINLEITUNG

Haben Sie schon einmal miterlebt, dass Ihr Kind wie am Spieß geschrieen hat, weil es sein Mittagessen nicht essen wollte? Oder dass ein Kind so lange brüllte und tobte, bis es blau anlief? Kennen Sie Stress beim Schlafengehen? Raufereien zwischen Geschwistern, bei denen die Grenze zwischen Spaß und Ernst überschritten wird? Kämpfe an der Süßigkeitenfront oder Streit übers Fernsehen, den Mittagsschlaf, das An- bzw. Ausziehen?

Willkommen in der wundervollen Welt der Kleinkindeltern!

Vielleicht könnte folgende Szene auch aus Ihrem Alltag stammen: Es ist Montag und Sie haben Ihr Kind gerade vom Kindergarten abgeholt. Bevor Sie nach Hause fahren, müssen Sie noch ganz schnell im Supermarkt ein paar Zutaten für das Mittagessen einkaufen.

Die Gemüse- und Fleischabteilung haben Sie schnell und problemlos geschafft, doch dann passiert es ... wieder mal. Sie haben sorgsam den Keks- und Süßigkeitenbereich gemieden, aber Sie brauchen unbedingt Milch, und die Kühlregale für Milchprodukte befinden sich (natürlich) in Sichtweite der Süßigkeitengänge ... und ... zu spät! Ihr Kind hat seine Lieblingssüßigkeit bereits erspäht – Überraschungseier – und zwar Millionen davon!

Sie sind so schlau, sofort einen abrupten Richtungswechsel vorzunehmen, allerdings leider wieder zu spät. Das Protestgebrüll Ihres kleinen Wonneproppens beschallt bereits den gesamten Supermarkt: „Ich will ein Überraschungsei. Ein Ei!!!"

„Nein, mein Schatz, jetzt nicht", antworten Sie ruhig, aber bestimmt. „Wir kaufen jetzt nur Sachen fürs Mittagessen."

Ihr Kind ignoriert Sie und verleiht seiner Forderung akustisch Nachdruck. Dasselbe Lied, nächste Strophe – ein bisschen lauter, ein bisschen schlimmer.

Sie setzen auf die Verhandlungstaktik. „Wenn du jetzt aufhörst zu schreien und Mama schön zu Ende einkaufen lässt, dann backe ich noch einen Kuchen zum Nachtisch."

Nützt nichts. Abwarten ist in diesem Augenblick nicht unbedingt das, was Ihr Kind im Sinn hat. Es will ein Ei, und zwar jetzt sofort ... und das darf auch ruhig die ganze Welt erfahren.

Mittlerweile haben Sie das Gefühl, dass wirklich jeder Ihr kleines Drama mitverfolgt. Eine Frau, die es natürlich nur gut meint, kommt auf Sie zu und sagt: „Da mussten wir alle mal durch. Nehmen Sie´s einfach nicht so schwer." Im Prinzip nett, hilft Ihnen aber auch nicht direkt weiter.

Sie versuchen, Ihren Einkauf zu Ende zu bringen, und tun einfach so, als fände das Drama in Gang 6 gar nicht statt, aber Sie und Ihr schreiendes Kind sind mittlerweile zum Ziel jedes missbilligenden Blickes im gesamten Supermarkt avanciert.

Schamrot und gesenkten Hauptes lassen Sie Ihren halb vollen Einkaufswagen mitten im Laden stehen und eilen zurück zu Ihrem Auto, natürlich ohne die nötigen Lebensmittel fürs Mittagessen. Schon beim Ausparken lässt das Geschrei Ihres kleinen Lieblings merklich nach, und als Sie in den Rückspiegel schauen, stellen Sie fest, dass der Kleine engelsgleich in seinem Kindersitz liegt und selig schläft. Sie dagegen haben Kopfschmerzen und fahren auf dem Heimweg kurz noch beim Drive-in einer weltberühmten Fastfood-Kette vorbei.

FOLGENDE FEHLER HAT DIE BEISPIELMUTTER GEMACHT:

- Sie hatte keinen Plan.
- Sie hat ihrem Kind gegenüber keine klaren Erwartungen formuliert.
- Ihr war anscheinend nicht klar, dass man mit einem Kleinkind nicht verhandeln kann.
- Sie hat sich für einen kurzfristig funktionierenden Ausweg entschieden und muss deshalb damit rechnen, dass beim nächsten Einkauf etwas Ähnliches passiert.
- Sie ist mit einem müden Kind (und selbst müde) einkaufen gegangen.

Kommt Ihnen diese kleine Geschichte vielleicht irgendwie bekannt vor? Alle Eltern aller Kleinkinder haben sie schon so oder ähnlich erlebt, wahrscheinlich sogar schon oft.

Aber keine Angst, die Rettungs-Nanny naht! Ein bisschen wie Mary Poppins mit ihrer geblümten Gobelintasche, möchte ich in diesem Buch die besten Nanny-Tipps für die Erziehung von Kindern bis sechs Jahren an Sie weitergeben. Wenn Sie sich konsequent an die hundertfach erprobten Praxis-Tipps halten, dann werden nicht nur Ihre Kinder ihren Alltag mehr genießen, sondern Sie selbst auch. Wenn Sie auf der letzten Seite dieses Buches angekommen sind, werde ich dann meinen Regenschirm aufspannen und mich wieder aus dem Staub machen.

Sie werden in diesem Buch mit Handwerkszeug ausgerüstet, um altbekannte Alltagssituationen mit Gelassenheit zu meistern – klingt gut, oder? Gott hat Sie dazu geschaffen, liebevolle, fördernde Eltern zu sein und glückliche, selbstsichere und ausgeglichene Kinder großzuziehen. Aber wie Sie sicher bereits festgestellt haben werden, ist Elternsein gar keine so einfache Aufgabe.

Früher lebten frischgebackene Eltern meist in unmittelbarer Nähe ihrer Eltern,

Großeltern und anderer Verwandter. Sie hatten also Berater(innen), von denen sie durch die bisweilen doch sehr verwirrende Welt der Kindererziehung begleitet wurden und die ihnen mit Rat und Tat zur Seite standen. Heute wohnen frischgebackene Eltern oft nicht nur Tausende von Kilometern von Eltern und Großeltern entfernt, die sie bei Problemen mal eben um Rat bitten möchten, sondern oft sind sie auch beide berufstätig. Kein Wunder also, wenn Stress aufkommt! Und hier komme ich ins Spiel – die Nanny.

Bevor es jetzt losgeht, sollen Sie noch ein paar Dinge über mich erfahren ... und warum eine Berufs-Nanny wie ich Ihnen als Eltern an der Erziehungsfront helfen kann. In Deutschland gibt es nicht viele Nannys, auch wenn die Berufsbezeichnung durch beliebte Sendungen wie die „Supernanny" inzwischen recht geläufig ist. In den USA gibt es aber rund eine Million Familien, in denen eine Nanny den Eltern bei der Erziehung ihrer Kinder zur Seite steht.

Nun ist es natürlich so, dass Nannys teurer sind als Tagesmütter oder Babysitter und deshalb nur für vergleichsweise wenige Familien infrage kommen. Und Sie als Eltern suchen vermutlich auch niemanden, der mehr Einfluss auf Ihre Kinder hat als Sie selbst – aber wahr ist auch, dass für viele Familien mit berufstätigen Eltern eine Nanny eine wunderbare Lösung für das Kinderbetreuungsdilemma ist. Die Nanny macht es möglich, dass die Kinder bei sich zu Hause von immer derselben Bezugsperson betreut werden und die Eltern ebenfalls weiterhin eine aktive Rolle im ganz normalen Alltagsablauf ihres Kindes spielen können. Außerdem ermöglicht die Nanny-Lösung den Eltern, ganz genau zu bestimmen, wer ihre Kinder langfristig zuverlässig versorgt und wer Einfluss auf sie nimmt.

In Sendungen wie der *Supernanny* können sich Eltern zwar ein paar gute Ideen und Methoden abschauen, aber sie bekommen nur sehr verkürzte Begründungen für diese Ideen und auch nicht das nötige Handwerkszeug und die Selbstsicherheit, diese Ideen dann für sich in ihrer Familie praktisch umzusetzen.

Mein Anliegen mit diesem Buch besteht darin, Ihnen alles in einem zu bieten: Die Begründung, weshalb bestimmte Erziehungsmethoden so wirksam sind. Die Selbstsicherheit, diese Methoden auch ganz praktisch in Ihrer Familie anzuwenden, und jede Menge Profi-Tipps für den Umgang mit Alltagsproblemen!

Im Unterschied zum Babysitter von gestern sind die Berufs-Nannys von heute gut ausgebildete Profis, die über viel Know-How verfügen und außerdem Kinder lieben. Viele Nannys haben einen College-Abschluss und bilden sich darüber hinaus stetig fort. Wie viele andere Berufsgruppen auch, sind Nannys häufig in Berufsverbänden organisiert und stehen in regem Austausch untereinander, und zwar auf Kongressen und anderen berufsspezifischen Veranstaltungen.

Weil die von Nannys betreuten Kinder ja nicht ihre eigenen sind, haben Nannys in schwierigen Situationen oft gefühlsmäßig mehr Abstand als die Eltern, weil sie emotional nicht so stark beteiligt sind. Wenn ein Schützling mal in der Öffentlichkeit ausrastet, kann eine Nanny anders reagieren als die Mutter. Eine Berufsnanny ist nicht so sehr damit beschäftigt, sich ständig zu fragen, ob sie auch wirklich eine gute Mutter ist, oder mit dem Gefühl der Verletztheit fertigzuwerden, wenn ihr Kind zu ihr gesagt hat: „Du bist doof! Ich hasse dich." Eine Profi-Nanny weiß, wie wichtig es ist, dass ein Kind lernt, dass „Nein" wirklich „Nein" bedeutet ... auch wenn jeder im Einkaufszentrum sie anstarrt, während das Kind blau anläuft vor Zorn. Meist haben Nannys auch einfach viel mehr Erfahrung mit Kindern als frischgebackene Eltern.

Ich hatte eigentlich schon seit meiner frühen Jugend mit Kindern zu tun. Ich habe im Kindergottesdienst mitgearbeitet und viele Jahre als Babysitterin ausgeholfen. Und schließlich wurde ich Berufsnanny. Meine derzeitigen Schützlinge – Zwillingsjungen – lernte ich kennen, als sie erst zehn Tage alt waren. Schon als ich sie zum ersten Mal im Arm hielt, habe ich mich in sie verliebt. Es ist ganz wunderbar, die beiden, die inzwischen in die Grundschule gehen, heute zu sehen und zu wissen, dass ich fast vom Anfang ihres Lebens an dabei gewesen bin. Weil ich einen Abschluss in Chemie gemacht und erst danach beschlossen habe, doch lieber mit Kindern zu arbeiten, waren die Eltern der Zwillinge sicher, dass ich mich bewusst und nicht aufgrund irgendwelcher äußeren Umstände für den Beruf der Nanny entschieden habe.

Im Laufe der Jahre hat sich zwischen der Familie und mir eine ganz besondere Beziehung entwickelt. Die Eltern respektieren mich und ich sie. Die Kinder lieben mich genauso sehr wie ich sie, und sie betrachten mich als dritte Autoritätsperson in der Familie. Wir haben sicher auch Fehler gemacht, aber dann auch alle drei *übereinstimmend* (das klingt vielleicht etwas seltsam, aber mehr dazu später). Die Jungen leben nach denselben Regeln, seit sie laufen können, und sie wissen, was im ganz normalen Alltag von ihnen erwartet wird. Ich habe nie etwas für sie getan, was sie schon selbst tun konnten, mit der Folge, dass sie relativ selbstständig sind. Sicher, es hat auch viele Gelegenheiten gegeben, in denen alles schneller gegangen wäre, wenn ich sie angezogen oder für sie ihre Betten gemacht hätte, aber der Lohn dafür, es sie selbst machen zu lassen, war es allemal wert, dass wir hin und wieder zu spät gekommen sind.

Ich habe gelernt, mir ständig bewusst zu machen, dass ich ein Vorbild für meine Schützlinge bin. Es muss mein Anliegen sein, ihnen zu vermitteln, was richtig und was falsch ist, und zwar nicht nur mit Worten, sondern auch durch mein Handeln. Ich muss immer konsequent und stimmig handeln, was manchmal auch bedeutet, Nein zu sagen, wenn es eigentlich viel einfacher wäre, Ja zu sagen.

Ich möchte meine Arbeit so gut wie möglich machen – egal, ob es sich dabei um etwas so Alltägliches handelt wie eine Windel zu wechseln oder etwas so Wesentliches wie ein Kind daran zu erinnern, dass es geliebt ist.

Betrachten Sie mich deshalb doch einfach als Ihre persönliche Nanny in Buchform.

Vielleicht können Sie ja in nächster Zeit ein paar Mittagsschlafstunden Ihrer Kinder investieren, um das Buch einmal ganz durchzulesen. Oder Sie schlagen das Kapitel auf, in dem es genau um das Thema geht, das Ihnen zurzeit am meisten zu schaffen macht. Ich bin jedenfalls für Sie da!

TEIL 1

KLEINES EINMALEINS FÜR TOLLE ELTERN

Kapitel 1

WER IST DER CHEF?

Szene 1, die Erste

AUF DEM SPIELPLATZ

Mutter: Allie, wir müssen jetzt nach Hause.
Allie *schmollend:* Ich will aber nicht, Mama!
Mutter: In fünf Minuten müssen wir gehen.
(Es vergehen fünf Minuten).
Mutter: So, Schätzchen, die Zeit ist um. Auf geht's.
Allie: Nein! Ich will aber nicht nach Hause!
Mutter: Also gut, noch fünf Minuten, aber dann ist wirklich Schluss.
(Fünf Minuten vergehen).
Mutter: Allie, die Zeit ist um. Wir gehen jetzt.
Allie: Ich will aber noch spielen. Ich bin noch nicht fertig!
Mutter *holt tief und ärgerlich Luft:* Also gut. Sag mir Bescheid, wenn du fertig bist.
(Weitere zehn Minuten vergehen)
Mutter: So, jetzt hab ich aber lange genug gewartet. Wenn du jetzt nicht mitkommst, geh ich einfach los und du kannst allein hierbleiben.
Allie *stampft mit dem Fuß auf:* Ich komm aber nicht!
Mutter *geht los:* Gut, dann bleibst du eben hier. Tschühüs!
Allie *schreiend:* Mama! Mama!
Mutter *kommt verärgert zurück:* Wenn du gleich auf mich hören würdest, bräuchten wir das hier nicht immer wieder zu erleben!
(Nimmt Allie auf den Arm und trägt sie zum Auto)

Wieso kommt es einem eigentlich so vor, als hätten die Eltern von heute Angst davor, wirklich *Eltern* zu sein? Seit wann ist es eigentlich schick, der beste Freund oder die beste Freundin des eigenen Kindes zu sein stattdessen Mama oder Papa?

In der heutigen Gesellschaft haben viele Eltern keinen Zugang mehr zu dem ebenso schlichten wie grundlegenden Auftrag, ihre Kinder anzuleiten und sie selbstbewusst und zuversichtlich an die Aufgabe heranzuführen, selbst die Verantwortung für sich, ihr Verhalten und ihr gesamtes Leben zu übernehmen. Manche Kinder nutzen diese Angst ihrer Eltern vor dem Ausüben ihrer Autorität aus und werden zu kleinen Tyrannen, die ihre Eltern dazu bringen, auf jeden Pieps und jede Laune einzugehen.

In der Bibel steht, dass Gott uns nicht mehr zumutet, als wir bewältigen können, und dass er uns für jede Situation, in die er uns stellt, mit allem ausrüstet, was wir brauchen (1. Korinther 10,13). Also – selbst wenn Sie das Gefühl haben, dieser Aufgabe nicht gewachsen zu sein, können Sie gewiss sein, dass Gott Ihnen alles gibt, was Sie brauchen, um den Kindern, die er Ihnen anvertraut hat, die Eltern zu sein, die sie brauchen. Vielleicht ist es dazu nötig, dass Sie ein paar gute Erziehungsmethoden und -techniken lernen und dass Sie vielleicht sogar Ihre eigene Kindheit aufarbeiten, aber in Ihnen ist die Mutter oder der Vater angelegt, die/der perfekt zu dem passt, was Ihr Kind braucht.

VERTRAUEN AUFBAUEN

Wenn ein Kind geboren wird, wissen die meisten Eltern zumindest das Grundsätzliche: Man muss den kleinen Liebling füttern, ihm die Windeln wechseln, man muss auf seine Bedürfnisse reagieren, ihm Aufmerksamkeit schenken und ihn rundherum liebhaben. Die meisten frischgebackenen Mütter und Väter lernen die Grundlagen der Säuglingspflege ziemlich schnell, aber oft ist ihnen dabei gar nicht klar, wie wichtig genau diese Grundlagen für die Zukunft ihres Kindes sind.

Wenn alle Bedürfnisse eines Säuglings befriedigt werden – wenn er gefüttert und gewickelt wird, wenn auf sein Schreien reagiert wird und er unterschiedliche Ausdrucksformen von Liebe erlebt –, dann entwickelt sich dadurch bei dem Kind Grundvertrauen. Ihr Neugeborenes ist ganz und gar abhängig von Ihnen, und es lernt schnell, dass Sie da sind, um seine Bedürfnisse zu befriedigen. Vom ersten Tag an beginnt es, Ihnen zu vertrauen, und dieses Vertrauen gibt ihm Sicherheit.

König David, der bekannteste Psalmist, hat geschrieben: „Herr, du hast mich aus dem Leib meiner Mutter gezogen. Schon an ihrer Brust hast du mir Geborgenheit geschenkt“ (Psalm 22,10).

Wenn Sie Ihrem Baby zeigen, dass es sich in Bezug auf seine Grundbedürfnisse auf Sie verlassen kann, dann legen Sie damit nicht nur den Grundstein für Ihre Autorität als Eltern, sondern auf einer tiefergehenden Ebene auch dafür, dass Ihr Kind eines Tages Gott vertrauen kann.

Sie können Ihrem Baby das Gefühl von Sicherheit, Vertrauen und Geborgenheit aber nicht nur vermitteln, indem Sie seine Grundbedürfnisse befriedigen, sondern auch durch Ihre akustischen und körperlichen Mitteilungen. Ich habe im Laufe der Zeit erlebt, wie viel Wahrheit das alte Sprichwort enthält, in dem es heißt: „Nicht, *was* du sagst ist entscheidend, sondern *wie* du es sagst." Wenn Sie sicher auf ein Baby zugehen, dann reagiert es auch entsprechend sicher, weil es sich sicher fühlt.

Wenn Sie schon einmal miterlebt haben, wie ein Erwachsener zum ersten Mal ein neugeborenes Baby auf den Arm nimmt, dann haben Sie vielleicht auch gespürt, wie unsicher und nervös die Person oft ist. Babys spüren Nervosität und Anspannung in ihrer Umgebung und reagieren entsprechend.

Eine Möglichkeit, Ihrem Baby Sicherheit zu vermitteln und dadurch zu erreichen, dass es sich ebenfalls sicher fühlt, besteht also darin zu lernen, wie Sie Ihr Baby so halten, dass es sich dabei entspannen kann. Es wird gar nicht lange dauern und es verlässt sich darauf, dass Sie zuständig sind, dass Sie die Verantwortung haben und dass Sie auch wissen, was Sie tun. Säuglinge haben es gern, wenn man sie ganz nah am Körper trägt, und zwar am liebsten so nah, dass sie den vertrauten Herzschlag spüren. Manchmal lässt sich Ihr schreiendes Baby schon beruhigen, indem Sie es hochnehmen und wiegen. Dabei sollte sein Köpfchen möglichst nah an Ihrem Herzen sein.

Manchmal sind Babys auch einfach überreizt und ihr Schreien bedeutet: „Hol mich aus diesem Chaos heraus, ich brauche Ruhe!" Sie werden schnell lernen, unterschiedliche Arten des Schreiens bei Ihrem Baby zu erkennen und auch richtig zu deuten. Wenn Ihr Baby überreizt ist, hilft es oft schon, das Licht zu dämpfen, Ihr Baby auf den Arm zu nehmen und es einfach sachte hin und her zu wiegen. Normalerweise reagieren Babys auf stetige rhythmische Bewegung. Ebenso reagieren Sie meistens auch auf rhythmische Geräusche, die stetig wiederholt werden.

Praxis-Tipp

Wenn Sie ein Baby auf dem Arm haben, das Ihnen nicht vertraut ist, dann schauen Sie ihm besser nicht direkt in die Augen, denn das ist für ein Baby eine Überforderung. Wenn ein Baby schon so alt ist, dass es sein Köpfchen selbst halten kann (mit etwa einem Monat), dann halten Sie es so, dass es von Ihnen weg schaut, also mit dem Rücken an Ihren Bauch gelehnt ist, wobei Ihr einer Arm unter den Armen den Babys liegt und der andere unter seinem Po.

In dieser Position fühlt es sich sicher, weil es in Verbindung ist mit seiner vertrauten Umgebung und gleichzeitig die Welt erkunden kann. (Außerdem wird es auf diese Weise nicht verunsichert durch Ihren ungewohnten Geruch, den es sehr schnell als „nicht Mama" identifiziert.)

Auch indem Sie Ihr Baby beruhigen, wenn es irritiert oder überreizt ist, bauen Sie Vertrauen auf. Ein Baby, das Blähungen hat, lässt sich in der Regel beruhigen, indem man es auf den Rücken legt und ihm mit kreisenden Bewegungen sanft den Bauch massiert.

Diagnostizieren Sie nicht vorschnell „Koliken" bei Ihrem Baby. Ich bin davon überzeugt, dass manche Säuglinge sich nicht beruhigen lassen, weil sie wirklich Bauchschmerzen haben, aber *Koliken* sind mittlerweile zu einer Art Allgemeindiagnose für jedes Schreien bei Säuglingen geworden – und zwar bei Müdigkeit, allgemeiner Quengeligkeit und auch echten Bauchschmerzen. Ich glaube, dass sich fast jedes Baby beruhigen lässt, und zwar meistens, indem man es so hält, dass es sich sicher und geborgen fühlt. Manchmal ist etwas Geduld nötig, um dazu die richtige Position zu finden, aber meistens klappt es nach einer Weile.

Wenn Sie sanft und liebevoll mit Ihrem Baby sprechen und es so halten, dass es sich wohl fühlt, vermitteln Sie ihm Sicherheit und Geborgenheit, wodurch Sie wiederum eine Grundlage für den späteren Umgang mit ihm schaffen. Wenn ein Kind sich in den Armen seiner Eltern sicher und geborgen fühlt, ist es viel eher bereit, das anzunehmen und zu tun, was seine Eltern ihm vermitteln und beibringen. Wenn es weiß, dass die Eltern alle seine Bedürfnisse im Blick haben und sich darum kümmern, warum sollte es dann daran zweifeln, dass sie es später auch tun? (Natürlich kommt irgendwann die normale Krabbelkind-Testphase, auch unter dem Begriff „Trotzphase" bekannt, in der das Kind seine Grenzen austestet. Entscheidend ist jedoch, dass Ihr Kind zwar vielleicht einen staunenswerten Wutanfall hinlegt, letztlich aber aus frühester Erinnerung genau weiß, dass Sie es lieben.)

Das System Familie ist mit großer Weisheit geplant. Jede Phase in der Entwicklung eines Kindes ist dabei wie ein Baustein. Wenn Babys im Säuglingsalter ein gutes Grundvertrauen erworben haben und Kleinkinder unter dem sicheren Schutz ihrer Eltern das Vorschulalter erreichen, dann wird sich dieser Prozess ins Erwachsenwerden hinein fortsetzen und hoffentlich auch den Glauben an einen guten, liebenden himmlischen Vater möglich machen.

RICHTEN SIE EINEN TAGESABLAUF EIN, DER FÜR SIE FUNKTIONIERT

Allen Eltern ist klar, dass die Ankunft eines neuen Erdenbürgers einen Haushalt völlig auf den Kopf stellt! Plötzlich sind Sie ganz und gar für einen absolut hilflosen kleinen Menschen verantwortlich, während Sie gleichzeitig unter einem Schlafentzug leiden, wie Sie ihn sich niemals hätten vorstellen können. Das Leben, wie Sie es bisher gekannt haben, gibt es nicht mehr. Ihr Tagesablauf endet häufig in etwas, das sich für Sie wie das absolute Chaos anfühlt, vielleicht sogar noch schlimmer.

Was für ein Typ Eltern werden Sie also sein? Werden Sie so sein wie Ihre eigenen Eltern oder ganz anders?

Es gibt mehrere Theorien darüber, wie man auf die Bedürfnisse von Säuglingen eingehen kann. Man kann zum Beispiel nach Bedarf füttern oder aber einen bestimmten Rhythmus vorgeben und beispielsweise alle drei oder vier Stunden füttern und das Kind eben schreien lassen, wenn es sich früher meldet. (Wir werden uns in Kapitel 6 noch ausführlicher mit diesen unterschiedlichen Methoden befassen.) Ich glaube zwar nicht, dass man einen Säugling verwöhnen kann, aber ich bin gleichzeitig auch davon überzeugt, dass Babys, die sich schon früh auf einen zuverlässigen Rhythmus einstellen und verlassen können, am zufriedensten sind. Entsprechend erlebe ich auch diejenigen Frauen als die zufriedensten Mütter, die sich auf den Rhythmus ihres Babys einstellen!

Der beste Grundrhythmus für ein Baby ist meiner Erfahrung nach folgender: Wachsein, füttern, wickeln, schlafen, wach, füttern, wickeln, schlafen. In dieser ganz frühen Phase ist der genaue Zeitplan weniger wichtig als das Einhalten des Grundrhythmus. Anders ausgedrückt, es ist nicht so wichtig, ob Sie Ihr Baby um Punkt 14.00 Uhr füttern, sondern entscheidend ist, dass es immer gleich nach dem Aufwachen seine Mahlzeit bekommt. Durch einen regelmäßigen Rhythmus weiß das Baby, was als nächstes an der Reihe ist. Mit Ihrem Baby darüber zu sprechen, was jetzt als nächstes kommt, ist ebenfalls eine gute Art, eine Bindung aufzubauen. Obwohl der Säugling natürlich noch nicht versteht, was Sie sagen, liebt jedes Baby es, die Stimme der Eltern zu hören und einfach mit Ihnen in Verbindung zu stehen.

Wir werden uns später noch damit beschäftigen, wie wichtig ein strukturierter Ablauf ist und wie sich dieser Ablauf mit zunehmendem Alter des Kindes verändert. Fürs Erste aber entspannen Sie sich und vertrauen Sie auf Ihre eigenen Fähigkeiten.

Ihrem Kind zu zeigen, wer zuständig ist und das Sagen hat, ist sogar noch wichtiger, wenn es heranwächst. Es macht mich immer ein bisschen betroffen, wenn ich Eltern von ihren „schrecklichen" Zwei- oder Dreijährigen reden höre. Kinder sind nie schrecklich – auch wenn man ihr Verhalten hin und wieder durchaus so nennen kann.

Einer der wichtigsten Hinweise, den ich Eltern geben kann, ist der, dass Erziehung mit der Geburt anfängt. Eine Wörterbuchdefinition für *Erziehung* lautet: „Eine Schulung mit dem Ziel, bestimmte Wesenszüge oder Verhaltensweisen zu erreichen." Wenn das so stimmt (in Kapitel 4 wird darauf noch gründlicher eingegangen), dann erziehen wir unsere Kinder, indem wir ihnen vermitteln, dass sie sich in Bezug auf ihre Grundbedürfnisse ganz auf uns verlassen können.

Wenn Sie zum ersten Mal etwas tun – egal, was es ist –, dann beginnt damit ein Muster, und wenn Sie kein tyrannisches Kleinkind heranziehen wollen, dann ist folgende Regel für Sie die wichtigste: Seien Sie *konsequent.* Selbst wenn Sie Fehler machen, seien Sie darin konsequent.

Als ich beispielsweise meine Tätigkeit als Nanny anfing, habe ich darauf bestanden, dass keine Spielsachen mit ins Auto genommen wurden, weil ich beim Fahren nicht immer im Blick hatte, was die Kinder damit anstellen, und weil ich weder auf dem Boden nach heruntergefallenen Sachen suchen noch beim Fahren von irgendwelchen herumfliegenden Dingen getroffen werden wollte. Das funktionierte gut, weil die Kinder wussten, was Sache war: Spielsachen gehören nicht ins Auto! Es hat darüber nie einen Streit oder gar Kampf gegeben und ich brauchte mich auch nie auf längere Diskussionen zu diesem Thema einzulassen, weil die Regel klar war. *Gestern kamen keine Spielsachen ins Auto, heute kommen keine Spielsachen ins Auto und auch morgen kommen keine Spielsachen ins Auto.*

Rückblickend ist mir klar, dass die Erlaubnis, Spielsachen mit ins Auto zu nehmen, eine großartige Möglichkeit gewesen wäre, den Kindern Verantwortung beizubringen (und sie vom Zanken abzuhalten!). Diese Regel wende ich inzwischen nicht mehr an, aber bei den Jungen war ich in dieser Hinsicht konsequent, als sie noch klein waren, und das war im Großen und Ganzen wichtiger als die Regel selbst, die ich aufstellte.

Dasselbe gilt auch für Sie. Ihre Kinder werden wahrscheinlich nicht deshalb später einmal beim Therapeuten landen, weil sie kein Spielzeug mit ins Auto nehmen durften, sondern eher wenn in Ihrem Erziehungsstil Inkonsequenz das durchgängige Merkmal war.

Wenn also eine Regel Ihrer Hausordnung lautet: „Es wird nur in der Küche gegessen", dann wird Ihr Kleinkind an der Gültigkeit Ihrer Regel in dem Augenblick zu zweifeln beginnen, wenn Sie es zum ersten Mal außerhalb der Küche essen lassen.

Nun ist es ja kein Verbrechen, im Wohnzimmer zu essen, und manche Familien fühlen sich mit einer flexibleren Regelung bei diesem Thema auch wohler, aber der springende Punkt ist folgender: Egal, welche Regeln und Abläufe Sie eingerichtet und festgesetzt haben – *halten Sie sich daran* (wenn Ihnen klar wird, dass eine bestimmte Regel für Ihre Familie nicht mehr funktioniert, dann gibt es Möglichkeiten, Ihre Meinung zu ändern, ohne dass Sie dabei Ihre Autorität aufs Spiel setzen müssen. Von solchen ganz konkreten Umständen wird in Kapitel 2 noch ausführlicher die Rede sein).

SAGEN SIE, WAS SIE MEINEN, UND MEINEN SIE, WAS SIE SAGEN

Auch Durchhalten ist in diesem Alter entscheidend. Wenn Ihre Tochter sich beispielsweise im Restaurant schlecht benimmt, sagen Sie: „Wenn du das noch einmal tust, dann gehen wir sofort!“ Prompt macht sie es noch einmal, und Sie gehen nicht – dann sagen Sie Ihrem Kind damit, dass Sie nicht meinen, was Sie sagen. Kündigen Sie nur dann an zu gehen, wenn Sie auch wirklich entschlossen sind, das im Fall des Falles zu tun. Das heißt dann allerdings, dass Sie wirklich sofort gehen, auch wenn Sie noch mitten beim Essen sind.

Wenn Sie auch nur ein einziges Mal nicht tun, was Sie angekündigt haben, dann öffnen Sie damit die Tür für Zweifel an Ihrer Autorität, das garantiere ich Ihnen, auch wenn es vielleicht ziemlich extrem klingt. Es ist nicht mehr als eine einzige Ausnahme nötig, um Ihrem Kind zu vermitteln, dass Sie nicht unbedingt immer das meinen, was Sie sagen.

Kinder sind unberechenbar, man weiß nie, bei welcher Inkonsequenz sie einen als Nächstes erwischen.
– Franklin P. Jones –

Ich erinnere mich noch gut an eine Begebenheit mit einem meiner Schützlinge. Er war damals drei und spielte gern mit einer Plastikzange, die zu einem Kinderwerkzeugkasten gehörte. Eines Tages benutzte er die Zange, um damit einem Spielkameraden in die Nase zu kneifen, und zwar richtig fest!

Ich warnte ihn und sagte: „Zangen sind zum Bauen da. Wenn du sie noch einmal benutzt, um jemandem damit wehzutun, dann wandert deine Zange in den Müll.“ Und – wie sollte es anders sein, er machte es noch einmal. Ich nahm die Zange, zerbrach sie in zwei Teile (damit ich nicht in die Versuchung geriet, sie ihm doch zurückzugeben) und warf sie in den Müll. Er weinte und war untröstlich und ich empfand mich selbst als Monster, aber ich wusste, dass ich keine andere Wahl hatte. Wenn ich meine Androhung nicht wahr gemacht hätte – besonders in diesem Fall, wo es auch um die Gefühle eines anderen Kindes ging –, dann hätte er beim nächsten Mal Zweifel gehabt, ob ich wirklich tun würde, was ich angedroht hatte.

Rückblickend muss ich gestehen, dass ich nicht damit gerechnet hatte, das Spielzeug wirklich wegwerfen zu müssen. Wahrscheinlich wäre es besser gewesen, wenn ich gesagt hätte: „Wenn du das noch einmal machst, dann nehme ich dir die Zange weg und sie kommt fürs Erste nicht mehr in deinen Werkzeugkasten."

Alle Kinder benehmen sich genausogut, wie sie behandelt werden.
– unbekannt –

Aber diese Lektion im Umsetzen der angedrohten Konsequenz war die Tränen und Dramatik wert. Mein Schützling ist mittlerweile im Grundschulalter und erzählt diese Geschichte immer wieder. Als er dann zu seinem vierten Geburtstag eine neue Zange bekam, war er sehr stolz darauf und wusste, was er damit tun durfte und was nicht. Er hat auch nie wieder jemanden damit verletzt.

REALISTISCHE ERWARTUNGEN

Wenn Sie erwarten, dass ein Kind tut, was Sie wollen, dann müssen Sie sehr klar und konkret sein. Wie soll Ihr Kind wissen, was Sie erwarten, wenn Sie Ihre Erwartung nicht rechtzeitig und eindeutig formulieren? Sie können zu Ihrem Sohn sagen: „Sei ein braver Junge", aber was bedeutet das denn konkret? Das Kind weiß so nicht, was es konkret tun soll, um die gestellte Erwartung zu erfüllen. Sagen Sie lieber: „Ich möchte, dass du auf mich hörst und tust, was ich sage. Wenn es Zeit ist, vom Spielplatz nach Hause zu gehen, dann möchte ich, dass du einfach mitkommst und keinen Wutanfall bekommst." Diese Erwartung ist klar formuliert und lässt keine Fragen offen.

Erwartungen müssen darüber hinaus auch angemessen und realistisch sein. Man kann von einem Dreijährigen nicht erwarten, dass er während eines langen Fluges still da sitzt und ein Buch liest. Aber weil man das ja weiß, hat man jede Menge Spielsachen und Süßigkeiten als Belohnung im Handgepäck, wenn man an Bord geht, und dann sagt man dem Kind: „Wir steigen jetzt in das Flugzeug ein. Wenn du es schaffst, 15 Minuten lang nicht gegen den Sitz vor dir zu treten, dann hole ich eine Überraschung aus der Tasche, die dir bestimmt gut gefällt."

Sie wissen, was das Beste für Ihr Kind ist. Vielleicht scheint es manchmal einfacher, in dem Augenblick nachzugeben („Na gut, du kannst auf dem Spielplatz bleiben, solange du willst"), aber langfristig machen Sie Ihrem Kind auf diese Weise nicht deutlich, wer das Sagen hat und zuständig ist. Wenn Sie auf die innere Stimme der Elternweisheit hören, die Gott Ihnen geschenkt hat, dann wissen Sie, wann Ihr Kind müde ist und nach Hause muss, um sich auszuruhen – weshalb sollten Sie es also länger auf dem Spielplatz bleiben lassen, damit es schließlich quengelig und völlig überreizt ist? Sie können dadurch den Wutanfall zwar vielleicht hinauszögern, ihn aber höchstwahrscheinlich nicht verhindern.

Rechnen Sie damit, dass Ihr Kind irgendwann einmal zu Ihnen sagt: „Du hast mir gar nichts zu sagen!“ Wenn es das tut, dann seien Sie bereit, ihm ganz deutlich zu machen, dass es sich in diesem Punkt irrt. Sagen Sie dem Kind, dass Sie *wirklich* der Erziehungsberechtigte sind, der für es zuständig ist – und dass es eines Tages, wenn es selbst eine Mama oder ein Papa ist, auch über sein Kind bestimmen kann.

Es ist besser, seine Kinder durch ein Gefühl der Achtung und durch Freundlichkeit an sich zu binden als durch Angst.
- Terence -

Wenn Sie Ihr Kind Entscheidungen treffen lassen, die eigentlich Sie als Mutter oder Vater treffen sollten, dann ist das Kind überfordert und fühlt sich nicht mehr sicher.

Wenn Sie zurzeit Mutter bzw. Vater eines Kleinkinds sind, dann haben bisher Sie die Entscheidungen getroffen. Ihr Kind verlässt sich ganz und gar darauf, dass Sie seine Bedürfnisse erkennen und erfüllen, und so erreicht es glücklich und gesund das Kleinkindalter. Aber nur, weil es jetzt 30 Zentimeter größer ist als bei der Geburt und anfängt, kurze Sätze zu sagen (von denen überdurchschnittlich viele mit dem Wort *Nein* durchsetzt sind), heißt das noch lange nicht, dass es so weit ist, die Kontrolle über Ihr Zuhause zu übernehmen.

Mein Buch will Ihnen zeigen, wie Sie Ihr Kind fürs Leben fit machen, indem Sie ihm altersgemäße Entscheidungsmöglichkeiten geben, mit denen Sie als Chef bzw. Chefin leben können. Mit jedem weiteren Lebensjahr des Kindes werden Sie die Zügel etwas lockerer lassen können, aber kein Mensch, der sein Kind liebt, überlässt ihm im Vorschulalter die Wagenschlüssel und lässt es eine Runde mit dem Auto drehen.

WER IST DER „BESTE“ CHEF?

Es gibt unterschiedliche Ansätze und Meinungen darüber, welcher „elterliche Erziehungsstil“ am besten funktioniert. Die Kinderpsychologin Diana Baumrind spricht von drei grundsätzlichen elterlichen Erziehungsstilen: dem *autoritären* Stil, dem *permissiven* Stil und dem *autoritativen* Stil. Welcher Elternstil passt nun am besten zu Ihnen?

Eltern mit *autoritärem Erziehungsstil* setzen ihre Macht ein, um Gehorsam zu erreichen. Das führt allerdings meist dazu, dass ihre Kinder ängstlich und in sich gekehrt sind und sich ihnen entziehen. Solche Eltern sind eher aggressiv und ihre Kinder sind oft unsicher und launisch.

Eltern, die einen *permissiven* Stil praktizieren, sind davon überzeugt, dass sie ihr Kind von allen Einschränkungen befreien müssen, und überlassen ihnen deshalb die Herrschaft im Haus. Solche Kinder sind tendenziell rebellisch, nachgiebig sich selbst gegenüber und ausgesprochen impulsiv. Kinder, die so aufwachsen, werden häufig von Gleichaltrigen abgelehnt, weil sie sich auffällig verhalten – kein Wunder, wenn es ihnen zu Hause an Disziplin und Erziehung fehlt.

Das Ziel von Eltern mit einem *autoritativen* Erziehungsstil besteht darin, „die Aktivitäten ihrer Kinder auf vernünftige Weise zu lenken, zum Gespräch zu ermutigen, aber auch bereit zu sein, Kontrolle auszuüben, wenn ihre Kinder sich nicht an Regeln und Absprachen halten. Sie bemühen sich in diesem Fall allerdings darum, nicht allzu restriktiv vorzugehen. Solche Eltern erkennen die individuellen Bedürfnisse und Interessen ihrer Kinder, haben aber auch klar definierte und formulierte Erwartungen an deren Verhalten. Kinder solcher Eltern sind von allen drei Gruppen am anpassungsfähigsten. Sie haben am meisten Selbstvertrauen, können sich am besten beherrschen, sind am selbstbewusstesten und verfügen über die höchste soziale Kompetenz.“[1]

Kurz, die glücklichsten, sichersten und gefestigtsten Kinder haben Eltern, die einen autoritativen und liebevollen Erziehungsstil praktizieren – das heißt Eltern, die Ihre Kinder ständig erziehen, ihnen gleichzeitig aber auch zeigen und sagen, wie sehr sie sie lieben.

Ich weiß, dass es vielleicht merkwürdig scheint oder vielleicht sogar altmodisch, in solchen Schwarz-Weiß-Begriffen zu denken, besonders da sich Elternsein ja oft eher anfühlt wie unterschiedliche Grautöne. Denken Sie daran, dass Sie kein perfekter Mensch sein müssen, um ein großartiger Vater oder eine großartige Mutter zu sein. Sie brauchen gar nicht alles richtig zu machen. Wir machen alle Fehler, sogar wir Nannys, die wir normalerweise den Vorteil haben, dass wir nachts durchschlafen können, nicht noch tausend andere Dinge im Kopf behalten müssen und gefühlsmäßig viel mehr Abstand haben.

Es wird der Tag kommen – und vielleicht ist er ja gar nicht mehr so fern! –, da können Sie Ihrem Kind Ihre eigenen Fehler und Macken gestehen und ihm dadurch vermitteln, dass auch Sie nur ein Mensch und damit nicht fehlerlos sind. Das letztgültige Ziel besteht doch darin, dass Ihr erwachsenes Kind eines Tages zu Ihren liebsten Freunden gehört.

Ich habe schon häufig Mütter und Väter erlebt, die freudig überrascht davon wa-

---

[1] Diana Baumrind, „Child Care Practices Anteceding The Patterns of Preschool Behavior“. In: Genetic Psychology Monograph 75 (1967): 43 – 88.

ren, dass ihre Kinder ihnen als Erwachsene wirkliche Freunde geworden waren, und das werden auch Sie erleben. Bis dahin wird es eine stetige Entwicklung sein. Aber so lange Ihr Kind noch nicht zur Schule geht, ist es ganz sicher noch nicht so weit, darauf können Sie sich verlassen.

Im Augenblick ist Ihr Kind noch mit schlichten, klaren Aussagen am besten bedient. Je weniger Unklarheit in diesem Alter, desto besser. Sie sind der Chef, Ihr Kind ist es nicht. Sie haben weder den Wunsch noch den Ehrgeiz, zum besten Kumpel Ihres Kindes zu werden.

Erschreckt Sie diese Chef-Position ein bisschen? Denken Sie einmal an all die Zeiten in Ihrem Leben, in denen Veränderungen anstanden, Übergange zwischen Lebensphasen – als Sie bei einer bestimmten Gelegenheit die Führung übernehmen mussten (ob Sie dazu schon bereit waren oder nicht), als Sie in Schuhe schlüpfen mussten, die Ihnen zum damaligen Zeitpunkt noch viel zu groß vorkamen. Was haben Sie da getan?

Höchstwahrscheinlich haben Sie die Rolle einfach eingenommen und so lange etwas vorgetäuscht, bis Sie diese Aufgabe tatsächlich ausfüllen konnten. Stellen Sie sich also einfach jemanden vor, der/die für Sie ein Vorbild für sichere, freundliche Autorität kleinen Kindern gegenüber ist. Das könnte beispielsweise eine fiktive Figur wie Mary Poppins oder Mrs Doubtfire sein oder aber Ihre eigene Mutter, eine Erzieherin im Kindergarten oder eine Freundin. Tun Sie so, als ob, bis Sie wirklich so sind.

Und beten, beten, beten Sie um Gottes Bestätigung und Beistand unterwegs. Sie müssen diejenige sein, die Sie sind, und tun, was eben nötig ist, aber manchmal ist es auch schön, etwa Folgendes zu beten: „Herr, ich bin es leid, die zuständige Erwachsene zu sein. Heute fühle ich mich eher wie ein kleines Mädchen. Danke, dass du größer bist als ich, dass du der ultimative Chef dieser Familie und meines Lebens bist. Mach mich fähig und gib mir Weisheit und Mut, damit ich auf dem Weg, auf dem ich meine Kinder heute betreue, versorge und erziehe, ein guter Repräsentant für dich bin."

Weil wir ja wissen, dass eine Geschichte besser wirkt als tausend Predigten, lassen Sie uns noch einmal auf den Spielplatz zurückkehren – diesmal mit einer Mutter, die sich in ihrer Rolle als liebevolle Autoritätsperson wohl und sicher fühlt, die nicht ihre Macht als Erwachsene benutzt, um ihr Kind einzuschüchtern, sondern die Einfühlungsvermögen hat, dennoch aber fest und bestimmt bleibt.

Schauen Sie einmal, ob Sie erkennen, welche der Praxis-Tipps diese Mutter umgesetzt hat, um durch liebevolle Autorität Vertrauen aufzubauen und gleichzeitig ihrem Kind zu vermitteln, dass zum derzeitigen Zeitpunkt ihres jungen Lebens Mama wirklich am besten weiß, was gut für sie ist.

Szene 1, die Zweite

AUF DEM SPIELPLATZ

Mutter: Allie, wir gehen in fünf Minuten. Nur damit du gleich soweit bist und Bescheid weißt.
Allie: Ich will aber noch nicht nach Hause!
Mama: Das verstehe ich, und es tut mir auch leid, dass wir gleich gehen müssen, wo du gerade noch so viel Spaß hast, aber so ist das eigentlich ja immer, wenn man Spaß hat, oder? Dann möchte keiner gern aufhören. Aber mach dir keine Gedanken, wir kommen bestimmt bald wieder her. Mein Vorschlag: Wir gehen in fünf Minuten.
(nach vier Minuten) Mutter: Noch eine Minute, Allie. Komm jetzt zum Ende.
Allie: Muss ich wirklich, Mama?
Mama: Ja, du kennst die Regeln. Wenn ich sage, dass wir gehen müssen, dann müssen wir gehen, und zwar ohne Gequengel.
(Eine Minute ist vergangen.)
Mutter: Okay, Allie, wir gehen jetzt.
(Allie steht auf, geht zu ihrer Mutter und fasst sie bei der Hand, um loszugehen. Sie ist nicht gerade fröhlich, aber sie bekommt auch keinen Wutanfall, sie schreit nicht und ist auch nicht frech oder respektlos ihrer Mutter gegenüber.)
Mutter: Ich bin stolz auf dich, dass du ohne Gequengel mitgekommen bist. Du bist schon ein richtig großes Mädchen! Erzähl mir doch mal, was dir heute am meisten Spaß gemacht hat, und zu Hause schauen wir dann mal im Kalender nach, wann wir wieder Zeit haben, noch mal einen Nachmittag auf den Spielplatz zu gehen, ja?“

ZUSAMMENFASSUNG

Haben Sie sich schon einige Möglichkeiten überlegt, wie Sie Ihrem Kind zeigen können, dass Sie der Chef sind, ohne in Rage zu geraten oder sich wie ein Diktator aufzuführen? Hier ein paar Vorschläge – zusammen mit ein paar weiteren Kernpunkten aus diesem Kapitel – zum Durchkauen und Ausprobieren!

✘ *Zeigen Sie Ihrem Kind so oft wie möglich, dass Sie es lieben.* Sprechen Sie mit Ihrem Kind so, dass es weiß, es ist etwas ganz Besonderes für Sie. Das können

Sie beispielsweise tun, indem Sie ihm Kosenamen geben und es damit ansprechen.

- *Kündigen Sie Veränderungen an.* Wenn Sie Ihr Kind auf Veränderungen vorbereiten, weiß es, was es zu erwarten hat. Hätten Sie es etwa gern, wenn der Ladenschluss Ihres Einkaufszentrums so angekündigt würde: „Das Einkaufszentrum wird jetzt geschlossen! Legen Sie sofort das süße Paar Schuhe aus der Hand, das Sie sich gerade anschauen, und verlassen Sie unverzüglich das Gebäude!"? Natürlich möchten Sie das nicht! Die Ankündigung lautet deshalb ja auch normalerweise ungefähr so: „Achtung, liebe Kundinnen und Kunden, unser Geschäft schließt in wenigen Minuten. Bitte kommen Sie mit Ihren Einkäufen an die Kassen." So ähnlich sollten Sie auch Ihrem Kind Dinge ankündigen.
- *Reagieren Sie mit Verständnis, aber auch mit Bestimmtheit auf den Protest Ihres Kindes.* Nicht auf die Wutanfälle Ihres Kindes einzugehen ist schwer, aber notwendig. Vielleicht nennen Sie einen ganz praktischen Grund, wenn es fragt: „Warum?", aber lassen Sie sich mit einem Kleinkind nicht auf eine Debatte ein, denn das führt zu nichts. Sagen Sie nach einer kurzen Begründung einfach: „Weil ich die Mama bin und Gott mir die Verantwortung für dich gegeben hat. Eines Tages bist du selbst eine Mama/ein Papa, und dann kannst du ganz viel selbst entscheiden. Aber im Augenblick sage ich, was wir tun."
- *Bestätigen und bestärken Sie das Kind in angemessenem Verhalten.* Wenn Ihr Kind etwas besser macht – auch wenn es nur eine ganz leichte Verbesserung ist –, dann sagen Sie ihm, dass Sie stolz auf sein gutes Benehmen sind.
- *Sprechen Sie unangemessenes und unannehmbares Verhalten an.* Denken Sie aber dabei daran, dass ein Kind nicht böse oder „schlecht" ist; schlecht ist manchmal nur sein *Verhalten.*
- *Seien Sie konsequent.* Auch durchgängig und konsequent Fehler zu machen ist manchmal in Ordnung, aber seien Sie konsequent!
- *Halten Sie durch und tun Sie, was Sie gesagt haben.* Sagen Sie, was Sie meinen, und meinen Sie, was Sie sagen.
- *Formulieren Sie altersgemäß realistische Erwartungen.* Klare, erfüllbare Erwartungen fördern das Selbstwertgefühl.
- *Lassen Sie Ihr Kind den Spaß, den es gehabt hat, in einem fröhlichen Gespräch mit Ihnen noch einmal Revue passieren, und halten Sie sich dann an Ihr Versprechen, an einem anderen Tag wieder so viel Spaß zu haben.*

KINDERMUND ...

- „Wie kann ich denn erst drei sein, wenn meine Füße jeden Tag so groß wachsen?" – Megan, 3 Jahre.
- Als die vierjährige Anna erfährt, dass Alan Shepherd, der Mann, der als erster Mensch den Mond betreten hatte, gestorben ist, fragt sie: „Ist er runtergefallen?"
- Eine Mutter hörte mit, wie ihre Tochter einem anderen Kind geduldig, aber auch ein bisschen genervt erklärte: „Kühe werden aus Hamburgern gemacht."
- Und aus meinem persönlichen Nanny-Tagebuch von dieser Woche: Einer meiner Schützlinge sagte: „Ich habe Gott gebeten, mir beim Schlafen zu helfen, aber ich konnte trotzdem nicht einschlafen. Glaubst du, dass ich vielleicht zu lange auf war und er schon ins Bett gegangen war?"

Kapitel 2

DIE FÜNF K'S EINER ERFOLGREICHEN ERZIEHUNG

Szene 2, die Erste

IM ELTERNSCHLAFZIMMER

Frau *lässt sich aufs Bett fallen*: Puuuh, was für ein Tag! Jana war völlig von der Rolle.
Mann: Aha ... kannst du mir mal die Fernbedienung geben?
Frau *eindeutig verärgert:* Hast du nicht gehört, was ich gesagt habe? Sie war heute wirklich, wirklich, wirklich übel drauf!
Mann, *mit der Fernbedienung herumspielend:* Ach, das tut mir aber leid ... ich hab nur ... es ist nur ...Oh, sieh mal! Das Spiel hat schon angefangen!
Frau *seufzt laut:* Verstehst du mich eigentlich nicht oder willst du mich nicht verstehen? Ich brauche deine Hilfe. Ich weiß nicht mehr, was ich tun soll!
Mann: Sieh mal, ich weiß doch auch nicht mehr als du. Warum liest du nicht in einem Erziehungsbuch nach oder fragst deine Mutter oder so? Jaaa, super, Ballack!!!
Frau, *vor sich hin murmelnd*: Es ist doch nicht zu fassen! *(Sie schnappt sich ihr Kopfkissen und dreht sich von ihrem Mann weg auf die andere Seite.)*

Haben Sie sich auch schon einmal einsam und verlassen gefühlt in Ihrer Ehe, wenn es um die Kindererziehung ging? Ich höre immer wieder Mütter klagen (obwohl ich sicher bin, dass es auch Väter gibt, die das tun): „Ich bin zwar verheiratet, aber es fühlt sich an, als wäre ich alleinerziehend."

Wenn auch Sie oder Ihr Ehepartner so empfinden, dann denken Sie doch einmal über folgende Frage nach: Nach welchem Plan für Ihre Familie gehen Sie vor? Welches Ziel und welchen Zweck haben Sie auf dieser Welt? Was hat für Sie oberste Priorität im Leben? Ist das bei Ihrem Partner genauso? Kennen Sie überhaupt Ihre eigenen Prioritäten und die Ihres Partners?

Wenn jemand Ihnen intensiv zuhört, dann ist das so, als hielten Sie eine angeschlagene Tasse hin, die Sie schon seit Ihrer Kindheit haben, und Sie schauen zu, wie sie mit kaltem, frischem Wasser gefüllt wird. Wenn die Tasse genau bis zum Rand gefüllt wird, dann werden Sie verstanden; wenn sie aber überläuft und das Wasser Ihre Haut berührt, dann sind Sie geliebt.
– John Fox –

KOMMUNIKATION

Wenn Sie bereits ein geistliches Fundament für Ihre Ehe und Familie gelegt haben, wie können Sie dann ein liebevolles, harmonisches Zuhause aufbauen und aufrechterhalten? Indem Sie möglichst *gut kommunizieren*, also dafür sorgen, dass Ihre Verständigung möglichst reibungslos klappt. Kommunikation ist der Schlüssel zum Gelingen jeder Beziehung. Wenn Sie, Ihr Ehepartner und auch alle Ihre Kinder nicht gerade Gedankenleser sind, müssen Sie gute, gesunde Kommunikationstechniken entwickeln, um zu einer glücklichen, intakten Familie zu werden.

Es heißt ja, dass wir aus gutem Grund zwei Ohren und nur einen Mund haben – wir sollen doppelt soviel zuhören wie reden. Als ich in der 8. Klasse in einer Bigband mitspielte, habe ich eine sehr wichtige Lektion für mein Leben gelernt: Immer, wenn wir uns formiert hatten und dann auf Anweisungen warteten, sagte unser Dirigent: „Hört mit euren Augen!" Er wollte, dass wir alle Blickkontakt mit ihm hielten, bevor er uns dann weitere mündliche Anweisungen gab.

Ich habe diese Formulierung bis heute nicht vergessen. Gutes Zuhören erfordert Mühe. Man muss sich auf das konzentrieren, was die andere Person sagt, man muss verarbeiten, was sie sagt, und dann auf das Gehörte reagieren, und zwar so, dass die andere Person merkt, dass man zugehört und Anteil genommen hat. Akustisch zu hören, was jemand sagt, ist eine Sache, aber aufmerksam zuzuhören, was jemand auch mit seinem Tonfall, mit Worten, Körpersprache und Blickkontakt ausdrückt, ist noch etwas ganz anderes.

Zu den Dingen, die mich am meisten ärgern, gehört es, wenn ich eine Geschichte erzähle und sie nicht zu Ende bringen kann, weil meine Freundin es nicht abwarten kann, selbst etwas zu sagen, und deshalb gar nicht richtig mitbekommt, was ich ihr gerade mitteile. Haben Sie auch schon solche Gespräche erlebt? Sie sind gelinde gesagt frustrierend!

ERZIEHEN SIE IHRE KINDER ZU GUTEN ZUHÖRERN

Sie helfen Ihrem Kind, eine wichtige Fähigkeit zu entwickeln, wenn Sie ihm beibringen abzuwarten, bis es an der Reihe ist, und zwar beim Tun wie beim Reden. Eine Möglichkeit, das mit Ihren Kindern einzuüben, besteht darin, eine Requisite zu benutzen, wie beispielsweise eine Handpuppe oder ein Wollknäuel, um deutlich zu machen, wie ein Gespräch fließt (diese Übung kann übrigens auch mit Erwachsenen funktionieren und wird oft in Managerseminaren durchgeführt). Jedes Kind bekommt dabei die Requisite für eine bestimmte Zeit in die Hand und darf nur so lange reden, wie es die Requisite in der Hand hält. Die anderen haben aber eine ebenso wichtige Aufgabe bei dieser Übung, nämlich „Zuhörer" zu sein.

Es ist außerdem wichtig, Kindern zu zeigen, wie sie ein Gespräch beginnen können, ohne jemanden zu unterbrechen, dabei aber deutlich signalisieren, dass sie etwas sagen möchten. Das kann man sehr schön in der Familie, besonders bei gemeinsamen Mahlzeiten, einüben.

Man kann Kinder zu guten Zuhörern erziehen, indem man als Eltern gut zuhört. Hier fünf Anregungen, wie Sie zu einer/einem gute(n) Zuhörer(in) für Ihr Kind werden.

- *Richten Sie Ihre ganze Aufmerksamkeit auf das Kind.* Wenn das im Augenblick nicht möglich ist, dann sagen Sie: „Lass mich das hier noch schnell zu Ende bringen, mein Schatz, und dann bin ich ganz bei dir und höre dir zu." Und dann tun Sie es bitte auch genau so! Wenden Sie sich ganz von dem ab, womit Sie gerade beschäftigt waren und richten Sie Ihre Aufmerksamkeit ausschließlich auf Ihr Kind.
- *Schauen Sie Ihrem Kind in die Augen.* Sehen Sie Ihr Kind an und schauen Sie dabei nicht zum Fernseher oder auf den Computerbildschirm (auch nicht hin und wieder verstohlen).
- *Setzen Sie Körpersignale ein, um Ihrem Kind zu versichern, dass Sie zuhören.* Lächeln oder nicken Sie hin und wieder, damit Ihr Kind weiß, dass Sie auch emotional bei der Sache sind und ihm folgen.
- *Achten Sie darauf, dass Ihr Kind wirklich ausreden kann, bevor Sie reagieren.* Fragen Sie: „Möchtest du noch mehr erzählen?" bevor Sie eine Antwort geben.
- *Bitten Sie um die Erlaubnis, Ihre eigenen Gedanken einzubringen.* Sie könnten zum Beispiel sagen: „Es tut mir so leid, dass dich das so verletzt hat. Darf ich dir ein paar Dinge sagen, die dir vielleicht helfen, damit du dich wieder besser fühlst?"

Wenn Sie einem Kind beibringen, höflich zu warten, bis es an der Reihe ist, dann bringen Sie ihm mehrere wichtige Lektionen für sein ganzes Leben nahe: Es lernt nicht nur Geduld und Respekt, sondern auch, wie man den Kreislauf sofortiger Bedürfnisbefriedigung durchbricht und abwarten lernt. Das nenne ich komplexes Lernen, und ich persönlich liebe solche Situationen, in denen meine Schützlinge gleich mehrere Dinge gleichzeitig lernen.

ACHTEN SIE AUF VERBALE UND NONVERBALE SIGNALE

Wir teilen alle unsere Gedanken und Gefühle auf irgendeine Weise mit, aber effektive Kommunikation geschieht nicht von selbst. Es gibt zwei Arten von Kommunikation, und zwar die verbale und die nonverbale.

Wenn unsere Worte und unser Handeln (oder Tonfall oder Körperhaltung) nicht zusammenpassen, dann ist das Kind verwirrt.

Sie fragen beispielsweise Ihr Kind: „Wie war denn dein Tag heute?“ Das Kind strahlt und antwortet: „Toll!“ Das ist verbale Kommunikation, die in begeistertem Ton erfolgt. Die Botschaft wird klar und deutlich gesendet und empfangen.

Schaut das Kind dagegen zu Boden, macht einen Schmollmund und wendet sich von Ihnen ab, während es sagt: „Toll!“, dann wird deutlich, dass der Tag eigentlich gar nicht so toll war. Die Körpersprache Ihres Kindes verrät Ihnen, dass es irgendetwas zurückhält oder vor Ihnen verbergen möchte.

Sie müssen sowohl auf die verbalen als auch auf die nonverbalen Hinweise achten, um Ihr Kind wirklich zu verstehen. Und das ist Arbeit – glauben Sie mir! Besonders schwierig ist diese Art des Zuhörens, wenn man selbst müde ist oder gleichzeitig mehrere Kids zu betreuen hat.

Lassen Sie uns diese Lektion jetzt einmal umkehren. Wenn Tonfall und Körpersprache für die Kommunikation Ihres Kindes mit Ihnen ein Schlüssel ist, dann ist auch das Umgekehrte der Fall. Ihre verbalen und nonverbalen Botschaften müssen zu dem passen, was Sie zu Ihrem Kind sagen.

Wenn Sie beispielsweise mit Ihrem Vorschulkind reden wollen und dessen ganze Aufmerksamkeit brauchen, was tun Sie dann? Sie gehen mit Ihrem Kind auf Augenhöhe, selbst wenn Sie dazu in die Knie gehen müssen. Manchmal hilft es auch, sanft die Schultern oder Arme des Kindes zu berühren, als Vorbereitung darauf, dass Sie jetzt etwas Wichtiges zu sagen haben.

Wenn Sie Ihr Kind zurechtweisen oder tadeln wollen, setzen Sie eine missbilligende Miene auf und sprechen Sie mit fester Stimme. Wenn Sie etwas positiv verstärken wollen, reden Sie in freudigem Tonfall und streicheln Sie dabei Ihr Kind sanft.

Wenn Ihre Worte und Ihre Körpersprache übereinstimmen, ist es für Ihr Kind viel einfacher, das Gesagte richtig zu verstehen.

KLARHEIT

Wie soll Ihr Kind lernen, sich an Ihre Regeln zu halten und Ihre Erwartungen zu erfüllen, wenn es Sie gar nicht versteht? Sie müssen Ihrem Kind sehr genau zeigen und sagen, welches Verhalten erwünscht und welches unannehmbar ist. Sie sollten Ihre Familienregeln sowie das, was Sie von den Kindern erwarten, auf klare, altersgemäße Art und Weise erklären, damit es wirklich verstanden wird.

Wenn Ihr Kleinkind beispielsweise noch nicht sprechen kann und dauernd Stecker aus Steckdosen zieht, dann begeben Sie sich mit Ihrem Kind auf Augenhöhe, setzen Ihren „Das-hier-ist-kein-Spaß-Blick" auf und sagen mit großer Bestimmtheit: „Nein. Stecker werden nicht herausgezogen!"

Das Kind weiß dann sofort, dass sein Verhalten Ihnen missfällt, auch wenn es Ihre Worte im Einzelnen noch nicht genau versteht. Ihre Körpersprache und Ihr Tonfall sind so klar, dass kein Raum für Missverständnisse bleibt: *Mama ist definitiv nicht glücklich. Ich ziehe keine Stecker mehr heraus, wenn ich nicht will, dass Mama noch einmal ein so böses Gesicht macht.*

Ein kleines Mädchen kam von der Schule nach Hause und erzählte seiner Mutter, dass es eine ganz tolle Rolle in der Schulaufführung bekommen habe: „Ich bin zum Klatschen und Anfeuern ausgesucht worden!" Zuhören ist ganz ähnlich. Manchmal dürfen wir auf der Bühne im Rampenlicht stehen und manchmal ist es unser Job, aktiv zuzuhören – also innerlich zu klatschen und anzufeuern!

STELLEN SIE IHRE HAUS- UND FAMILIENORDNUNG AUF

Genauso wie jede Sportmannschaft sich an bestimmte Regeln hält, die meistens auch in einer Mannschaftsordnung festgeschrieben sind, gibt es in jeder Familie bestimmte Regeln – eine Art Familienordnung. Das Wichtigste beim Aufstellen einer solchen Ordnung ist, dass darin nur Regeln enthalten sind, die Sie auch konsequent durchsetzen können.

Wie können Sie jetzt aber festlegen, welche Regeln in Ihre Hausordnung gehören? Setzen Sie sich als erstes mit Ihrem Ehepartner zusammen und machen Sie jeder für sich drei Listen: Als erstes das, „was unbedingt sein muss"; dann das, „was schön wäre" und das, „was nicht so wichtig ist".

In die Liste mit dem, was unbedingt sein muss, gehören alle Regeln, bei denen es um Sicherheit und Respekt geht. Diese Sorte von Regeln ist nicht verhandelbar. Verboten ist beispielsweise Schlagen, Beißen, Herumspringen auf Möbeln, Fluchen und Schreien. Das sind die absoluten Grundregeln, die auch ständig durchgesetzt werden müssen, um in Ihrer Familie die seelische Gesundheit und eine bestimmte Ordnung aufrechtzuerhalten.

Die Liste mit dem „was schön wäre“ enthält Punkte, über die sich noch verhandeln lässt. Diese Liste ist von Familie zu Familie unterschiedlich, aber wahrscheinlich finden sich dort beispielsweise Dinge wie: „Spielsachen bleiben im Kinderzimmer“, „Vor dem Essen Händewaschen“, „Beim Essen bleibt man am Tisch sitzen, bis alle fertig gegessen haben“ oder „Im Haus werden Hausschuhe angezogen“. Das sind alles keine lebenswichtigen Punkte, sondern Regelungen, die dem Lebensstil der jeweiligen Familie entsprechen. Wenn diese Regeln einmal nicht eingehalten werden, bricht nicht gleich alles zusammen, aber wenn man sie aufstellt und auch durchsetzt, läuft alles ein bisschen reibungsloser.

Und dann wäre da noch die Liste mit den Punkten, die „nicht unbedingt sein müssen“, aber sein dürfen. Punkte, die nicht so grundlegend sind, dass man viel Kraft aufwenden möchte, um sie immer wieder zu kontrollieren oder durchzusetzen. Anders ausgedrückt, das Gelingen des Familienlebens hängt nicht von der Einhaltung dieser Regeln ab. Werden diese Regeln einmal nicht eingehalten, führt das eher zu kleinen Ärgernissen als zu größeren Einbrüchen. Auf dieser Liste könnte beispielsweise stehen, dass man die Socken so zusammenrollt, wie Mama es macht, oder dass man eine neue Toilettenpapierrolle in den Halter tut, wenn die alte leer ist.

Verglichen mit den Grundregeln des Zusammenlebens ist diese letzte Gruppe von Regeln nicht von so entscheidender Bedeutung.

Wenn Ihr Ehepartner und Sie Ihre jeweiligen Listen fertiggestellt haben, vergleichen Sie sie zunächst einmal miteinander. Warum Sie das tun sollen? Weil Regeln, die nicht von beiden Eltern (oder anderen Erwachsenen, die mit im Haushalt leben) durchgesetzt werden, nichts bringen und damit wirkungslos sind. Beim Vergleichen der beiden Listen stellen Sie dann hoffentlich fest, dass Sie dieselben oder größtenteils ähnliche Punkte aufgeführt haben.

Von beiden genannte Regeln können sofort in Ihre Hausordnung übernommen werden. In einer zweiten Spalte suchen Ihr Ehepartner und Sie dann jeweils Ihre beiden wichtigsten „Was-schön-wäre“- Punkte heraus. Danach könnten Sie dann eigentlich die nicht so wichtigen Punkte auch weglassen, aber es ist durchaus möglich, dass etwas, was für Sie persönlich eher nebensächlich ist, für Ihren Ehepartner einen ganz hohen Stellenwert haben kann. Nach dem Abgleichen sollte eine Hausordnung herauskommen, die aus höchstens 10 Regeln besteht. Je weniger Regeln, desto besser können diese auch eingehalten werden.

Wenn Sie Ihre „Top-Ten“ Familienregeln herausgefunden haben, ist es wichtig, sie so kurz, präzise und freundlich zu formulieren, dass keine Unklarheiten bleiben.

Hier einmal die 10 Regeln, die ich als Hausordnung einsetze:

1. **Behalte deine Hände bei dir.**
2. **Behandle andere mit Respekt.**

3. **Kein Herumschreien.**
4. **Kein Herumspringen auf oder Herunterspringen von Möbeln.**
5. **Nur Erwachsene gehen an den Kühlschrank und die Küchenschränke.**
6. **Händewaschen nach der Toilette und vor dem Essen.**
7. **Anständig am Tisch sitzen.**
8. **Im Haus wird nicht Ball gespielt.**
9. **Spielzeug wird nicht benutzt, um jemandem wehzutun.**
10. **Nur altersgemäße Spielsachen und Fernsehsendungen.**

Das sind die Regeln, über die nicht verhandelt wird. Die Kinder wissen, dass es sofort sanktioniert wird, wenn sie eine davon missachten.

SCHLIESSEN SIE EIN FAMILIENABKOMMEN

Wenn Sie sich auf eine Hausordnung geeinigt haben und diese dann kurz, knapp und eindeutig formuliert haben, dann ist es Zeit, gemeinsam mit den Kindern die Regeln durchzugehen. Versammeln Sie sich als komplette Familie und schreiben oder malen Sie die Regeln auf ein Plakat oder eine Tafel. Dann gehen Sie sie Schritt für Schritt durch und beantworten dabei alle eventuellen Fragen. Am Ende vergewissern Sie sich noch einmal, ob die Regeln, die Sie gerade festgelegt haben, auch wirklich allen klar sind. Ist das geschehen, schließen Sie ein Familienabkommen. Das ist ein unwiderruflicher Vertrag, der festschreibt: Wir tun alle unser Bestes, um diese Hausordnung einzuhalten.

Dann hängen Sie das Plakat mit Ihrer Hausordnung irgendwo gut sichtbar auf und sorgen dafür, dass sie auch eingehalten wird. Machen Sie sich darauf gefasst, dass Ihre Konsequenz in dieser Hinsicht getestet werden wird.

Und was tun Sie, wenn eine der Regeln missachtet wird? Im Idealfall haben Sie über diese Frage schon bei dem Familientreffen zur Verabschiedung der Hausordnung gesprochen, so dass Ihre Kinder ganz genau wissen, was für Folgen es für sie hat. Ältere Kinder können auch selbst Vorschläge einbringen, wie eine Sanktionierung aussehen könnte. In Kapitel 4 geht es noch einmal ausführlicher um Konsequenzen und Strafen.

KONSEQUENZ

Konsequenz spielt eine *gewaltig*e Rolle, wenn Sie ein harmonisches, möglichst reibungslos funktionierendes familiäres Umfeld möchten. Wenn berechenbare und immer gleiche Reaktionen auf unerwünschtes Verhalten erfolgen, dann führt das schließlich zu Verhaltensänderungen. Beide Eltern müssen konsequent dafür sorgen, dass die Hausordnung eingehalten wird, und sie müssen konsequent mit altersgemäßen Folgen für Übertretungen reagieren.

Ohne guten Grund und eindeutige Erklärung nachzugeben oder die Regeln zu beugen – auch wenn es nur ein einziges Mal passiert – führt dazu, dass es jedes Mal erneut zu Kämpfen kommt, wenn die betreffende Situation wieder eintritt. Das Kind denkt dann: *Beim letzten Mal habe ich einfach fünf Minuten lang geschrieen und dann hat Papa nachgegeben. Wenn ich jetzt noch ein kleines bisschen lauter schreie und ein kleines bisschen länger, dann gibt er diesmal bestimmt wieder nach.*

Wenn Sie nicht den Verstand verlieren wollen, dann seien Sie Ihren Kindern immer einen Schritt voraus – mit Klarheit und Konsequenz.

KOOPERATION

Wenn Sie jetzt Ihre Hausordnung aufgestellt und sie den Kindern verständlich dargelegt haben, wird die Zusammenarbeit der Ehepartner zum entscheidenden Faktor für den Erfolg.

Vielleicht ist es etwas einfacher, Ihren Ehepartner zur Kooperation zu bewegen, wenn Sie folgenden ebenso weisen wie wirkungsvollen Rat befolgen: „Öffentlich loben, privat kritisieren."

Sie und Ihr Ehepartner sind ein Zweierteam – auf jeden Fall ist es wichtig, dass Sie so auftreten, wenn die Kinder in Hörweite sind. Deshalb müssen Sie dafür sorgen, dass zwischen Ihnen und Ihrem Ehepartner in Bezug auf die Regeln für die Kinder Einigkeit besteht und Sie auch beide bereit sind, diese Regeln durchzusetzen. Sie sollten deshalb also auf keinen Fall in Anwesenheit der Kinder darüber diskutieren. Gespräche in Anwesenheit der Kinder hören sich deshalb eher so an:

„Mama, ich will fernsehen."

„Du kennst doch die Regeln, mein Schatz. Beim Essen wird nicht ferngesehen."

„Papa, ich will aber fernsehen."

„Was hat Mama eben gesagt, mein Schatz? Kein Fernsehen beim Essen. Das ist unsere Regel."

Die Regel ist ganz klar definiert. *Beim Essen wird nicht ferngesehen.* Sie gilt durchgängig und ausnahmslos: *Unsere Familienregel ist immer: Kein Fernsehen beim Essen.*

Die Regel wird von einem Team durchgesetzt. *Mama und Papa sind sich darin einig, dass beim Essen nicht ferngesehen wird.* Das ist doch eigentlich ganz einfach, oder?

Jetzt kommt ein neues Problem: Sie möchten, dass es gelegentlich erlaubt sein soll, beim Essen fernzusehen. Wie Sie ja bereits wissen, kann diese Diskussion aus den bereits genannten Gründen nicht in Anwesenheit der Kinder stattfinden. Das Timing ist hier entscheidend, und wenn Sie diskutierend vor dem Fernseher stehen und Ihre Kinder Ihnen zuschauen, ist das eher nicht der passende Zeitpunkt, um Ihre großartige neue Idee mit Ihrem Mann zu besprechen. Der richtige Zeitpunkt ist später, und zwar dann, wenn Ihr Ehepartner und Sie unter sich sind. Dann können Sie offen miteinander reden, diskutieren, Ihre Hausordnung noch einmal überarbeiten und eventuell sogar verändern, damit sie Ihrer Familiensituation besser entspricht. Wenn Sie beide beschließen, die Regel zu ändern, dann gehen Sie wieder genauso vor wie bei der Einführung der Familienordnung:

Der Vater sagt: „Kinder, wir haben Neuigkeiten, die euch bestimmt gefallen werden. Mama und ich haben noch einmal darüber gesprochen und gemeinsam beschlossen, dass ihr euch für jeden Abend, den ihr euch beim Abendessen gut benehmt – das heißt, an dem ihr nicht mit dem Essen herumschmiert, beim Tischgebet nicht redet und nicht aufsteht –einen Punkt für ein Fernsehabendessen verdient! Wenn ihr fünf Punkte zusammen habt, dürft ihr euch beim Essen ein Video anschauen! Was haltet ihr davon?“

„Ja! Cool!“

Sie haben diese Entscheidung gemeinsam getroffen. Sie haben Ihre Meinung geändert, ohne dabei Ihre Autorität als Eltern aufs Spiel zu setzen, und die Kinder haben Sie auch nicht manipuliert, um die Veränderung zu erreichen. Alle sind sich einig. Ihre neuen Erwartungen und Ziele für die Familie sind klar und eindeutig definiert und dann den Kindern von einem Team, bestehend aus beiden Eltern, mitgeteilt und erklärt worden.

KONZENTRATION AUF DEN GLAUBEN

Irgendwann fiel mir auf, dass alle Menschen mit langjährigen, glücklichen Ehen und Familien in meinem Freundes- und Bekanntenkreis etwas gemeinsam hatten: Für sie alle war der christliche Glaube das Wichtigste in ihrem Leben – und zwar nicht nur für einen der beiden Ehepartner, sondern für beide. Ihr Glaube ist nicht nur etwas, das sie auf Formularen ankreuzen, sondern sie glauben an einen Gott, der ihre Gebete hört und der da ist, um ihnen zu helfen. Die Ehepartner wenden sich gemeinsam an Gott, wenn sie Hilfe brauchen, auch dann, wenn sie ihren Glauben an ihn ganz unterschiedlich leben und zum Ausdruck bringen.

Die glücklichsten Ehen, die ich kenne, bestehen alle zwischen Partnern, die zu einer christlichen Gemeinde gehören, regelmäßig dort in den Gottesdienst gehen und mitarbeiten, und die zusammen beten.

Viele Familien entdecken, dass die Bibel einen wunderbaren Plan für das Ehe- und Familienleben aufzeigt. Dort sind echte Geschichten von echten Familien nachzulesen (darunter sehr viele gestörte Familien!), die in guten wie in schlechten Zeiten an Gott festgehalten haben. Die Bibel gibt klare Anleitung, wie man Kinder erzieht, ihnen beim Erwachsenwerden hilft und sie wieder zurücklieben kann, wenn sie sich verlaufen haben.

Mir ist klar, dass vielleicht manche von Ihnen selbst Vernachlässigung und Misshandlung erlebt haben. Vielleicht haben Sie es auch so empfunden, dass Ihnen die Bibel ständig „um die Ohren geschlagen“ wurde, und zwar von Eltern, die für sich zwar den Anspruch hatten, Christen zu sein, die aber nie die Art von Liebe praktiziert und gelebt haben, für die Jesus das Vorbild war. Mit Menschen, die durch negative Erfahrungen mit Religiosität abgeschreckt worden sind, geschieht jedoch meistens etwas Seltsames, wenn sie selbst Eltern werden. Sie fangen an, sich zu fragen: „Wie soll ich denn meinem Kind Gott erklären? Wie soll ich ihm seine Fragen zum Thema Gott und Glauben beantworten? Wie kann ich ihm etwas Stabiles und Tragfähiges vermitteln, an das es in einer unsicheren Welt wie unserer glauben kann?“

Wenn man kleine Kinder hat, fängt man oft (wieder) an, sich Gedanken über den Glauben zu machen. Man schaut sich die Kirche noch einmal genauer an und verspürt vielleicht den Wunsch, zu einer Gemeinschaft von Menschen zu gehören, die wie man selbst auf der Suche sind. Wenn das auch auf Sie zutrifft, dann möchte ich Sie eindringlich ermutigen, von ganzem Herzen nach Gott zu suchen – es lohnt sich!

Ich glaube, einer der Gründe, weshalb geistliche Literatur wieder in den Bestsellerlisten zu finden ist, besteht darin, dass sie ein vorhandenes Bedürfnis anspricht. Solche Bücher vermitteln uns, dass Gott existiert und dass unser Leben hier auf der Erde etwas zählt, dass es auf unser konkretes, persönliches Leben ankommt und dass Gott jeden einzelnen Menschen liebt. Ist das nicht eine Botschaft, die wir auch gern an unsere Kinder weitergeben würden?

Praktizierter Glaube ist ein Anker für Ihre Ehe und Familie. Es lohnt sich, sich einmal die Zeit zu nehmen, mit Ihrem Ehepartner über Ihre Glaubensüberzeugungen zu sprechen und sich auf Möglichkeiten zu einigen, wie Sie diese an Ihre Kinder weitergeben können.

Es geht beim Glauben an Gott aber um viel mehr als um ein moralisches Gerüst. Statistiken zeigen, dass Ehepaare, die regelmäßig miteinander beten, seltener geschieden werden und glücklichere Ehen haben als solche, bei denen das nicht der Fall ist. Das liegt daran, dass Gott tatsächlich da ist und auf unsere Gebete reagiert. Eine gute Freundin hat einmal zu mir gesagt: „Es gab nur wenige Dinge, die für mich als

Kind tröstlicher waren, als wenn meine Eltern beide zu mir in mein Zimmer kamen und für mich beteten."

Sie brauchen dazu kein theologisches Grundwissen oder geschliffene Formulierungen. Sagen Sie Gott einfach, was Sie auf dem Herzen haben. Wenn Ihnen beim Beten mit Ihren Kindern nicht die richtigen Worte einfallen oder Sie gerade wegen irgendetwas durcheinander sind, dann kann es für Ihre Kinder ein großartiges Vorbild sein, wenn Sie in dieser Situation Gott um Antworten und inneren Frieden bitten. Vielleicht werden Ihre Kinder eines Tages Ihrem Vorbild folgen und ebenfalls mit Gott reden, wenn sie innerlich aufgewühlt sind und nicht weiter wissen.

Szene 2, die Zweite

IM ELTERNSCHLAFZIMMER

Frau *lässt sich aufs Bett fallen:* Puuuh, was für ein Tag. Jana war wirklich völlig von der Rolle. Sie hat mich gebissen, als ich ihr gesagt habe, dass sie nicht die Sesamstraße anschauen kann, weil es Zeit für ihren Mittagschlaf ist!
Mann: Oh, das ist ja krass! Ich habe zwar gehört, dass das viele Kinder mal machen, aber wir müssen wirklich ein bisschen aufpassen, dass sie sich so was nicht angewöhnt.
Frau: Ja, allerdings. Ich bin mit ihr auf Augenhöhe gegangen und habe ihr gesagt: „Beißen ist nicht in Ordnung", und zwar so energisch ich konnte. Dann habe ich sie kurz in die Auszeit geschickt. Nachdem sie sich dann entschuldigt hatte, habe ich sie zum Mittagschlaf hingelegt.
Mann: Hey, das war ja sehr beherrscht und durchdacht von dir! Diesen energischen Tonfall kann sie gar nicht leiden und die Auszeit auch nicht. Ich bin sicher, sie hat begriffen, dass Beißen nicht in Ordnung ist.
Frau: Ich könnte ein bisschen Unterstützung dabei gebrauchen, das durchzuziehen, falls sie so etwas noch einmal macht. Hast du sonst noch eine Idee, wie wir damit umgehen könnten?
Mann: Hmmm ... ich glaube, dafür, dass sie so etwas zum ersten Mal gemacht hat, hast du völlig richtig reagiert. Wenn das mit dem Beißen einreißen sollte, können wir ja in einem unserer Erziehungsbücher nachschauen, oder wir fragen Paul und Laura – die haben immerhin schon drei Kinder groß gekriegt. Ich verspreche dir auf jeden Fall, dass ich sofort eingreife, wenn Jana so etwas noch mal macht, ja?"
Frau: Habe ich dir eigentlich heute schon gesagt, dass ich dich liebe?

Mann: Auch so sehr, dass du jetzt mit mir zusammen das Fußballspiel anschauen würdest? *(kichert)* Da können wir dann so richtig aggressives Verhalten sehen ... vielleicht kommt uns dann das Beißen ja gar nicht mehr so schlimm vor!
Frau *lacht, während sie sich zu ihm hinüberbeugt und ihm einen Kuss gibt:* Na gut – und weil du so ein toller Ehemann und Vater bist, darfst du während des ganzen Spiels die Fernbedienung haben ... wenn du mir versprichst, nicht zu beißen.

ZUSAMMENFASSUNG

Konnten Sie die Praxis-Tipps erkennen, durch die dieses fiktive Paar aus dem abendlichen Frust zu einer Art Ordnung und Harmonie gelangt ist?

- ✘ *Sorgen Sie für effektive Kommunikation.* Sagen Sie präzise und genau, worin das Problem besteht, sodass keine Missverständnisse aufkommen. Wie kann Ihr Ehepartner Ihnen bei der Lösung eines Problems helfen, wenn er erstmal raten muss, worin es eigentlich besteht?
- ✘ *Sprechen Sie die Situation an, nicht das Kind.* Alle Kinder sind großartige Geschenke Gottes. Es ist ihr Verhalten, das manchmal schlecht ist. Statt zu sagen: „Guter Junge!", loben Sie lieber das *Verhalten* des Kindes, indem Sie beispielsweise sagen: „Das hast du aber toll gemacht!" oder „Das fand ich jetzt wirklich höflich, wie du das gesagt hast."
- ✘ *Hören Sie nicht nur, sondern hören Sie wirklich zu.* Zeigen Sie, dass Sie ganz bei dem sind, was gesagt wird, und dass Sie das Gehörte auch verarbeiten. Halten Sie Blickkontakt mit Ihrem Kind, legen Sie das, womit sie gerade beschäftigt waren, beiseite und gehen Sie wenn möglich mit Ihrem Kind auf Augenhöhe.
- ✘ *Seien Sie kooperativ.* Als Eltern sind Sie ein Zweierteam. Zeigen Sie Verständnis für das, was Ihr Partner erlebt und empfindet. Bieten Sie sich gegenseitig Verständnis, freundliche Worte und Unterstützung.
- ✘ *Bestätigen Sie den Ehepartner.* Sagen Sie Ihrem Partner beispielsweise: „Ich finde es genau richtig, wie du das gelöst hast. Du hast dabei meine volle Unterstützung."
- ✘ *Eine Familie, die zusammen betet, bleibt zusammen.* Wenn Sie und Ihr Ehepartner sich dabei wohl fühlen, dann beten Sie auch zusammen, weil das ein wunderbarer „Klebstoff" für Ihre Ehe und Familie ist.

- ✘ *Sorgen Sie dafür, dass Sie sich einig sind.* Besprechen Sie, was Ihnen wichtig ist und was Sie wie regeln wollen. Und dann halten Sie sich auch daran!
- ✘ *Lachen Sie – oft und laut!* Lachen kann fast alles heilen, zumindest aber die Lasten leichter machen.
- ✘ *Zeigen Sie dem anderen Ihre Wertschätzung.* Erkennen Sie die Bemühungen Ihres Partners an, sein Engagement und seine Arbeit.
- ✘ *Gehen Sie nie zornig ins Bett.* Beenden Sie jeden Abend mit einem „Ich liebe dich" und einem Kuss (den Rat habe ich von meiner Mutter). Mir gefällt diese Vorstellung, denn in einer unsicheren Welt wie der unseren passiert so vieles, und auf diese Weise weiß man immer, dass die letzten Worte, die man sich gesagt hat, „Ich liebe dich" waren.

Kapitel 3

DIE MAMA-UND-PAPA-GMBH

Szene 3, die Erste

KÜCHE/WOHNZIMMER

Mutter *ruft aus der Küche dem Vater im Wohnzimmer zu:* Tom, kannst du bitte heute die Kinder zum Schwimmunterricht bringen?
Vater: Tut mir leid, ich bin zum Joggen verabredet!
Mutter: Ach Mensch, es sind schließlich auch deine Kinder! Du kannst auch mal was für sie tun!
Chris *betritt von der Küche aus das Wohnzimmer:* Hey, Papa, kann ich einen Keks haben?
Vater: Klar.
(Chris geht zurück in die Küche und holt sich einen Keks aus dem Schrank.)
Mutter: Was machst du denn da, Chris?
Chris *grinsend:* Papa hat gesagt, ich kann mir einen nehmen.
Mutter: Habe ich dir nicht vor fünf Minuten Nein gesagt, als du gefragt hast?
Chris: Ja, aber Papa hat es erlaubt.
Mutter: Tom! Wieso hast du denn Chris erlaubt, sich einen Keks zu holen? Er hat mich auch schon gefragt, und ich hatte Nein gesagt. Du weißt doch, dass das Essen gleich fertig ist!

Wenn zwei Menschen nötig sind, um ein Kind hervorzubringen, warum sollte dann die Verantwortung für die Versorgung und Erziehung dieses Kindes auf den Schultern nur einer Person liegen?

Ihr Partner und Sie sind ein Team, und es ist wichtig, dass Sie sich die elterliche Verantwortung teilen.

In vielen Familien sind heute zwei Einkommen notwendig, um alle Kosten zu decken, und das bedeutet, dass die Eltern in dieser Familie ihre Ehe, die Kinder, den Haushalt und den Beruf irgendwie unter einen Hut bringen müssen. Selbst Familien, die in der glücklichen Lage sind, dass ein Elternteil zu Hause bleiben und sich ausschließlich um die Kinder kümmern kann, sind mit dem Dilemma konfrontiert, die Bedürfnisse aller Familienmitglieder im Blick zu haben, ohne dabei ihre physische und psychische Gesundheit aufs Spiel zu setzen.

Bei der Erziehung ist es so wie beim Tanzen – man braucht dazu ein Paar, auch wenn es einige Übung erfordert, bis man sich nicht mehr gegenseitig auf die Füße tritt. Elternsein ist viel einfacher und macht auch mehr Spaß, wenn beide Eltern sich gleichermaßen aufeinander und auf die gemeinsamen Aufgaben als Eltern einlassen.

WIE EIN GUTES ELTERNTEAM NICHT IST

Die Elternaufgaben als Team wahrzunehmen bedeutet *nicht*, dass man alles streng und exakt 50:50 aufteilen muss, mit genau abgezirkelten Aufgabenbereichen für die Beteiligten. Wäre es nicht beispielsweise der Traum jeder Mutter, sich ihren Teil der Elternverantwortung selbst auszusuchen und alles Unangenehme oder Unappetitliche ihrem Mann zu überlassen – oder umgekehrt?

„Ich nehme dann das „In-den-Schlaf-Wiegen“ (wenn die lieben Kleinen schon müde und schlapp sind), und ich begrüße sie auch am Morgen gern (wenn sie munter und gut gelaunt sind), und weil ich gerade meine großzügigen fünf Minuten habe, wechsele ich gelegentlich auch mal eine feuchte Windel. Wie wäre es, wenn *du* mal nachts aufstehst, immer die vollen Windeln wechselst und dich mit dem Zahnen und den Wutanfällen beschäftigst? Abgemacht?“

Träumen Sie ruhig weiter! Erziehung ist Teamwork, und das gilt auch, wenn man mit dem Zahnen und den Wutanfällen fertig werden will.

Sie haben wahrscheinlich schon eine recht klare Vorstellung davon, wie ein gutes Elternteam *nicht* sein sollte. Zum Beispiel ist es kein Team, wenn Mama für die Disziplin zuständig ist und Papa ist der lustige Typ, der all die tollen Sachen mit den Kids macht und bei dem sie alles dürfen. Es ist kein Team, wenn Papa Nein sagt zu Süßigkeiten, aber Mama die „Zuckerfee“ mit unbegrenzten Schleckerdepots ist. Es ist kein Team, wenn Papa als „cool“ wahrgenommen wird und Mama als „doof“.

WIE EIN GUTES ELTERNTEAM IST

Ein gutes Elternteam besteht aus zwei relativ gesunden und liebevollen Menschen, die ein gemeinsames Ziel verfolgen – nämlich glückliche, gesunde Kinder großzuziehen. Sie arbeiten zusammen, um ihr Ziel zu erreichen, und sie wissen, dass es sich dabei wirklich um Arbeit handelt! Im Folgenden ein paar Merkmale guter Elternteams:

- *Beiden Teammitgliedern ist bewusst, dass sie Stärken und Schwächen haben, und sie sind bereit, dort einzuspringen, wo der andere eine Schwäche hat, sie selbst aber stark sind.* Vielleicht fällt es der Mutter schwer, abends die Kinder ins Bett zu bringen, weil sie im Moment eine schwierige Phase durchmachen und sie es nicht gut aushalten kann, wenn sie weinen. Vielleicht kann der Vater dabei ruhiger und gelassener bleiben als die Mutter, aber er hat nicht die Nerven für all die Kleinigkeiten, die noch zu erledigen sind, *bevor* die Kleinen zu Bett gehen. Also liest Mama im Wohnzimmer die Gutenachtgeschichte vor und sagt den Kindern gute Nacht, und dann trägt Papa sie Huckepack in ihre Zimmer und bringt sie ins Bett.
  Nehmen Sie zwei Stifte und Notizzettel und setzen Sie sich mit Ihrem Ehepartner zusammen, um folgende einfache Übung zu machen:
  Unterteilen Sie das Blatt in drei Spalten. Machen Sie eine A-Liste – darauf sind Dinge aufgeführt, die Sie persönlich mit Ihrem Kind richtig gern machen. Dann kommt eine B-Liste mit Sachen, die Ihnen nichts ausmachen und die Sie relativ häufig machen können. Und schließlich kommt die C-Liste – das sind die Pflichten, um die Sie am liebsten einen Bogen machen würden. Vergleichen Sie jetzt Ihre beiden Listen und nehmen Sie sie als Ausgangspunkt, um festzustellen, was Ihre Horror- und Traumjobs in der Erziehung sind ... und dann starten Sie einfach eine große Tauschaktion!

Eine Gruppe wird zum Team, wenn jedes Mitglied sich seiner selbst und seines Beitrags so sicher ist, dass er die Fähigkeiten und das Können der anderen loben kann.
– Norman Shidle –

- *Teammitglieder ermutigen und unterstützen sich gegenseitig und lernen voneinander.* Sie halten sich auf der Achterbahnfahrt namens Elternsein an den Händen, weil diese Fahrt ebenso begeisternd wie beängstigend ist. Sie freuen sich zusammen über ihre Siege und weinen zusammen über gelegentliche Niederlagen als Eltern, gemäß dem Sprichwort: „Geteiltes Leid ist halbes Leid und geteilte Freude ist doppelte Freude."
  Wie kann das nun in einem ganz normalen Alltagsszenario aussehen? Stellen Sie sich vor, Ihr Ehepartner und Sie haben sich darauf geeinigt, mit Hilfe einer freundlichen und bewährten Methode Ihr Kind dazu zu bringen, allein einzuschlafen, ohne dass jemand bei ihm bleiben muss.
  Am ersten Tag der Aktion reagiert das Kind mit ausdauerndem Protestgeschrei auf die Neuerung. Der Vater geht im Wohnzimmer auf und ab und merkt, wie schwer es der Mutter fällt, das Geschrei des Kindes auszuhalten. Sie kämpft mit den Tränen und möchte eigentlich unbedingt hingehen und das Kleine hoch-

nehmen, aber der Vater legt den Arm um sie und sagt beruhigend: „Ach, Schatz. Ich weiß, du willst nicht, dass unser Kind unglücklich ist, und es ist wirklich schwer, es eine Weile schreien zu lassen, aber du weißt ja genauso gut wie ich, wie wichtig es ist, dass es lernt, selbst einzuschlafen – und zwar im eigenen Bettchen. Wir haben eben nach ihm gesehen und wir wissen, dass alles in Ordnung ist. Es wird nicht ewig weiterschreien. Mir geht es dabei auch nicht besonders gut, aber ich bin froh, dass wir uns darüber einig sind, dass dies die beste Methode ist, ihn an das selbstständige Einschlafen zu gewöhnen, und dieses vorübergehende miese Gefühl zahlt sich ganz bestimmt irgendwann aus!" (Übrigens, in den Kapiteln 6 und 7 erfahren Sie alles über meine erprobte und bewährte Methode, Kinder zum Schlafen zu bringen.)

- *Die Teammitglieder sind beide bereit, Opfer zu bringen, Unannehmlichkeiten auf sich zu nehmen und das beizutragen, was nötig ist, wenn es dem Besten der ganzen Familie dient.* Vielleicht möchte die Mutter, dass ihre Kinder unterschiedliche Sportarten betreiben oder wenigstens in unterschiedlichen Mannschaften sind, damit jedes Kind sein eigenes „Ding" hat und dadurch eigenständig wird. Damit verfolgt sie ganz wunderbar eines der Familienziele, nämlich die Unabhängigkeit der Geschwister zu fördern. Es kann aber auch durchaus sein, dass es sie mehr Zeit und Kraft und Fahrerei kostet, als wenn sie den praktischen, bequemeren Weg wählt und Zeit spart.

Ein Einzelner kann keine Symphonie pfeifen. Dazu ist ein Orchester nötig.
– H. E. Luccock –

Hat man aber diesen Erziehungsanspruch, dann müssen beide Eltern mitmachen, damit es funktioniert, und sie müssen als Team zu dem Schluss kommen, dass der Einsatz sich lohnt.

ALLEINERZIEHEND = DOPPELBELASTUNG

Seien wir realistisch: In Deutschland endet jede dritte Ehe mit einer Scheidung – Tendenz steigend. Das bedeutet auch, dass dann ein Elternteil allein die Verantwortung für die Versorgung und Erziehung der Kinder übernehmen muss, die eigentlich für zwei Personen gedacht ist. Es gibt aber auch andere Umstände, durch die ein Elternteam auf eine Einzelperson reduziert wird: Die Mutter war nie verheiratet, sie ist verwitwet, der Ehemann ist beruflich häufig und lange unterwegs ... und jede Menge andere nicht herkömmliche Familienstrukturen.

Auch wenn es eine Versuchung für Sie als Alleinerziehende(n) ist, allzu nachsichtig mit Ihrem Kind zu sein, weil es das Fehlen eines Elternteils hinnehmen musste, müssen Sie klar und konsequent sein in Ihrer Erziehung. Besonders auch dann, wenn Sie niemanden haben, der Ihnen den Rücken stärkt und Sie unterstützt und Ihre Aufgaben übernimmt, wenn Sie nicht mehr können. Ich hoffe für Sie, dass Sie eine Familie oder enge Freunde haben, die Sie unterstützen, wenn das nötig ist. Aber im Unterschied zu früher leben Familien heute oft räumlich weit verstreut.

Wenn Sie alleinerziehend sind, dann widerstehen Sie dem Drang, alles allein schaffen zu wollen. Wenden Sie sich stattdessen lieber frühzeitig an andere Menschen und suchen Sie sich alle Hilfen und auch Hilfsmittel, die Sie bekommen können. Es gibt in vielen Gemeinden tolle Angebote für Alleinerziehende, unter anderem Erziehungskurse, gegenseitige Kinderbetreuung und andere Entlastungsmöglichkeiten, damit Sie Ihre Elternrolle auch allein möglichst gut ausfüllen können.

Vorausschauende alleinerziehende Eltern bauen sich zusätzlich eine Art Selbsthilfenetzwerk für ihre Erziehungsarbeit auf. Vielleicht kann ein Onkel Ihrem Sohn zeigen, wie man einen Fallrückzieher macht, oder ein Großvater kann ihn bei einer wichtigen Entscheidung beraten, oder Sie können mit anderen Alleinerziehenden gemeinsam Urlaub machen und sich gegenseitig unter die Arme greifen. Der Nachteil dieses Systems besteht darin, dass es viel Zeit und Kraft kostet, Mentoren für Ihre Kinder ausfindig zu machen und Netzwerke aufzubauen. Der Vorteil ist allerdings, dass Sie sich die Helfer selbst *aussuchen* können – und zwar so viele, wie Sie und Ihr Kind Ihrer Einschätzung nach brauchen. Überlegen Sie doch nur, wie wundervoll es für Ihre Kinder ist, wenn Sie durch eine Vielzahl ganz unterschiedlicher Erwachsener geprägt und geliebt werden, die ihnen alle möglichen Fertigkeiten beibringen und die im Laufe der Jahre in ganz vielen verschiedenen Gebieten für sie da sind.

Praxis-Tipp

Als alleinerziehender Elternteil müssen Sie gut für Ihre(n) Familienversorger(in) sorgen – und das sind Sie selbst! Sorgen Sie dafür, dass Sie genügend Zeit und Kraft übrig haben, um Ihre Aufgabe als Mutter bzw. Vater gut zu bewältigen.

- Schlafen Sie genug, und zwar ohne Schuldgefühle! (Ja, das bedeutet, dass Sie alles Unwesentliche bleiben lassen müssen. Einen makellosen, blitzsauberen Haushalt können Sie auch noch haben, wenn Ihre Kinder mal aus dem Haus sind.)

- Treiben Sie mit Ihren Kindern zusammen Sport und schlagen Sie dadurch zwei Fliegen mit einer Klappe: Sie bekommen Bewegung während Sie gleichzeitig Zeit mit Ihren Kindern verbringen.
- Gönnen Sie sich ein ausgiebiges Bad mit Kerzenlicht, leiser Musik und einem guten Buch, wenn Ihre Kinder im Bett sind.
- Sorgen Sie für eine ausgewogene, gesunde Ernährung. Das spendet Energie (und ab und zu verwöhnen Sie sich mal mit einem Stück leckerer Schokolade oder einem guten Wein)!

Achten Sie auf Ihren Körper, Ihren Geist und Ihre Seele, damit Sie voll für Ihre Kinder da sein können. Natürlich gilt dieser Rat für alle Eltern, aber Sie als Alleinerziehende/r müssen es mit einer doppelten Aufgabenlast aufnehmen, und Sie haben keinen Partner, der Ihnen sagen kann, dass Sie es mal etwas langsamer angehen lassen sollen. Das übernehme hiermit ich!

Wenn Sie also das Ganze aktiv angehen, können Sie auch als alleinerziehende Mutter oder als alleinerziehender Vater eine „angenommene erweiterte Familie" für Ihre Kinder schaffen. Kinder brauchen zum Gedeihen bedingungslose Liebe, Strukturen, Konsequenz und Beständigkeit, und für all das können Sie auch als Alleinerziehende/r sorgen!

WENN KINDER IHRE ELTERN GEGENEINANDER AUSSPIELEN

Nehmen wir einmal an, Sie sind ein Zwei-Personen-Elternteam – Mutter und Vater. Das ist schon mal eine großartige Ausgangsposition. Aber denken Sie daran, dass Kinder oft schlauer sind, als man glaubt! Sie haben die Fähigkeit, sich durch jede noch so kleine Ritze zu zwängen, die den Eltern noch entgangen ist, um zu bekommen, was sie wollen. Glauben Sie mir, wenn das Kinderteam eine Chance sieht, das Elternteam zu überrumpeln, dann wird es diese Chance in Nullkommanichts nutzen. Fragen Sie Ihre Mutter!

Wie bei einer Fußballmannschaft ist es auch beim Elternteam so, dass man eine starke Abwehr und einen starken Sturm braucht, um eine Einheit zu bleiben. „Stürmer" sind Familienordnung und Erwartungen, über die Sie sich als Eltern einig sind und die Sie Ihren Kindern gegenüber konsequent durchsetzen. „Abwehr" ist das Vertrauen in Ihren Teamgefährten, dass er sich auf jeden Fall und unter allen Umständen an die gemeinsamen Absprachen und Familienregeln hält, egal was passiert.

Wenn Ihr Kind also fragt: „Kriege ich einen Keks?" – wie in der kleinen Szene am Anfang des Kapitels –, dann kann es damit keinen Elternteil „kalt erwischen", denn die Familienregeln sind klar und eindeutig formuliert, genau wie die Regeln bei jeder Sportart. Schiedsrichter können nicht einfach die Spielregeln ändern, nur weil der Trainer der anderen Mannschaft „Fehlentscheidung" schreit. Schiedsrichter setzen nur die bestehenden Regeln durch, auf die man sich allgemein geeinigt hat. (Nebenbei bemerkt kann man diese Vorgehensweise ganz besonders gut Kindern erklären, die eine Sportart betreiben, da sie dabei bereits den Sinn von Regeln kennengelernt haben.) Wenn eine Ihrer Familienregeln also lautet: „Keine Süßigkeiten vor dem Essen", dann kann Chris ganz sicher sein, dass Mama Nein sagt, wenn er sie fragt, und auch Papa nichts anderes sagt.

Gute Spieler zu bekommen ist einfach. Sie dazu zu bringen, als Team zusammen zu spielen, das ist der eigentlich schwierige Teil.
– Casey Stengel –

Außerdem kann Chris sicher sein, dass es eine „gelbe Karte" gibt, wenn er versucht, die Parteien gegeneinander auszuspielen. Wie jedes andere Team auch, das eine einstweilige Niederlage erlitten hat (sagen wir, Sie haben der Forderung Ihres Kindes nachgegeben, obwohl Sie wussten, dass Sie das nicht hätten tun sollen), stellen Ihr Teamgefährte und Sie sich wieder neu auf und spielen dann nach den bekannten Regeln weiter. „Chris, ich habe Ja gesagt, weil mir gar nicht bewusst war, dass schon gleich Essenszeit ist. Erstens hätte ich einfach besser aufpassen sollen und zweitens hättest du mich gar nicht fragen sollen, weil deine Mutter ja schon Nein gesagt hatte. Also, heute gibt es für dich leider gar keinen Keks mehr, Kumpel, auch nicht nach dem Essen."

LASSEN SIE SICH NICHT VOM GEGNERISCHEN TEAM ABWERBEN

Wenn im Elternteam keine Einigkeit mehr vorhanden ist, dann besteht für eines der Teammitglieder immer das Risiko, vom gegnerischen Team abgeworben zu werden. Wenn das passiert, bekommt ein Kind die Möglichkeit, das Elternteam zu manipulieren, was wiederum zu Konflikten und Verwirrung führt.

Wir kennen sicher alle Fälle, in denen Kinder einen Elternteil gegen den anderen ausspielen, sodass irgendwann ein Elternteil der Gute und der andere der Böse ist. Der Film *Mrs Doubtfire* erzählt genau so eine Geschichte: Der Vater in diesem Streifen erzieht die Kinder eigentlich gar nicht. Er verbietet ihnen nichts und lässt sie einfach gewähren, sodass er eigentlich zum Kinderteam gehört – dem Team, das „gegen Mama" ist –, mit der Folge, dass in der Familie auf mehreren Ebenen Chaos herrscht.

Die Mutter verabscheut ihre Position als „die Harte", denn eigentlich sehnt sie sich danach, auch lustig zu sein, aber ihr Mann hat ihr mit seinem unfairen Verhalten alle Freude geraubt. Obwohl die Kinder es beim Vater, dem „Spaß-Elternteil", gut haben und ihn natürlich abgöttisch lieben, sind die Folgen verheerend: Das Elternteam fällt auseinander, die Familie zerbricht und die Eltern werden schließlich geschieden. Was ganz harmlos angefangen hat mit einem Vater, der einfach nur Spaß haben will, endet mit einem Ungleichgewicht in der Familie, unter dem alle Beteiligten leiden.

Ich muss bei dem Film immer an der Stelle unwillkürlich schmunzeln, als sich wieder Frieden in der Familie einstellt – nämlich in dem Augenblick, als der Vater die Rolle der liebevollen, aber sehr konsequenten Nanny „Mrs Doubtfire" einnimmt. Wenn es Ihnen nicht gelingt, Abstand von Ihrer Elternrolle zu bekommen, dann stellen Sie sich doch einmal einfach vor, Sie wären Mrs Doubtfire. Versetzen Sie sich in die Lage einer Nanny und fragen Sie sich, wie eine ruhige, freundliche und konsequente Nanny wohl mit der gerade gegebenen Situation umgehen würde? Vielleicht werden Sie sich wundern, wie gut dieser mentale Trick funktioniert.

Wenn in einem Team Einigkeit besteht, ist kein Raum für Verwirrung oder Manipulation. Wenn ein Kind fragt: „Wer ist der ‚Bestimmer'?", dann sollte die Antwort wie aus der Pistole geschossen von Ihnen beiden kommen: „Wir beide zusammen. Sonst noch Fragen?"

Szene 3, die Zweite

KÜCHE/WOHNZIMMER

Mutter *ruft dem Vater im Wohnzimmer zu:* Tom, kannst du bitte heute die Kinder zum Schwimmunterricht fahren?
Vater: Hmmm ... Ich bin um drei mit Peter zum Joggen verabredet. Wann fängt denn der Schwimmkurs an?
Mutter: Um halb zwei. Es reicht auch, wenn du die Kinder zum Schwimmen bringst, ich kann sie dann nachher abholen. Dann bist du locker pünktlich zum Joggen zurück. Ich brauche heute wirklich mal eine kleine Pause.
Vater: Klar, so können wir's gern machen.
Chris *kommt aus der Küche ins Wohnzimmer:* Papa, kann ich einen Keks haben?
Vater: Ich glaube, Mama macht schon Essen. Hast du sie schon gefragt?
Chris: Menno, wie kommt es eigentlich, dass das nicht mehr funktioniert?
Vater: Weil wir einfach schlauer geworden sind. War aber 'n netter Versuch.

Und weil du dir solche Mühe gegeben hast, um mich reinzulegen, bekommst du als Preis – keinen Keks nach dem Mittagessen. Was glaubst du, wie schnell dich das auch schlauer macht, Kumpel ...
(Später am selben Abend.)
Mutter: Das mit der Keks-Geschichte vor dem Essen hast du heute wirklich super gemacht. Und danke, dass du mich so unterstützt hast, damit ich mal ein wenig entspannen konnte.
Vater: Und – gibt es eine Belohnung für gutes Benehmen?
Mutter: Möchtest du einen Keks?
Vater *grinst:* Ich hatte da eigentlich an etwas Prickelnderes gedacht ...

ZUSAMMENFASSUNG

Ist es Ihnen gelungen, eine „Spielstrategie" zu entwickeln, mit deren Hilfe Ihr Team weiterkommt?

- ✘ *Es sind zwei nötig zum Elternsein.* Teilen Sie die Verantwortung zu etwa gleichen Teilen auf und tun Sie beide Ihren Part.
- ✘ *Ein Zweierteam ist stärker als zwei Einzelkämpfer.* Seien Sie sich einig, seien Sie sich einig, seien Sie sich einig.
- ✘ *Setzen Sie sich klare Ziele und sprechen Sie ab, wie Sie diese Ziele erreichen wollen.* Stellen Sie Regeln auf, die Sie gemeinsam entwickelt haben. Unterbreiten und erklären Sie diese Regeln Ihren Kindern und wenden Sie sie dann konsequent an.
- ✘ *Verlassen Sie sich darauf, dass Ihr Teamgefährte nach bestem Wissen und Gewissen tut, was für die Familie das Beste ist.* Verpflichten Sie sich gegenseitig dazu, sich an dieselben Spielregeln zu halten.

Kapitel 4

ERZIEHEN HEISST, AUS LIEBE KORRIGIEREN

Szene 4: die Erste

IM SUPERMARKT

Jakob: Mama, krieg ich einen Schokoriegel?
Mutter: Nein, Jakob. Wie oft soll ich dir das eigentlich noch sagen?
Jakob: Bitte, bitte, bitte, bitte!
Mutter: Ich habe Nein gesagt. Du bist wirklich eine Nervensäge! Hör auf zu betteln.
Jakob *(weinend)*: Aber ich hab doch bitte gesagt, Mama. Bitte, Mama!
Mutter: Du hörst jetzt auf der Stelle damit auf, sonst bringe ich dich nach Hause!
Jakob *(lauter weinend):* Bitte! BITTEBITTEBITTEBITTE!!!
Mutter: Also gut, hier hast du deinen Schokoriegel, aber jetzt sei auch ruhig!
Jakob: Juchhu!!!

Ich habe einmal einen Cartoon gesehen, darin war ein kleiner Junge zu sehen, der gerade einen großen Schokoriegel vertilgt und dabei zu einem anderen Kind sagt: „Wie hast du deinen gekriegt? Ich hab meinen auf die altmodische Tour ergattert: Ich habe gequengelt."

Kommt Ihnen das vielleicht irgendwie bekannt vor? Manchmal scheint es so viel einfacher, unseren Kindern ihren Willen zu lassen, nur damit sie endlich Ruhe geben, besonders wenn es ihnen schon gelungen ist, sämtliche Nerven blank zu legen. Haben Sie schon einmal von der HALT-Technik gehört, die sehr erfolgreich bei den anonymen Alkoholikern angewendet wird? Ich glaube, dass sie auch ein gutes Erziehungsprinzip ist. Wenn Sie ganz nah daran sind, sämtliche Vorsätze einfach über Bord zu werfen und sich von den Kinder Ihren gesunden Menschenverstand rauben zu lassen, dann fragen Sie sich: „Bin ich hungrig, wütend, einsam oder müde?" (engl. **H**ungry, **A**ngry, **L**onely, **T**ired). Höchstwahrscheinlich werden Sie feststellen, dass eines oder mehrere dieser Gefühle Ihre Aufmerksamkeit und Entschlusskraft beeinträchtigen.

Wäre es nicht wunderbar, wenn man das Leben dann kurz anhalten könnte? Sie könnten dann bei einer besonders schlimmen Szene mit Ihrem Kind auf einen imaginären Pausenknopf drücken – und während Ihr Kind kurzzeitig eingefroren ist, könnten Sie in einem netten Straßencafé einen Cappuccino trinken, ohne Schuldgefühle einen Mittagsschlaf halten oder ein Pläuschchen mit Ihrer besten Freundin halten. Wenn Sie dann ausgeruht und bereit sind weiterzumachen, drücken Sie einfach wieder auf den Startknopf und gehen ganz locker-lässig mit dem Eltern-Kind-Konflikt um.

Es ist doch immer wieder schön zu träumen, oder? Aber dieser Traum kann tatsächlich wahr werden. Mit zunehmendem Alter Ihrer Kinder wird es nämlich immer einfacher, diesen imaginären Pausenknopf wirklich zu betätigen. Zu einem älteren Kind können Sie sagen: „Ich bin im Augenblick einfach zu müde, um das zu entscheiden, mein Schatz. Ich lege mich jetzt ein bisschen hin und schlafe, und wenn ich wieder ausgeruht bin, können wir darüber reden."

So lange allerdings Ihre Kinder noch klein sind, ist dieser Traum jedoch in weiter Ferne. Sie werden feststellen, dass es klüger – und einfacher! – ist, an der Erziehungsfront direkt aktiv zu bleiben und sich eine gute funktionierende Strategie zu überlegen, wie Sie erreichen können, dass Ihr Kind sich von Ihnen lenken lässt, ohne dass es zu solchen Ausbrüchen kommt.

Ob es Ihnen gefällt oder nicht: Ihre Kinder zu lehren, was Sie im Leben dürfen und was nicht, ist eine Verantwortung, die Sie in dem Augenblick übernehmen, in dem Ihr Kind auf die Welt kommt. Ihrem Kind ist nicht damit gedient, wenn Sie hier lasch sind. Je früher Kinder wissen, was sie dürfen und was nicht, desto stabiler ist das Fundament für ihre unmittelbare Zukunft (in Form eines harmonischen und weitgehend reibungslosen Familienlebens) und auch für ihr langfristiges Wohl (wenn sie das in der realen Welt in Selbstdisziplin umsetzen).

EIN REZEPT MIT VIER ZUTATEN

Ein Kind zu erziehen ist ein Akt der Liebe mit dem Ziel, es mit einem inneren Kompass auszurüsten, mit Hilfe dessen es sich im Leben zurechtfinden kann. Wenn Ihre Kinder so weit sind, dass sie ins Leben hinaus marschieren, dann möchten Sie ihnen alles mit auf den Weg gegeben haben, was sie brauchen, um eigenständige, mündige Erwachsene zu sein, die über genügend Selbstdisziplin verfügen, um ihren Alltag zu bewältigen, die in der Lage sind, sich in andere Menschen hineinzuversetzen und die ein erfülltes Leben führen.

Hier die vier Zutaten, die nötig sind, um wirkungsvoll zu erziehen.

„ZURECHTWEISEN" IST NICHT DASSELBE WIE „BESTRAFEN"!

Eines der häufigsten Missverständnisse, denen ich als Nanny immer wieder begegne, besteht darin, dass viele Eltern den Unterschied zwischen Zurechtweisen und Bestrafen nicht kennen. Die beiden Begriffe werden häufig falsch oder gleichbedeutend verwendet, aber gerade die Unterscheidung zwischen den beiden ist die erste Zutat für das Rezept, wie Sie die Erziehung Ihres Kindes in den Griff bekommen können.

Erziehen bedeutet wie schon gesagt: „Eine Schulung mit dem Ziel, bestimmte Wesenszüge oder Verhaltensweisen zu erreichen, besonders aber eine moralische oder mentale Weiterentwicklung."

Wenn wir Kinder erziehen, sollte unser Ziel dabei sein, ihnen durch Anleitung und Einüben Selbstkontrolle beizubringen, die ihnen wiederum hilft, sich auf das Leben in der großen, weiten Welt vorzubereiten.

Eine Zurechtweisung besteht in einer Reaktion auf ein falsches Verhalten des Kindes, die dem Kind sehr deutlich macht, dass dieses Verhalten unerwünscht ist. Synonyme Wörter sind zum Beispiel Ermahnung, Rüge oder Tadel – Sie machen Ihrem Kind also durch ein scharfes „Nein" oder „Es wird kein Essen heruntergeworfen!" klar, dass es so etwas besser nicht tut.

Bestrafung ist laut Wörterbuch „eine Strafe für Vergehen". Strafen sind einfach Reaktionen – und häufig nicht einmal wohlüberlegte. Wenn ein Kind beim Essen den Teller auf den Boden wirft und dafür einen Klaps auf die Hand bekommt, woran wird es sich dann wohl am deutlichsten erinnern? Daran, dass man kein Essen auf den Boden wirft oder daran, dass Mama ihm auf die Hand geschlagen hat und es wehgetan hat? Natürlich liegt das Hauptaugenmerk auf dem körperlichen und emotionalen Schmerz des Klapses – und diese Gefühle können dann alles andere so überlagern, dass das Kind die Strafe gar nicht mehr mit seinem „Vergehen" in Verbindung bringen kann. Es ist ganz und gar damit beschäftigt, sich von der Strafe zu erholen, statt aus dem Vorfall etwas zu lernen.

KLARE REGELN UND ERWARTUNGEN

Wie soll ein Kind lernen, sich an Regeln zu halten und die Erwartungen der Eltern zu erfüllen, wenn diese gar nicht klar definiert und formuliert sind? Wie bereits in Kapitel 2 festgestellt, sollten Ihre Kinder genau wissen, welches Verhalten erwünscht ist und welches nicht, und sie sollten Ihre Familienordnung kennen. Sie als Eltern müssen sich im Vorfeld auf diese Regeln einigen und sie offiziell einsetzen. Danach sollten Sie dann gemeinsam als Team Ihren Kindern diese Regeln einzeln ausführlich und genau erklären.

Denken Sie dabei bitte daran, dass Ihre Familienregeln und Ihre Erwartungen an die Kinder altersgemäß sein müssen. Sie können beispielsweise von einem anderthalb Jahre alten Kind nicht erwarten, dass es den Geschirrspüler ausräumt, aber es kann durchaus sein Trinkgefäß auf dem Tisch stehen lassen (statt es auf den Boden zu werfen), wenn es fertig ist. Das Kind sollte außerdem genau wissen, welche Folgen es hat, wenn es diese Erwartungen nicht erfüllt. Für ein anderthalb Jahre altes Kind könnte die Konsequenz beispielsweise darin bestehen, dass es seinen Trinkbecher nicht zurückbekommt, nachdem es ihn auf den Boden geworfen hat. Bei einem dreijährigen Kind könnte die Folge eines solchen Benehmens sein, dass es auf sein Zimmer geschickt und ihm gesagt wird: „Für dich ist das Essen jetzt zu Ende."

KORRIGIEREN SIE SCHLECHTES BENEHMEN KONSEQUENT UND VERSTÄRKEN SIE GUTES

Diesen Punkt kann ich gar nicht stark genug hervorheben: Konsequenz spielt eine hervorragende Rolle, wenn Erziehung wirkungsvoll sein soll. Wenn immer eine berechenbare und immer gleiche Reaktion auf unerwünschtes Verhalten des Kindes erfolgt, dann führt das zu einer Verhaltensänderung. Dasselbe gilt auch für positive Verstärkung. Wenn ein Kind konsequent für erwünschtes Verhalten gelobt wird, dann verinnerlicht es dieses positive Verhalten. Sie müssen also Ihr Kind nicht nur die Folgen seines Fehlverhaltens spüren lassen, sondern auch bemerken, wenn es sich gut und richtig verhalten hat und es dann loben („Du bist aber lieb zu deinem kleinen Brüderchen. Wie zart du mit ihm umgehst!")

Wenn Sie klar definiert haben, welches Verhalten erwünscht ist und welches nicht, und wenn Sie das Ihren Kindern verständlich und altersgemäß vermittelt haben, dann müssen Sie „nur noch" konsequent in der Durchführung sein. Ihre Regeln sollten im Leben Ihres Kindes eine verlässliche Konstante sein – immer, tagaus, tagein, zumindest so lange, bis es ein Alter erreicht hat, in dem es anfängt, diesen inneren Kompass, den Sie liebevoll bei ihm installiert und eingestellt haben, selbstständig zu benutzen.

Wenn die Konsequenz fehlt, sind Verwirrung und Orientierungslosigkeit die Folge. Das Kind weiß dann nicht, was es zu erwarten hat und was von ihm erwartet wird, und das wiederum ist für ein Kind in diesem Alter viel eher eine Überforderung, als wenn es ein klares Nein zu hören bekommt. Kinder fühlen sich dann am sichersten, wenn sie genau wissen, was sie zu erwarten haben und was von ihnen erwartet wird. Ja, ich würde sogar so weit gehen zu behaupten, dass Kinder auf der Grundlage der Verlässlichkeit und Berechenbarkeit ihrer Eltern erst richtig gedeihen können. Sie brauchen die Sicherheit, dass Mama und Papa wissen, was sie tun, und wenn Sie als Eltern konsequent sind, schenken Sie Ihrem Kind diese lebensnotwendige Sicherheit. Natürlich äußert Ihr Kind vielleicht seinen Unmut, wenn es ein Nein zu hören bekommt; aber auf lange Sicht fühlen sich Kinder innerhalb der Grenzen beständiger, gleichbleibender Regeln zu Hause sicher und entwickeln sich emotional gesund.

GEHEN SIE ÜBERLEGT MIT IHREM KIND UM

Sorgen Sie dafür, dass Sie immer nur das *Verhalten* Ihres Kindes kritisieren, aber *nicht das Kind selbst.* Wenn Sie einem Kind sagen: „Du bist böse!", dann schädigen Sie dadurch sein Selbstwertgefühl. Erfolgreiche Erziehung setzt voraus, dass Ihr Kind sich Ihrer bedingungslosen Liebe sicher sein kann und als Teil der Familie geachtet ist – egal, was passiert. Deshalb sollten Sie immer nur das *Verhalten* anprangern: „Es war frech von dir, mit dem Bauklotz nach mir zu werfen. So etwas gibt es bei uns nicht!"

Besonders wichtig ist dabei außerdem, im Blick zu haben, was für ein Persönlichkeitstyp Ihr Kind ist und wie sensibel es ist, damit Sie es so zurechtweisen und erziehen können, dass es sich dadurch nicht bedroht fühlt. Bei Alina genügt es vielleicht schon, sie einmal streng anzusehen, und sie unterlässt das unerwünschte Verhalten sofort. Mathis braucht dagegen vielleicht eine Auszeit (mehr dazu im Kapitel „Zeit für die Auszeit") und muss für eine Weile in die Ecke, und bei Denise funktioniert möglicherweise am besten ein Fernsehverbot oder der vorübergehende Entzug ihres Lieblingsspielzeugs.

Jedes Kind hat seine ganz eigene Schwelle bei der Stärke erzieherischer Maßnahmen. Was beim einen Kind unbedingt notwendig ist, bricht einem anderen, emotional zarter besaiteten, vielleicht schier das Herz.

NEIN SAGEN OHNE SCHULDGEFÜHLE

Was ist eigentlich so schlimm am Nein Sagen? Nichts! Ihrem Kind die Bedeutung des Wörtchens *Nein* beizubringen, gehört mit zu den wichtigsten Geschenken, die Sie ihm machen können. Und Sie können mir glauben, dass es viel einfacher ist, dies einem zweijährigen Kind zu vermitteln, als einem Zwölfjährigen – oder gar einem Dreißigjährigen. Wir haben alle schon erwachsene Menschen erlebt, die völlig unangemessen reagieren, wenn sie ein Nein hinnehmen müssen. Jeder, der schon einmal in einer langen Schlange gestanden hat oder die Verspätung einer Bahn hinnehmen musste, hat dabei einen oder zwei erboste Erwachsene erlebt, die sich wie Kleinkinder aufführten. Oder vielleicht haben Sie auch schon mitbekommen, wie erwachsene Männer in einem Wutanfall Tennisschläger zertrümmern. Das ist wahrhaftig kein schöner Anblick und schon gar kein gutes Vorbild.

Warum bringen sich Leute eigentlich in dermaßen peinliche Situationen? Ich persönlich glaube, dass dies daran liegt, dass sie nie gelernt haben, mit einem *Nein* fertigzuwerden. In der real existierenden Welt müssen Erwachsene ständig mit Absagen und Enttäuschungen klarkommen. Wir müssen unseren Kindern zeigen, wie sie mit den Gefühlen umgehen sollen, die in ihnen hochkommen, wenn jemand Nein sagt – und zwar so früh wie möglich.

Hier ein Beispiel:

„Mama, kann ich einen Keks haben?"

„Nein, mein Schatz."

Das Kind weint. „Warum denn nicht, Mama? Ich will aber einen Keks!"

„Ich verstehe ja, dass du einen Keks möchtest, und es macht dich jetzt traurig, dass du keinen bekommen kannst. Es ist in Ordnung, traurig zu sein, aber jetzt im Augenblick gibt es keinen Keks, weil wir gleich zu Mittag essen."

Indem Sie klar und eindeutig Nein sagen und dabei die Gefühle des Kindes anerkennen und stehen lassen („Ich verstehe, dass du traurig bist"), vermitteln Sie ihm, dass Sie ihm zuhören und auf das reagieren, was es Ihnen mitteilen will. Gleichzeitig vermitteln Sie dem Kind aber auch, dass Nein eben Nein ist.

Es klingt vielleicht seltsam, aber es gibt Zeiten, in denen ich regelrecht *übe*, meinen Schützlingen Nein zu sagen.

Wie gemein, denken Sie jetzt vielleicht. *Warum sagt sie denn Nein, wenn es gar keinen richtigen Grund dafür gibt?* Ich übe mit den Jungen das „Nein-Ertragen", weil ich sie dadurch mit dem nötigen Handwerkszeug ausrüste, um mit den alltäglichen kleinen Niederlagen und Rückschlägen des Lebens fertigzuwerden, die auf jeden Fall auf sie zukommen. Außerdem glaube ich, dass es für Kinder das Beste ist, Enttäuschungen in einem liebevollen, sicheren Umfeld zu erleben – in einem Umfeld, in dem sie lernen können, konstruktiv mit solchen Niederlagen umzugehen – statt später allein auf sich gestellt damit konfrontiert zu werden, ohne Unterstützung eines Elternteils oder einer anderen Vertrauensperson.

Wie viele Erwachsene kennen Sie, die vom Leben absolut überfordert sind, weil sie nie gelernt haben, Nein zu sagen – oder angemessen zu reagieren, wenn sie ein Nein zu hören bekommen? Denken Sie dabei nur an das unsportliche Verhalten vieler Athleten. Sie möchten doch nicht, dass Ihre Kinder sich als Erwachsene irgendwann so aufführen, oder? Und wenn das so ist, warum sollten Sie ihnen dann jetzt erlauben, sich so zu benehmen, und nicht sofort mit der Erziehungsarbeit an dieser Stelle beginnen?

KLARE GRENZEN

Würden Sie Ihre zweijährige Tochter allein und unbeaufsichtigt in Ihrem uneingezäunten Garten spielen lassen? Natürlich nicht! Die Kleine hat eindeutig noch nicht genügend Lebenserfahrung, um selbst für ihre Sicherheit zu sorgen. Sie kann noch nicht vorausschauend denken und die Konsequenzen ihres Handelns überblicken. Sie weiß nicht, dass sie sich in Gefahr begibt, wenn sie das Grundstück verlässt, und sie verfügt noch nicht über genügend Selbstkontrolle, um im Garten zu bleiben, selbst wenn sie es will (Kinder lernen schließlich durch Erkunden, das durch ihre natürliche, ungezügelte Neugier ausgelöst wird!) Sie weiß nicht, wo der Garten – und damit der sichere Bereich – aufhört und die Straße – der gefährliche Bereich – anfängt.

Es ist nicht gut, Kindern zu früh zu viel Freiheit zu lassen. Aber woher weiß man, wann und wie man von dem Punkt, an dem die eigenen Kinder völlig von den Eltern abhängig sind, zu einem Zustand gelangt, in dem sie nur noch Beratung und Anregung brauchen, bis hin zu einem Stadium, in dem sie dann völlig unabhängig sind?

Es gibt zwischen dem Säuglings- und dem Schulkindalter mehrere Entwicklungsstadien. Ich empfinde es als ebenso hilfreich wie faszinierend, diese Stadien zu kennen. Man ist für die Erziehung eines Kindes besser ausgerüstet, wenn man weiß, wie es lernt und schlussfolgert, wenn man die Grenzen seines Einfühlungsvermögens und die wichtigen Entwicklungsmerkmale kennt.

VIER PHASEN DER KOGNITIVEN ENTWICKLUNG

Der Schweizer Biologe und Psychologe Jean Piaget interessierte sich sehr für die kognitive Entwicklung des Menschen. Nachdem er viele Kinder beobachtet hatte, stellte er fest, dass Kinder vier Entwicklungsstadien durchlaufen, und zwar immer in derselben Reihenfolge. Im Folgenden eine kurze Beschreibung dieser vier Stadien.

DAS SENSUMOTORISCHE STADIUM (GEBURT BIS ZWEI JAHRE)

In diesem Entwicklungsstadium beginnt der Säugling, seinen Körper zu entdecken und seine Beziehung zu seiner Umwelt. Er verlässt sich dabei auf seine Sinneswahrnehmung (Sehen, Tasten, Schmecken, Riechen), um etwas über sich selbst und seine unmittelbare Umgebung zu erfahren. In dieser Phase beginnen Kinder zu merken, dass die Objekte um sie herum getrennt von ihnen existieren und keine Fortsetzung ihrer Person sind. Piaget bezeichnet diese Phase als das „sensumotorische Stadium", weil frühe Intelligenz zu erkennen ist, wenn Kinder ihre Sinneswahrnehmung und ihre motorischen Aktivitäten einsetzen. Haben Sie sich auch schon gefragt, wieso Ihr Anderthalbjähriger nicht mehr auf den „Wo-ist-denn-der- Ball-geblieben-Trick" hereinfällt, wenn Sie den Ball hinter dem Sofakissen versteckt haben? Das liegt daran, dass der Kleine irgendwann erkennt (nachdem er dasselbe Szenario schon wiederholt erlebt hat), dass der Ball immer noch da ist, obwohl er ihn nicht sehen kann.

DAS PRÄOPERATIONALE STADIUM (2 BIS 7 JAHRE)

In diesem Stadium ist das Kind – vereinfacht ausgedrückt – davon überzeugt, dass es der Mittelpunkt des Universums ist, und es glaubt außerdem, dass alle anderen das auch so sehen. Das Kind ist noch nicht fähig, sich in andere Menschen hineinzuversetzen. Die Sprachentwicklung beginnt, aber es dreht sich alles nur um das Kind selbst (Egozentrismus). In dieser Phase spielen Kinder nebeneinander her, ohne wirklich in Interaktion zu treten. Beim Spielen weiß das Kind nicht, dass das Kind neben ihm mit etwas ganz anderem beschäftigt ist als es selbst, und es ist ihm auch egal. Wenn Kinder dann älter werden, beginnen sie den Unterschied zwischen Fantasie und Realität zu begreifen und bekommen eine grundsätzliche Vorstellung von den Rollen und Aufgaben, die Menschen in der Gesellschaft haben. Werden Sie nicht ärgerlich, wenn Ihre Vierjährige von Ihnen erwartet, dass Sie tun, was sie will; sie kann wirklich noch nicht begreifen, dass es einen größeren Wortschatz gibt als „ich", „meins" und „mir". Diese angeborene Egozentrik muss einem Kind „aberzogen" werden, und das erfordert Zeit und Geduld. Doch es geschieht auch mit der Zeit auf ganz natürliche Weise, wenn das Kind auch auf anderen Gebieten reifer wird.

DAS KONKRETOPERATIONALE STADIUM (7 BIS 12 JAHRE)

Das ist das Stadium, in dem Sie bei konkreten Dingen damit beginnen können, Ihrem Kind gegenüber logisch zu argumentieren (bei abstrakten Themen ist das nur teilweise möglich), und Sie werden feststellen, dass es wirklich begreift, was Sie meinen! Außerdem verlieren Kinder jetzt langsam die „Alles-dreht-sich-nur-um-mich"-Mentalität (auch wenn ich persönlich davon überzeugt bin, dass die nie ganz verschwindet). Während ihre sprachlichen Fähigkeiten sich jetzt rasch weiterentwickeln, wird den Kindern langsam klar, wie Kommunikation funktioniert.

DAS FORMALOPERATIONALE STADIUM (ZWÖLF BIS ERWACHSENENALTER)

Kinder in diesem Alter sind in der Lage, logisch und abstrakt zu denken, und sie können auch theoretische Begründungen für ihre Aussagen liefern. Dies ist die höchste Ebene der kognitiven Entwicklung, und Piaget geht davon aus, dass nicht jeder Mensch sie erreicht. Wenn dieses Stadium erreicht wird, dauert es das gesamte Erwachsenenalter hindurch an.

Ich habe Ihnen diese Theorie hier präsentiert, um Ihnen deutlich zu machen, dass man Kinder nicht wie kleine Erwachsene behandeln kann. Sie haben in den frühen Entwicklungsstadien einfach noch nicht die Fähigkeit, vernünftige Entscheidungen zu treffen. Das kommt erst später, wenn sie einen natürlichen Reifungsprozess durchlaufen haben.

ERZIEHUNG IST DYNAMISCH

Jeder ältere und erfahrene Lehrer wird Ihnen bestätigen, dass es sehr viel einfacher ist, am Anfang eines Schuljahres streng zu sein, feste Regeln aufzustellen und dann, wenn es angebracht scheint, diese Regeln später ein wenig zu lockern, als umgekehrt. In seinem Dauerbrenner „Dare to Discipline" (Mut zur Disziplin) gibt James Dobson Lehrern weiterführender Schulen den Rat, im ersten Halbjahr nicht zu lächeln. Das ist natürlich ein bisschen übertrieben formuliert – aber nicht sehr! Es ist einfacher, stramme Zügel ein wenig zu lockern, als es erst einmal locker anzugehen und dann die Zügel fester in die Hand zu nehmen.

Ein Kind weiß, dass es seinen zweiten Vornamen nur hat, damit es weiß, es hat ein Problem, wenn er auch genannt wird.
– Dennis Fakes –

Ich erinnere mich noch ganz genau daran, wie ich in meinem zweiten High School-Jahr mitten im Quartal eine neue Chorleiterin bekam. Zuerst war es toll mit ihr. Sie versuchte, uns eine Freundin zu sein, und wir hatten eine tolle Zeit zusammen. Als es dann Winter wurde und die Konzert-Saison begann, wir aber unkonzentriert und abgelenkt blieben, wurde sie immer frustrierter und explodierte immer häufiger. Es ist so gut wie unmöglich, in einer Klasse für Ordnung zu sorgen und sich durchzusetzen, wenn zuvor monatelang Chaos und Inkonsequenz geherrscht haben.

Und für Sie als Eltern gilt dasselbe. Betrachten Sie sich selbst als Zaunbauer der Familie. Sie sind besser dran, wenn Sie mit einem stabilen Zaun mit eng gesetzten Latten beginnen und dann nach und nach den Zaun durchlässiger machen, als umgekehrt. Glauben Sie mir, Sie möchten ganz bestimmt nicht einen wackeligen Zaun in einen stabilen mit engen Latten zurückverwandeln.

Sie ersparen sich eine Menge Zeit, Tränen und Mühe, wenn Sie Ihren Kindern von Anfang an klare, feste Grenzen setzen und dann einige davon lockern, wenn Ihre Kinder reifer werden und mit mehr Freiheit umzugehen wissen.

Szene 4, die Zweite

IM SUPERMARKT

Jakob: Mama, kann ich einen Schokoriegel haben?
Mutter: Nein, mein Schatz. Du weißt doch, dass du beim Einkaufen keine Schokolade bekommst.
Jakob: Bitte, Mama, ich bin auch ganz lieb.
Mutter: Das ist schön, Jakob. Aber weißt du, besonders lieb wäre es, wenn du beim Einkaufen auf mich hören würdest. Das würde mir richtig gut helfen!
Jakob: Na gut, Mama. Aber wenn ich jetzt ganz gut auf dich höre, krieg ich dann Schokolade?
Mutter: Ich habe Nein gesagt, Jakob. Wenn du jetzt noch mal fragst, musst du wohl leider in die Auszeit, wenn wir zu Hause sind. Möchtest du das?
Jakob *seufzt:* Nein, Mama.
Mutter: Gut. Dann lass uns jetzt zu Ende einkaufen! Ich bin froh, dass du mitmachst.

ZUSAMMENFASSUNG

Welche Praxis-Tipps haben bei der „Zähmung“ dieses Kleinkindes geholfen?

- ✘ *Sagen Sie, was Sie meinen, und meinen Sie, was Sie sagen.* Nein heißt nein!
- ✘ *Zurechtweisung schadet Ihren Kindern nicht, sondern hilft ihnen.* Wenn Sie Ihre Kinder zurechtweisen, geschieht das aus Liebe. Strafen dagegen geschehen oft aus Ärger oder gar Wut.
- ✘ *Die Eltern haben das Sagen.* Sie sind der Chef. Sie haben das Recht und die Verantwortung, Grenzen zu setzen und Regeln aufzustellen ... und beides auch durchzusetzen.
- ✘ *Konsequenz ist der Schlüssel zum Erfolg.* Konsequenz bewirkt bei Ihren Kindern Vertrauen in das, was Sie sagen. Ihr Kind weiß dadurch ohne Zweifel, dass Sie wirklich tun, was Sie sagen.
- ✘ *Bleiben Sie ruhig.* Weisen Sie Ihre Kinder ohne allzu viel Emotion zurecht. Prangern Sie das Verhalten des Kindes und nicht die Person an. Alle Kinder sind Geschenke Gottes; es ist nur ihr Verhalten, das manchmal übel ist.
- ✘ *Praktizieren Sie positive Kommunikation.* Hören Sie Ihrem Kind zu. Erkennen Sie seine Gefühle und deren Berechtigung an. Wiederholen Sie Ihrem Kind gegenüber noch einmal, was Sie von ihm gehört haben, und reden Sie klar und eindeutig mit ihm, indem Sie Ihre Erwartungen klar benennen und auch die Folgen, die es hat, wenn Ihr Kind nicht tut, was Sie erwarten.
- ✘ *Loben Sie positives Verhalten.* Lob ist eine großartige Motivation, gutes Verhalten zu verstärken.
- ✘ *Geben Sie den Forderungen Ihres Kindes nicht nach.* Wenn Sie Ja sagen, lernt es nicht die langfristigere Lektion, nämlich dass man nicht immer sofort bekommen kann, was man möchte, sondern abwarten muss und manchmal auch ganz leer ausgeht. Wenn Sie jeder Bitte nachkommen, signalisieren Sie Ihrem Kind, dass Sie unsicher in Ihrer Entscheidung sind und sich selbst nicht an das halten, was Sie sagen.
- ✘ *Kündigen Sie Ihrem Kind Konsequenzen für unerwünschtes Verhalten an, die Sie auch umsetzen und durchhalten können.* „Möchtest du in die Auszeit oder nicht? Die Entscheidung liegt bei dir. Wenn du dich benimmst, können wir einfach weitermachen und unseren Spaß haben. Wenn du dich nicht benimmst, müssen wir leider jetzt aufhören mit dem Spaß und warten, bis deine Auszeit zu Ende ist.“ Das Kind bekommt dadurch die Möglichkeit, selbst Einfluss zu nehmen auf das, was mit ihm geschieht, und das wiederum ist ein weiterer Schritt, um es mit einem guten, starken, inneren Kompass auszurüsten.

- *Denken Sie an die HALT-Signale.* Sind Sie oder Ihr Kind hungrig, wütend, einsam oder müde? Wenn möglich, bitten Sie sich bei einer schwierigen Frage Bedenkzeit für Ihre Antwort aus, und zwar so lange, bis Sie – oder möglicherweise auch Ihr Kind – ausgeruht und bereit sind für ein ruhiges Gespräch.

Kapitel 5

SEIEN SIE POSITIV, PRAKTISCH UND AKTIV AGIEREND

Szene 5, die Erste

IM AUTO UNTERWEGS ZU OMA

Lena: Ich will nicht zu Oma!
Mutter: Ich auch nicht, aber wir fahren trotzdem hin.
Lena *weint:* Ich will meinen Teddy!
Mutter: Tut mir leid, aber wir können nicht noch mal umkehren. Wir sind sowieso schon zu spät dran!
Vater: Ich wusste, dass das heute alles zu viel wird. Eigentlich wäre es besser, gar nicht erst hinzufahren.
Mutter: Wenn wir nicht zu deiner Mutter fahren, bist du sauer. Jetzt fahren wir, und das ist auch wieder nicht richtig. Du bist wirklich unmöglich!
Lena *fängt an zu schreien:* Ich will meinen Teddy!
Mutter: Ich muss Auto fahren, Lena. Hör auf zu schreien!
Lena: Bitte, Mama – ich brauche den Teddy wirklich gaaaanz doll!! *(schreit jetzt sehr laut)*
Mama: Na gut, dann fahren wir eben zurück und holen ihn, aber wehe du bist dann nicht lieb bei Oma!
Lena: Okay *(schnief, schnief).*
Vater: Ach, lasst uns doch einfach zu Hause bleiben, wenn wir eh schon zurückmüssen.
Mutter: Wir fahren hin, und damit basta!

Wenn das Umfeld positiv ist, lässt sich auch relativ leicht eine positive Einstellung finden. Wenn Ihnen das zu simpel erscheint, dann lesen Sie einfach weiter. Manchmal sind die grundlegenden Wahrheiten auch die einfachsten.

Wie kann man denn nun für ein positives Umfeld sorgen, in dem man seine Kinder erziehen kann? Es ist ratsam, dabei alle fünf Sinne anzusprechen, denn die Sinneswahrnehmung kann positive Gefühle erzeugen, wenn die richtigen Signale kommen.

Ich habe in einer Predigt einmal den Satz gehört: „In einem Haus, in dem aufbauende Musik gespielt wird, ist kein Platz für eine negative Grundstimmung." Ich habe diese Aussage getestet, indem ich immer im Auto auf dem Weg zur Arbeit aufbauende Musik gehört habe. Und tatsächlich – ich bin wirklich erfrischt und mit Freude an die Arbeit gegangen und auch andere haben meine gute Stimmung bemerkt.

Ein positives Umfeld trägt zu positiven Gefühlen bei. Was glauben Sie, wieso bei romantischen Szenen in Filmen immer so schöne Hintergrundmusik gespielt wird und das Licht gedämpft ist? Weil das äußerliche Faktoren sind, die sich auf die Stimmung auswirken. Die meisten Erwachsenen wissen, wie man eine romantische Atmosphäre für einen Abend zu zweit schafft (gutes Essen, schöne Beleuchtung, leise Musik). Aber wer nimmt sich schon die Zeit zu überlegen, wie man auch in anderen Zusammenhängen für die passende gute Atmosphäre sorgen kann?

> *Wenn wir uns dafür entscheiden, anderen gegenüber freundlich und positiv zu sein, dann haben wir uns meistens auch gleichzeitig schon entschieden, wie wir von anderen behandelt werden möchten.*
> – Zig Ziglar –

Wenn wir uns ein wenig damit beschäftigen, können wir auch fürs Aufwachen am Morgen, fürs Zubettgehen, für den Einkauf im Supermarkt und sogar für ganz normale Haushaltspflichten eine positive Grundstimmung schaffen, und zwar sowohl für uns selbst als auch für unsere Kinder. Versuchen Sie einmal zu notieren, was an einem ganz normalen Alltag alles bei Ihnen anliegt. Als nächstes überlegen Sie dann, wie Sie Ihren Kindern den Übergang von einer zur nächsten Aktivität erleichtern können, indem Sie eine gute Atmosphäre erzeugen.

GUTE STIMMUNG BEIM SCHLAFENGEHEN

Ein paar Ideen gefällig? Nehmen wir beispielsweise das abendliche Zubettgehen. Wie können Sie dafür eine positive Atmosphäre schaffen? Würden Sie Ihrem Kind bei grellem Licht eine Geschichte vorlesen und ihm ein Gutenachtlied singen? Natürlich nicht! Sie würden wohl nicht bei einem Rockkonzert still dasitzen, während alle anderen herumspringen und zum Rhythmus der Musik tanzen. Wie können Sie also von einem Kind erwarten, dass es zur Ruhe kommt, wenn alles um es herum signalisiert, dass es gar nicht ruhig ist? Wenn Sie die Atmosphäre im unmittelbaren Umfeld Ihres Kindes durch Ihren Tonfall und die Lautstärke bestimmen, dann wird Ihr Kind viel natürlicher und glücklicher den Übergang von Aktivität zur Ruhe und zum Schlafen bewältigen.

Wenn Sie im Kinderzimmer einen Dimmer haben, dann kann das Zubettgehen abends dadurch eingeleitet werden, dass Sie das Licht nach und nach immer ein bisschen weiter dämpfen oder indem Sie die Deckenbeleuchtung aus- und eine kleine Nachttischlampe einschalten. Ein akustisches Signal, dass es jetzt langsam Bettzeit ist, könnte sein, dass Sie etwas langsamer und leiser sprechen. Schalten Sie eine ruhige CD ein, vielleicht eine mit Schlafliedern. Um auch dem Tastsinn der Kinder das Zubettgehsignal zu vermitteln, ist ein warmes Bad ein großartiges Mittel, oder werfen Sie die Schlafanzüge, Socken, die Schmusedecke oder das Kuscheltier des Kindes mit einem Tropfen Weichspüler kurz in den Trockner, damit die Sachen kuschelwarm sind und einen „Einschlafduft" haben.

Ein weiteres gutes Mittel, um eine besondere Atmosphäre zu schaffen, sind Duftlampen. Das Aroma von Vanille oder Lavendel wirkt beruhigend und entspannend. Eine Gutenachtgeschichte, ein Gebet oder ein Schlaflied können ebenfalls zu einem positiven Ritual gehören. Eine warme Milch mit Honig ist ein tolles Betthupferl und macht schläfrig.

Auch fürs Aufwachen kann man viel tun, um dem Kind dabei zu helfen, den Tag mit positiver Energie zu begrüßen: Natürliches Licht (möglichst Sonnenlicht durch geöffnete Rollläden), Musik, die leise beginnt und dann immer munterer und peppiger wird, „zitroniger" Duft (vielleicht ein Glas frisch gepresster Orangensaft) – es gibt unzählige Möglichkeiten!

POSITIVE REAKTIONEN AUF KLEINE PANNEN

Kinder beobachten Erwachsene genau, um deren Reaktionen festzustellen. Haben Sie auch schon einmal beobachtet, wie ein Kind auf dem Spielplatz hinfällt, sofort wieder aufsteht und sich dann umschaut? Sobald dann jemand besorgt oder gar panisch auf das Kind zugeht und fragt: „Hast du dir wehgetan?", geht das Gebrüll los.

Ich persönlich halte es so, dass ich grundsätzlich nicht zu meinen Schützlingen hingehe, wenn sie beim Spielen hingefallen sind (es sei denn, sie sind aus gefährlicher Höhe gefallen oder es sah sonstwie bedrohlich aus!), bevor sie nicht irgendeine Reaktion gezeigt haben. Auf diese Weise kann ich einschätzen, ob sie sich überhaupt verletzt haben und wenn ja, wie schlimm, statt dass sie von meiner Reaktion auf die Schwere ihrer Verletzung schließen.

Schon Säuglinge nehmen die Gefühle und Reaktionen der Erwachsenen um sie her auf. Eine positive Einstellung vermittelt, dass Sie einverstanden und zufrieden sind mit dem, was geschieht, dass alles in Ordnung ist, dass das Kind in Sicherheit und das Leben schön ist. Weil eine solche positive Grundhaltung eher unbewusst aufgenommen als bewusst gelernt wird, ist es wichtig, dass Sie sich selbst fragen, (und zwar ganz ehrlich!), ob Sie eher eine positive oder pessimistische Grundhaltung haben.

Wenn Sie Ihr ganzes Leben in einem vergifteten oder negativen Umfeld verbracht haben, dann werden Sie es regelrecht lernen müssen, optimistisch zu sein, um das dann als Lebensstil an Ihre Kinder weiterzugeben (Kinder sind oft die beste Motivation, um eigene Verhaltensweisen positiv zu verändern, nicht wahr?)

Orientiert euch an dem, was wahrhaftig, gut und gerecht, was anständig, liebenswert und schön ist. Wo immer ihr etwas Gutes entdeckt, das Lob verdient, darüber denkt nach.
– Philipper 4,8 –

Wenn Sie es mit den kleinen Pannen und Enttäuschungen des Lebens zu tun bekommen, dann versuchen Sie so gut wie möglich, auf den Silberstreif am Horizont hinzuweisen, der normalerweise immer vorhanden ist. „Ich weiß, dass du lieber noch auf dem Spielplatz bleiben möchtest, mein Schatz, aber wir kommen ja morgen wieder her." Sie bringen damit zum Ausdruck, dass Ihr Kind zu Recht traurig ist, äußern sich gleichzeitig aber auch positiv über das, was vor Ihnen liegt.

Bringen Sie Ihren Kindern fröhliche kleine Lieder bei, die Sie gemeinsam singen können, wenn die Stimmung mal trübe ist. Wenn Sie Ihren Kindern dabei helfen, das Beste aus jeder Situation zu machen, dann weisen Sie sie damit in die Kunst des „Selbstmanagements" ein. Das ist eine Fähigkeit, die ihnen sowohl in der Kindheit als auch später als Erwachsener sehr weiterhelfen wird.

VORBEREITUNG IST ALLES!

Wenn Sie vorausplanen, dann kalkulieren Sie auch möglichst ein, wie Sie mit den kleineren und größeren Widrigkeiten umgehen wollen. Sie würden doch wahrscheinlich nicht mit einem Baby das Haus verlassen, ohne genügend Windeln dabei zu haben, weil Sie nicht plötzlich in einer „stinkigen" Situation stecken möchten.

Wenn Sie ein gut strukturiertes Familienumfeld und eine klare Zeiteinteilung haben, die Sie gern einhalten wollen, dann sind Sie in der Lage, Ihren Tag um die Bedürfnisse Ihrer Kinder herum zu planen.

Wenn Sie beispielsweise zur Oma fahren wollen und die Fahrt dorthin relativ lang ist, dann sollten Sie klugerweise nicht unmittelbar nach dem Mittagsschlaf Ihres Kindes starten, wenn es Hunger und einen großen Bewegungsdrang hat. Die beste Abfahrtzeit wäre in diesem Fall, wenn das Kind müde ist und ohnehin ein Schläfchen braucht, das es dann ganz wunderbar unterwegs im Auto halten kann. Sie planen so, dass Sie sich dem Rhythmus Ihres Kindes anpassen, statt ihn zu unterbrechen oder gar dagegen zu arbeiten. Ich will damit nicht sagen, dass Sie sich strikt an einen unflexiblen Zeitplan halten müssen, ohne Raum für Spontaneität, sondern ich möchte nur dazu ermutigen, sich dem Rhythmus des Kindes anzupassen, wann immer das möglich ist, und auch entsprechend zu planen.

Der Rhythmus Ihres Kindes sollte nicht nur geplant sein, sondern einem ausgewogenen Ablauf folgen: Mahlzeiten, Schlafenszeiten, ruhige Zeiten, kreative Spielzeiten, aktive Spielzeiten (möglichst an der frischen Luft) und Kuschelzeiten mit der ganzen Familie. Ein solcher Ablauf bringt dem Kind eine Mischung unterschiedlicher Erfahrungen und Erlebnisse und ermöglicht es ihm, seine kreativen und auch seine körperlichen Bedürfnisse zu befriedigen. Außerdem lernt es auf diese Weise sowohl, sich allein zu beschäftigen, als auch Gemeinschaft zu erleben und mit anderen in der Gruppe zusammen zu sein.

Es ist ein bisschen wie in einem Sportteam. Man muss seine Fähigkeiten als Einzelsportler trainieren und diese dann ins Team einbringen. Dabei ist die Zeit, in der man allein trainiert, genauso wichtig wie das Training als Mannschaft und die Spielpraxis. Wie kann ein Kind seine Rolle in der Familie entdecken, wenn es sich selbst gar nicht kennt? Ein Kind muss auch allein spielen, allein denken, und ihm muss klarwerden, dass es ebenso eine Einzelperson wie ein Teil der Familie ist. Wenn Sie ihm nicht die Möglichkeit geben, auch mal allein zu sein und das Alleinsein zu genießen, wie soll es das dann lernen?

Es ist außerdem wichtig, Kindern innerhalb des Tagesablaufs genügend „leere" Zeit zu lassen, damit sie die Fähigkeiten und Fertigkeiten, die sie zum Leben brauchen, entwickeln und ausprobieren können. Ihre grobmotorischen Fähigkeiten entwickeln sich beispielsweise beim Ballspielen oder Klettern, die feinmotorischen Fertigkeiten werden beim Malen mit einem Pinsel geübt und das logische Denken wird gefördert, wenn sie vor ein Problem gestellt werden, wie beispielsweise Teile nach Formen zu sortieren und in entsprechende Löcher zu stecken, oder bei älteren Kindern kleine Puzzles zu machen. Die Fähigkeit, Zuneigung auszudrücken und anzunehmen, entwickelt sich, wenn Kinder mit Mama und Papa kuscheln, und ihre Fantasie bekommt Flügel, wenn der Teddy in einem Rollenspiel zu einem lebendigen Wesen wird. Ein ausgewogener Tagesablauf bewirkt ein ausgeglichenes Kind.

Ein ausgewogener Ablauf sorgt für vielschichtige Erfahrungen, aber wie gestaltet man am besten die Wechsel von einer dieser Erfahrungen zur nächsten? Erzieherinnen im Kindergarten und Grundschullehrern ist der Begriff „Übergänge" gut vertraut. Ja, sie singen sogar oft kleine Lieder mit den Kindern, um den Übergang von der einen Aktivität zur nächsten zu erleichtern.

Man kann auch verbale Übergänge schaffen wie folgenden: „Wir wollen gleich einkaufen gehen, Schatz. Aber vorher müssen wir das hier noch aufräumen, damit du nachher Platz zum Malen hast. Komm, ich helfe dir."

„Das hast du wirklich toll gemacht! Wir hängen dein Bild jetzt auf, und dann kannst du mir beim Kochen helfen."

> *Wenn Sie sich an einem systematischen, zielgerichteten Handeln beteiligen und Ihre Fähigkeiten so stark wie möglich ausbauen, dann haben Sie zwangsläufig ein positives, sicheres Gefühl sich selbst gegenüber.*
> – Brian Tracy –

Sie bereiten Ihr Kind also jeweils auf das vor, was als Nächstes kommt. Wenn Sie bereits einen bestimmten Ablauf etabliert haben, dann weiß Ihr Kind, was als nächstes kommt und dass das immer so ist (meistens jedenfalls). Wenn Sie Ihrem Kind optische oder akustische Signale geben, wie beispielsweise dass Sie eine Sanduhr umdrehen oder sich schon mal die Schuhe anziehen, stellen Sie damit eine Atmosphäre her, die besagt: „Die Spielzeit ist gleich zu Ende."

Wenn Sie nicht sicher sind, ob Sie so vorgehen wollen, denken Sie daran, dass Kinder Beständigkeit, Ordnung und Strukturen brauchen, um sich gut zu entwickeln.

Wenn Sie für eine ausgewogene Mischung positiver Erfahrungen für Ihr Kind sorgen, dann helfen Sie ihm dadurch auch, eine positive Einstellung zu allem zu entwickeln, was dieses Leben zu bieten hat.

VORBEUGEN IST BESSER ALS KORRIGIEREN

Aktiv agierende Erziehung ist vorausschauend, nicht schadensbegrenzend. Dadurch soll (so oft wie möglich) verhindert werden, dass Dinge aus dem Ruder laufen. Im Gegensatz dazu greift eine reaktive Erziehung erst, nachdem die Dinge bereits aus dem Ruder gelaufen sind. Natürlich verläuft im Leben nicht immer alles nach Plan, besonders nicht in der Kleinkindphase. Unzählige Eltern von Säuglingen haben schon das Haus verlassen, ohne eine Garnitur zum Wechseln für ihr Baby mitzunehmen, weil es seine Anzahl an Windeln für diesen Tag schon voll gemacht hatte – um dann festzustellen, dass es sich für diesen speziellen Anlass doch noch eine Ladung aufgespart hatte.

Um Ihr Leben zu entstressen, benötigen Sie ein paar Strategien für den Umgang mit möglichen Stör- und Notfällen. Denken Sie daran, dass es ratsam ist, vorbereitet zu sein.

DIE „FÜR-ALLE-FÄLLE"-TASCHE

Kennen Sie den Film „Tage wie dieser" mit Michelle Pfeiffer und George Clooney? Die beiden spielen darin jeweils alleinerziehende Elternteile, die mit ihren Kindern zu spät zum Treffpunkt für den Schulausflug kommen. Die anderen sind schon losgefahren, und nun müssen die beiden berufstätigen Alleinerziehenden irgendwie ihre wichtigen Termine und die Kids unter einen Hut bekommen. Da es sich um eine Komödie handelt, passieren natürlich tausend Missgeschicke und unmögliche Komplikationen. Doch immer wieder rettet Michelle Pfeiffer in dem Film die Situation, indem sie aus ihrer schier unergründlichen Handtasche alles Mögliche zu Tage fördert. So erfahren sie beispielsweise zu spät, dass in der Kindertagesstätte ein Kostümfest ansteht. Spontan bastelt die erfinderische Mutter aus einer Alu-Rettungsdecke und anderen Alltagsdingen ein wirklich tolles „Weltraum"-Kostüm für ihre Tochter.

Zwar geht es in diesem Film deutlich mehr drunter und drüber als im normalen Familienalltag, aber so eine „Für-alle-Fälle"-Tasche ist eine sehr gute Sache!

Sie können viele potenziell stressige Situationen entschärfen, indem Sie sich eine „Überlebenskiste" oder Tasche zusammenstellen und diese im Auto deponieren. Darin sollten zum Beispiel kleine Snacks sein für den Fall, dass Sie im Stau stecken, eine Panne haben oder Ihre Kinder fernab von Einkaufsmöglichkeiten Hunger oder Durst bekommen. Cracker, eingeschweißte Kekse, Müsliriegel, Nüsse, kleine Getränke-Kartons und ähnliches halten sich lange und können Ihnen viel Stress ersparen. Auch ein kleines Spiel, eine Hörkassette oder ein Bilderbuch kann nützlich sein, um Wartezeiten zu überbrücken.

Sie haben den Schnuller vergessen oder verloren – das kann zu nervenaufreibenden Szenen führen. Kaufen Sie eine Packung mit mehreren Schnullern und deponieren Sie welche im Auto (außerdem sicherheitshalber zwei in Ihrer Handtasche oder Wickeltasche und möglicherweise auch in jedem Raum zu Hause!).

Haben Sie immer Kinderpflaster im Verbandskasten im Auto. Ein schönes buntes Pflaster kuriert erstaunlicherweise so gut wie alles.

In Ihre Überlebens-Kiste im Auto gehört auch Kleidung zum Wechseln für Ihr Kind, Ersatzwindeln, ein warmer Pulli und eine Decke.

Legen Sie einen Zettel mit allen Telefonnummern für den Notfall ins Handschuhfach. Auch Informationen für den Arzt und notwendige Medikamente oder Infos über Krankheiten oder Allergien Ihrer Kinder sollten darauf stehen. Am besten haben Sie eine Ausfertigung im Wagen sowie eine zweite in Ihrer Handtasche. Sollten Sie einen Unfall haben, haben Sie gleich alles parat, auch wenn Sie dann völlig unter Stress stehen.

Ein Kleingeld-Depot, in dem genug Geld ist, um notfalls ein paar Liter Benzin zu tanken, zu telefonieren oder andere kleine Notwendigkeiten zu finanzieren, hat sich schon oft als nützlich erwiesen. Es passiert ja leicht, dass man sein Portemonnaie vergisst oder verlegt.

Gern geschieht auf Autofahrten auch Folgendes: Ihre Kinder haben sich von oben bis unten mit Schokolade oder anderem klebrigem Zeug vollgeschmiert, und es gibt weit und breit keine Waschgelegenheit. Haben Sie immer eine Flasche Wasser, Küchenkrepp und Feuchttücher dabei. Damit kann man solche kleinen Ferkeleien rasch beseitigen – sowohl die auf den Kindern als auch die im Auto.

ERSATZSCHLÜSSEL & CO.

Eine klassische Horror-Situation ist die, dass Sie sich zu Hause aussperren oder erst beim Heimkommen feststellen, dass Sie den Hausschlüssel drinnen vergessen haben. Ebenso kann es andersherum gerade bei älteren Auto-Modellen passieren, dass Sie den Autoschlüssel im Wagen einsperren. Passenderweise ist dann meist Ihr Ehepartner, der die Ersatzschlüssel hat, auf Geschäftsreise. Hier ist es extrem hilfreich, wenn Sie jeweils einen Ersatzschlüssel für die Wohnung und das Auto an einer Stelle deponieren, wo sie notfalls auch von einer Freundin oder Nachbarn gefunden werden können, so dass Sie nicht Sonntagabends stundenlang auf den Schlüsseldienst oder den ADAC warten müssen.

Sicher haben Sie schon oft erlebt, dass der Postbote in Ihrer Abwesenheit ein Paket für Sie abliefern wollte. Tja, nun haben Sie den orangen Abholzettel und müssen extra nochmal in die Stadt fahren, um das Paket zu holen. Diesen Weg können Sie sich sparen, wenn Sie Ihrem Postboten eine nette Nachbarin benennen, bei der er Sendungen für Sie abgeben kann, falls Sie nicht zu Hause sind.

KINDERBESUCH ENTSTRESSEN

Eine andere Situation, die gern in Stress ausartet, ist Kinderbesuch bei Ihnen zu Hause. Sie können damit rechnen, dass Ihre Kinder mit ihren kleinen Gästen über Spielzeug streiten werden. Wenn mehrere Kinder zu Ihnen zum Spielen kommen oder Sie einen Kindergeburtstag bei sich zu Hause feiern, planen Sie voraus, indem Sie beispielsweise Spielstationen einrichten, an denen die Kinder sich abwechseln können. Lassen Sie ein paar der Kinder ihr Fantasie-Lieblingsgericht in der Puppenküche zubereiten, während andere aus Bausteinen eine Burg bauen (wo später das „Menü" verspeist wird), und wieder andere übernehmen die Rolle von Kellnern, die Bestellungen entgegennehmen und servieren. Richten Sie einen Bastel- und Maltisch mit einem einfachen Projekt ein, an dem alle sich beteiligen können. Knete, Ausstechförmchen und stumpfe Plastikmesser und Plastiksets als Schutz für die Tischplatte sorgen dafür, dass die Kinder sich hier lange beschäftigen können. Bei größeren Gruppen erweist es sich als hilfreich, klar gegliederte Spielzeiten zu haben.

Es gibt sicher noch viele weitere solcher potenziellen Stressquellen, die Sie mit ein bisschen Voraussicht abmildern oder ganz ausschalten können. Jetzt sind Sie an der Reihe: Nehmen Sie sich heute ein bisschen Zeit, um eine Liste aufzustellen mit Punkten, wie Sie sich auf kleinere und größere Stör- und Notfälle besser vorbereiten können. Vermeiden Sie künftig Stress, indem Sie solche angemessenen „Notfall-Ausrüstungen“ für den Fall der Fälle zusammenstellen.

Szene 5, die Zweite

IM AUTO UNTERWEGS ZU OMA

Lena: Ich will nicht zu Oma!
Mutter: Ach, Schätzchen, ich weiß, dass du müde bist und es jetzt eigentlich Zeit für deinen Mittagsschlaf ist. Warum machst du nicht einfach ein bisschen die Augen zu und schläfst ein Weilchen?
Lena *weinend:* Ich will aber meinen Teddy!
Mutter: Das habe ich mir doch gedacht. Peter, kannst du bitte Lenas Teddy aus der Oma-Besuchstasche holen?
Vater: Oho, Mama hat alles Lebensnotwendige dabei!
Mutter: Deswegen wollte ich ja, dass wir jetzt losfahren, damit sie unterwegs schläft. Dann ist sie wach und munter, wenn wir bei deiner Mutter ankommen, und kann sich so richtig von ihr bespielen lassen. Wer weiß, vielleicht können wir uns sogar für einen Spaziergang davonschleichen!
(Lena schläft auf dem Rücksitz ein.)
Vater: Na, das ging aber schnell.
Mutter: Genau so hatte ich mir das vorgestellt!

ZUSAMMENFASSUNG

Die Fahrt zur Oma wurde doch noch zum Erfolg, weil die Beteiligten positiv, praktisch und proaktiv agierend waren.

- *Positiv.* Mama ist mit einer positiven Grundhaltung an die ganze Situation herangegangen. Sie erinnert ihre Familie daran, wie schön es bei Oma werden wird. Sie versichert Lena, dass es in Ordnung ist, wenn sie im Auto schläft, und sie benutzt Koseworte.

- ✘ *Praktisch.* Mamas Vorgehen hat System. Sie kennt Lenas Rhythmus und legt deshalb den Start der Fahrt auf den vernünftigsten Zeitpunkt. Tun Sie, was sinnvoll ist, und ersparen Sie sich dadurch jede Menge Stress!
- ✘ *Aktiv agierend.* Die Mutter hat vorausschauend gedacht und weiß, dass Lena ihren Teddy „brauchen" wird, also hat sie dafür gesorgt, dass sie Lena dieses Bedürfnis erfüllen kann. Entweder hat sie das Lieblings-Stofftier im Voraus eingepackt oder sie hat für alle Fälle ein Zweit-Exemplar im Auto.

TEIL 2

PRAKTISCHE HILFEN FÜR DIE BEKANNTESTEN PROBLEME

Kapitel 6

SCHLAF, KINDCHEN, SCHLAF ... ENDLICH!

Szene 6, die Erste

IM KINDERZIMMER

Mutter *wiegt die vier Monate alte Adriana:* Schschschsch, ist ja alles in Ordnung. Schlaf ein, mein kleiner Schatz, Mama ist ja bei dir.
(Adriana schreit laut).
Mutter: Was ist denn bloß mit dir? Hör doch auf zu weinen. Ich habe dich doch schon auf dem Arm. Ich bin ja da!
(Adriana schreit weiter.)
Mutter *den Tränen nah*: Liebling, kommst du bitte mal und hilfst mir? Ich habe Adriana jetzt schon seit fast zwanzig Minuten auf dem Arm, und sie hört einfach nicht auf zu schreien. Ich weiß nicht, was ich falsch mache oder was mit ihr los ist. Sie lässt sich einfach nicht beruhigen.
Vater *nimmt ihr Adriana ab:* Lass mich mal versuchen.
(Adriana schreit noch lauter.)
Vater *das laut schreiende Baby übertönend:* Ich glaube, sie will lieber zu dir.
Mutter: Was sollen wir denn jetzt machen? Sie einfach schreien lassen?
Vater: Na ja, sie wird ja einen Grund haben, weshalb sie schreit.
Mutter: Aber ich habe wirklich alles versucht! Ich bin mit meiner Weisheit am Ende.

Gibt es etwas Nervenaufreibenderes als ein schreiendes Baby, das ganz offensichtlich müde ist, aber nicht einschlafen will oder kann? Stellen Sie sich einfach Eltern vor, die dank ständiger nächtlicher Fläschchenerwärmung oder Schnullersuche oder Windelnwechseln unter brutalem Schlafentzug leiden – und Sie haben den Stoff, aus dem der Wahnsinn gemacht ist.

Damit Mütter und Väter (und auch Nannys, die mit im Haushalt leben) mit dem

Stress fertigwerden können, den die Versorgung von Säuglingen und Kleinstkindern mit sich bringt, brauchen sie genügend Schlaf. Schlafentzug ist wahrscheinlich die häufigste, aber am wenigsten beachtete Ursache für Ungeduld, Gereiztheit, Benommenheit und allgemeine Infektanfälligkeit bei jungen Eltern.

Verbringen auch Sie Ihre Nächte halb schlafwandelnd? Fühlen Sie sich auch manchmal wie ein rotäugiger Zombie, der tagaus, tagein nur automatisch fürs Überleben der Kinder sorgt und einfach viel zu erschöpft ist, um sie oder irgendetwas sonst noch genießen zu können?

Kopf hoch, übermüdete Eltern! In diesem Kapitel werde ich Ihnen einige ganz praktische Tipps geben, wie Ihre gesamte Familie ausgeruhter und dadurch besser in der Lage sein kann, die kleinen und großen Herausforderungen des Elternseins zu bestehen.

„SCHLAFENSZEIT" MUSS KEIN SCHLIMMES WORT SEIN

Warum wird das abendliche Zubettgehen eigentlich so oft als etwas Negatives empfunden? Schlaf ist etwas Lebensnotwendiges. Wir zwingen Babys nicht zu schlafen, sondern sie tun es ganz von selbst, weil sie Schlaf brauchen! Wie kommt es dann aber, dass in dem Augenblick, in dem Kinder das Kleinkindalter erreicht haben, das Zubettgehen zu einem abendlichen Kriegsschauplatz wird, an dem zunächst verbissen verhandelt wird und nicht selten die Eltern irgendwann kapitulieren und die Kontrolle über das, was in dieser Zeit passiert, ganz und gar ihren Kindern überlassen?

Wir können diesen Kampf vermeiden, wenn das Zubettgehen von Anfang an in einer entspannten Grundhaltung angegangen wird. Statt das Schlafengehen als Ende des Tages zu betrachten, könnten Sie Ihrem Kind doch auch vermitteln, dass es sozusagen schon der Anfang des nächsten Tages ist. Schlaf ist notwendig, damit wir den nächsten Tag so richtig genießen können. Ich sage zu meinen Schützlingen oft im Spaß: „Es wird nicht schneller morgen, wenn ihr aufbleibt und darauf wartet."

Die meisten Eltern Neugeborener haben eine Wiege, einen Stubenwagen oder ein Reisebettchen für die ersten Lebenswochen und -monate ihres Babys, den sie neben das Bett in ihrem Schlafzimmer stellen. Das erleichtert das Füttern, weil man nicht groß aufstehen und den Raum verlassen muss, und man hat immer ein Ohr bei seinem Kind. Für das Baby ist diese Lösung ein angenehmer Übergang von seinem Aufenthalt im Mutterleib zum Leben in dieser Welt. Es kommt aber der Zeitpunkt – und zwar schon ziemlich bald –, an dem Eltern eine Schlafregelung einführen müssen, die funktioniert, und zwar langfristig und für die ganze Familie.

WIE MAN EIN BABY ZUM SCHLAFEN BRINGT

Es gibt etliche unterschiedliche Ansätze, wie man ein Baby ins Bett und dann auch zum Schlafen bringt. Das wäre einmal das Familienbett, bei dem das Baby die ganze Nacht bei den Eltern im Bett schläft. Es gibt die bekannte Ferber-Methode (Richard Ferber: *Schlaf, Kindlein, schlaf*, Edition Trobisch 1994), zu der unter anderem auch gehört, das Baby wenn nötig ein, zwei Nächte schreien zu lassen. Und dann gibt es noch einige Mischformen (beispielsweise beschrieben in Gary Ezzo/Robert Bucknam: Schlaf gut, mein kleiner Schatz, Gerth Medien, 3. Aufl. 2001).

> *Es war noch nie ein Baby so entzückend, dass seine Mutter nicht froh gewesen wäre, wenn es eingeschlafen ist.*
> – Ralph Waldo Emerson –

Welche der Einschlafmethoden am besten zu Ihnen und Ihrem Kind passt, kann ich Ihnen zwar nicht sagen, aber ich kann Ihnen jeweils die Vor- und Nachteile der einzelnen Methoden aufzeigen, sodass Sie dann selbst eine Entscheidung für Ihre Familie treffen können.

DAS FAMILIENBETT

Mitte der 70er-Jahre sorgte ein Buch mit dem Titel *Das Familienbett* für reges Interesse. Es handelte von den Vorzügen, die es mit sich bringt, wenn die Kinder mit im elterlichen Bett schlafen dürfen. Die Autoren wiesen darauf hin, dass Mütter jahrhundertelang ihre Kinder nachts bei sich hatten. Viele Gesundheitsexperten reagierten darauf allerdings mit dem Hinweis, dass diese Methode zwar viele Vorteile hätte, die Gefahr des Erstickungstodes für die Säuglinge aber um ein Vielfaches höher sei, als wenn das Baby im eigenen Bettchen schliefe.

Dieser Disput darüber, ob Kinder mit im Elternbett schlafen sollen oder nicht, dauert bis heute an. In einem neuen Buch über die Vor- und Nachteile des Familienbettes (mit wissenschaftlichen Ergebnissen, die einige der gängigsten Einwände beantworten) mit dem Titel *Good Night* schreiben die Autoren Jay Gordon und Maria Goodavage, dass für Babys, die bei ihren Eltern schlafen, das Risiko des plötzlichen Kindstods geringer ist als für die, die im eigenen Bettchen schlafen. Sie begründen dieses Argument damit, dass Babys, die bei der Mutter schlafen, einen leichteren (und möglicherweise sichereren) Schlaf haben, was wiederum das Risiko des plötzlichen Kindstodes verringert.

Die Vorteile, wenn das Baby mit im Bett schläft, liegen auf der Hand: es hat mehr Körperkontakt, es schreit weniger, weil man es sofort hört, und man braucht nachts nicht aufzustehen, um das Baby zu stillen oder ihm das Fläschchen zu geben.

Ich habe beobachtet, dass es sehr unterschiedliche Elterntypen gibt, und deshalb ist es wichtig, dass jede Familie für sich selbst herausfindet, was zu jedem einzelnen Kind und auch zu ihnen als Elternteam am besten passt. Vielleicht ist es für Sie und Ihren Partner die richtige Lösung, Ihr Kind bei sich im Bett schlafen zu lassen – aber wenn Sie sich für das Familienbett entscheiden, müssen sich Vater und Mutter auch wirklich einig sein, dass das die Methode Ihrer Wahl ist. Warum das so wichtig ist? Weil dieses Schlafarrangement auch ein paar erhebliche Nachteile hat!

- *Das Baby schläft zwar gut, aber was ist mit Mama und Papa?* Viele Eltern, die ihr Kind mit bei sich schlafen lassen, wachen nachts häufig auf, sodass sie sich morgens unausgeschlafen fühlen. Ist das ausgedehntere Kuscheln mit dem Baby dieses Schlafopfer wert?
- *Sex und Intimität zwischen den Eltern wird be- oder sogar verhindert.* Es gibt sicher kreative Möglichkeiten zum Umgang mit diesem Dilemma, aber oft wird es irgendwann zum Problem. Auch wenn Sie in einem anderen Raum zusammenkommen und das Familienbett nur zum Schlafen dient, bleibt für das Paar eine doch eher reduzierte Spontaneität. Im Schlafzimmer ist eher „Familienstimmung" angesagt als Romantik. Manche Paare werden mit diesem Mangel an Spontaneität jahrelang gut fertig, so lange die Kinder klein sind, andere dagegen können nicht gut damit umgehen. Dieser Ansatz erfordert jedenfalls mehr als alle anderen die völlige Einigkeit beider Elternteile, damit die Partnerschaft nicht darunter leidet.
- *Ihr Kind bekommt möglicherweise nicht die Chance, eigene, unabhängige Schlafgewohnheiten zu entwickeln.* Wie soll ein Kind lernen, sich selbst zu beruhigen oder wieder einzuschlafen, wenn es nachts wach geworden ist, wenn Mama und Papa immer da sind, um ihm dabei zu helfen?
- *Es gibt berechtigte Sicherheitsbedenken im Zusammenhang mit dem Familienbett.* Diese Bedenken rangieren von der Gefahr des Erstickens durch zu große Kissen oder Decken über das Erdrücken, weil sich ein Erwachsener beim Umdrehen auf das Baby rollt, und dem Einklemmen zwischen Bett und Wand – alles realistische Risiken, die nicht außer Acht gelassen werden dürfen.

DIE FERBER-METHODE

Dr. Richard Ferber, Leiter der Beratungsstelle für Kinder mit Schlafstörungen an der Kinderklinik in Boston, hat eines der renommiertesten Bücher über Schlafprobleme geschrieben. Sein Buch *(Schlaf, Kindlein, schlaf. Schlafprobleme bei Kindern,* Edition Trobisch, 1994) sollten alle Eltern lesen, die bereit sind, ihr Kind auch einmal schreien zu lassen, wie Ferber es empfiehlt, und es nicht sofort hochzunehmen, wenn es schreit.

Damit diese Methode richtig funktioniert, muss das Kind in einem eigenen Zimmer schlafen – man legt dann das Kind ins Bett und geht hinaus. Der Vorteil dieser Methode besteht darin, dass Kinder damit lernen, selbstständig einzuschlafen. Ein Gegenargument ist allerdings, dass es auch eine ziemlich laute, traumatische Erfahrung werden kann. Es ist schwer zu sagen, für wen das Ganze schlimmer ist – für das Baby oder für zartbesaitete Eltern.

Manche Kritiker behaupten, dass bei dieser Methode außer Acht gelassen wird, wie dringend das Kind auf das Gefühl angewiesen ist, dass Mama da ist, um ihm Sicherheit zu geben und sich um seine Bedürfnisse zu kümmern. Andere meinen, dass man nicht vergessen darf, wie das Kind leidet, wenn es so lange schreit, auch wenn die Methode vielleicht langfristig positive Schlafgewohnheiten bewirkt.

Wenn diese kurze Phase, in der sich das Kind von Ihnen im Stich gelassen fühlt, Ihnen zu sehr zusetzt, lassen Sie sich versichern, dass der „Schaden", der dadurch vielleicht angerichtet wird, nicht dazu führt, dass Ihr Kind als Erwachsener irgendwann zum Therapeuten muss. Die meisten „funktionierenden" Erwachsenen haben wahrscheinlich das Durchschlafen nach der Methode „Schreienlassen" gelernt, weil das in den vergangenen Jahrzehnten die gängigste Methode war.

Richard Ferber ist ein Befürworter dieser Methode, allerdings empfiehlt er dabei eine Art schrittweises Vorgehen. Ferber betont, wie wichtig es ist, die Methode nicht blindlings anzuwenden, und er räumt auch ein, dass auf jeden Fall beide Eltern bereit sein müssen, das durchzuziehen, damit die Methode funktioniert. Er sagt: „Die Umstände sind ja nicht jeden Tag gleich. Wenn das Kind einen schlimmen Traum hat und vollkommen aufgelöst aufwacht, ist das etwas anderes, als wenn es um das fünfte Glas Wasser bittet. Sie müssen überlegen und herausfinden, was los ist und warum. Es ist wichtig, eine Übergangsphase zu haben, in der sich Eltern und Kind an die neue Methode gewöhnen."[1]

Ferber stellt beispielsweise fest, dass es nicht gut ist, ein Baby allein in seinem Zimmer schreien zu lassen, wenn es wegen irgendetwas erschrocken ist. Was das Baby dann braucht, ist Sicherheit und Bestätigung und das Wissen, dass jemand sich um es kümmert. Wenn Ihr Baby schreit, weil es krank ist oder Schmerzen hat, sollten Sie es ebenfalls nicht sich selbst überlassen, weil es dann Hilfe und Nähe braucht.

Für viele Eltern ist die Ferber-Methode eine enorme Entlastung und Hilfe, aber ebenso viele sind bekennende „Ferber-Abbrecher" weil sie einfach nicht mit dem Gefühl fertigwurden, „Rabeneltern" zu sein, das möchte ich an dieser Stelle deutlich hervorheben.

---

1 Dr. Richard Ferber, Interview in *The Early Show*, 18. März 2005, siehe www.cbsnews.com/stories/2005/03/18/earlyshow/saturday/main681634.html

DIE METHODE VON KIM WEST, DER „SCHLAF-TANTE"

Das Beste ist, Sie verschaffen sich einen Überblick über die unterschiedlichen Ansätze und Methoden und treffen dann eine Entscheidung, was am besten zu Ihnen und Ihrer Situation und Familie passt. Ich persönlich finde einen dritten und zunehmend beliebten Ansatz mutmachend, mit Hilfe dessen Babys zum selbstständigen Durchschlafen gebracht werden können. Diese Methode berücksichtigt das Bedürfnis der Eltern nach ausreichend Schlaf, aber auch das des Babys, nämlich Einschlafen zu lernen, und zwar mit möglichst wenig Stress und Gebrüll.

Kim West verspricht in ihrem Buch *Good Night, Sleep Tight* (bisher nicht auf Deutsch erschienen), eine freundlichere, sanftere Methode, Kindern das Durchschlafen beizubringen. Das ist wohl auch der Grund, weshalb dieses Buch zur Zeit in sämtlichen Bestsellerlisten zu finden ist. West hebt darin hervor, dass Einschlafen eine erlernte Fähigkeit ist, und sie erklärt, wie Eltern ihren Kindern schon ganz früh gute Schlafgewohnheiten beibringen können. Sie beginnt beim Neugeborenen und zeigt auf, wie Eltern von Anfang an Schlafprobleme vermeiden können. Sie zeigt auch Lösungen für ältere Kinder, die schlechte Gewohnheiten beim Zubettgehen, dem nächtlichen Durchschlafen oder beim Mittagschlaf entwickelt haben.

Ihr Schlüssel zu dem Problem ist eine Art progressiver Steigerung der Selbstständigkeit beim Einschlafen. Man beginnt damit, wenn das Baby etwa sechs Monate alt ist. Wenn die Eltern das Baby abends ins Bettchen legen, bleibt ein Elternteil in der Nähe (auf einem Stuhl sitzend), um das Kind zu beruhigen. Mit jedem Abend rückt Mama oder Papa den Stuhl, auf dem sie/er sitzt, immer ein wenig weiter weg vom Bettchen, bis er/sie außerhalb des Zimmers auf dem Flur sitzt.

Genauere Informationen über Kim Wests Methode können Sie, wenn Sie gut Englisch verstehen, entweder ihrem Buch oder ihrer Website www.sleepy.com entnehmen. Viele Eltern sind begeistert von diesem Ansatz und empfinden ihn als sehr hilfreich, besonders auch, weil sie nicht in einem „belehrenden" Tonfall schreibt. Mütter (und Nannys) haben auch ohne den erhobenen Zeigefinger von Kinderexperten schon genug um die Ohren. Das Buch verspricht also ein relativ entspanntes Lesevergnügen.

Leute, die sagen, dass sie wie Babys schlafen, haben normalerweise keine.
– Leo J. Burke –

DER MICHELLE-METHODEN-MIX

Ich persönlich bevorzuge eine Mischung aus allen oben dargestellten Methoden, um Kinder zum Schlafen zu bringen, und zwar je nach den Vorlieben der jeweiligen Familien und der Persönlichkeit des Kindes, für das ich zuständig bin. Denken Sie daran, dass Ihre Kinder ein Leben lang davon profitieren, wenn sie schon früh im Leben lernen, sich selbst zu beruhigen. Dadurch haben Sie nämlich die Möglichkeit, allein und ohne fremde Hilfe wieder einzuschlafen, wenn sie nachts aufwachen. Hier meine Methode:

- Am ersten Abend bleibe ich ganz nah bei dem Kind und streichle ihm sanft den Rücken, bis es eingeschlafen ist.
- Am nächsten Abend lege ich das Kind ins Bett, warte, ob es anfängt zu quengeln, und streichle ihm wieder den Rücken, wenn das der Fall ist.
- Am darauf folgenden Abend bleibe ich etwas auf Abstand und lasse das Kind ein wenig quengeln oder sogar schreien. Dann gehe ich hin und gebe ihm Sicherheit, indem ich leise flüstere: „Ist alles gut, ich bin ja da. Schlaf schön ein, mein kleiner Schatz." Und immer so weiter, bis das Kind langsam unabhängiger wird von meiner Anwesenheit und meinem Trost und sich daran gewöhnt, allein einzuschlafen.

Am besten ist es wahrscheinlich, sich eine Kombination aus den unterschiedlichen Methoden zusammenzustellen, die Ihnen und Ihrem Kind am besten entspricht. Allgemeine Leitlinie sollte dabei sein, dass Sie konsequent versuchen, Ihr Kind nach einem festen Ablauf schlafen zu legen. Ebenso wie es am Tag einen festen Rhythmus gibt, sollte das auch abends der Fall sein.

Deshalb gilt: Welchen Ansatz Sie auch wählen, seien Sie absolut konsequent in der Anwendung!

IN DEN SCHLAF WIEGEN ODER NICHT?

Sie sitzen im Schaukelstuhl, schön warm und kuschelig, während Ihr Baby in Ihren Armen sanft in den Schlaf gleitet. Wenn es eingeschlafen ist, stehen Sie auf, um es ins Kinderbettchen zu legen. Sie sind sicher, dass es beim Transport dorthin bestimmt friedlich weiterschläft, aber dann setzt die Realität ein: In dem Augenblick, in dem Sie das Kind ablegen, fängt es an zu schreien. Sie nehmen es wieder hoch, und das Ganze beginnt von vorn. Und noch einmal, und noch einmal. ... und schließlich schlafen Sie beide so fest, dass nicht mal ein hupender Dreißigtonner Sie aufwecken würde.

Praxis-Tipps

Hier ein paar praktische Hilfen für eine angenehme Nachtruhe:

- Sorgen Sie dafür, dass alle körperlichen Bedürfnisse Ihres Kindes befriedigt sind, bevor Sie es ins Bett legen. Wenn es bereits gefüttert, gewickelt und für die Nacht angezogen ist, brauchen Sie nicht mehr zu fragen: „Hast du Hunger, bist du nass oder ist dir kalt?" wenn es schreit.
- Sorgen Sie dafür, dass es im Babyzimmer nicht zu warm ist. Babys schlafen am besten bei einer Zimmertemperatur von etwa 20 Grad.
- Legen Sie das Kind mit großer Selbstverständlichkeit ins Bett. Ihr Reden und Handeln sollten vermitteln: „So ist das jetzt." Reden Sie bestimmt und beruhigend.
- Legen Sie Ihr Kind hin, wenn es noch einigermaßen wach ist. Dadurch hat es die Möglichkeit, sich noch an die neue Umgebung zu gewöhnen und wacht nicht irgendwann plötzlich auf und fragt sich, wie es eigentlich hierher gekommen ist.
- Legen Sie ihr Kind in einem dunklen Raum schlafen. Manche Experten sind der Meinung, es schade der Augenentwicklung von Säuglingen, bei einem Nachtlicht zu schlafen. Und mit Blick auf die Zukunft bedenken Sie folgendes: Ein Kind, das nie bei Licht geschlafen hat, entwickelt vermutlich auch keine Angst vor der Dunkelheit.

Das Positive an diesem Szenario ist, dass sich das Baby gut fühlt und die Mama anfänglich auch. Es hat etwas sehr Befriedigendes, einen schlafenden Säugling im Arm zu halten. Ein Nachteil ist jedoch, dass Ihr Baby auf diese Weise nicht lernt, dass es völlig in Ordnung ist und auch nötig, allein einzuschlafen – und Sie nicht Ihren Schönheitsschlaf bekommen.

Mein Vorschlag: Halten Sie das Kind nicht so lange auf dem Arm, bis es ganz eingeschlafen ist, sondern legen Sie es kurz bevor es einschläft wieder in sein Bettchen. Das klingt unmöglich, oder? Ist es aber nicht! Diese Methode ist eine Kombination aus verschiedenen anderen und für mich persönlich funktioniert sie am besten.

Die Schritte zum Erfolg sehen dabei folgendermaßen aus: Sie sorgen für ein friedliches Umfeld, halten Ihr Baby bequem auf dem Arm, wiegen es, bis Sie sicher sind, dass es ganz ruhig ist, und dann legen sie es ins Bettchen. Vielleicht quengelt es dann noch kurz; dann können Sie ihm ein bisschen den Rücken streicheln und sagen: „Es ist alles in Ordnung.“

Was Sie auch immer tun, unterlassen Sie eines auf jeden Fall: Nehmen Sie das Kind nicht noch einmal aus dem Bettchen. Ich wiederhole: *Holen Sie Ihr Baby nicht wieder aus dem Bettchen!*

Durch diese Technik lernt Ihr Kind, dass das Bettchen ein sicherer Ort ist, an dem es sich auch im wachen Zustand aufhalten kann. Es macht darüber hinaus die Erfahrung, dass es selbstständig einschlafen kann – wenn auch zunächst noch mit ein bisschen Unterstützung von Mama.

Das Baby noch wach ins Bettchen zu legen, sorgt außerdem dafür, dass es weiß, wo es ist, so dass es sich in seiner Umgebung auch auskennt, wenn es wieder aufwacht. Wenn Sie in Ihrem Bett einschlafen und dann in der Küche wieder aufwachen, würde Sie das mit Recht irritieren. Wenn Sie Ihr Baby immer zum Einschlafen in sein Bettchen legen, erleichtert es ihm das selbstständige Wiedereinschlafen, wenn es nachts aufwacht, weil es weiß, wo es ist.

WÄHLEN SIE DIE EINSCHLAFMETHODEN AUS, DIE FÜR SIE FUNKTIONIEREN

Ein Baby entwickelt ziemlich schnell seinen Schlafrhythmus, und im Durchschnitt schlafen Babys mit ungefähr drei Monaten durch. Es gibt aber viele Kinder, die mit dem Durchschlafen auch noch Probleme haben (und damit natürlich Papa und Mama auch), wenn sie schon viel älter sind – manche sogar noch mit drei oder vier Jahren!

Wenn das der Fall ist, verzweifeln Sie nicht. Es ist nie zu spät, Ihrem Kind dabei zu helfen, durchschlafen zu lernen. Sowohl Ferber als auch West haben speziell zum Durchschlafen genaue und hilfreiche Ausführungen in ihren Büchern, auch für größere Kinder, die damit noch Probleme haben. Ich kann und möchte Ihnen hier kein komplettes Programm zum Schlafenlernen anbieten. Wenn das Schlafen für Sie und Ihr Kind ein schwerwiegendes Problem ist, sollten Sie sich spezieller mit diesem Thema beschäftigen! Ich werde Ihnen im Weiteren noch einige Einschlafrituale für Kleinkinder und Vorschulkinder vorstellen, und im nächsten Kapitel gibt es Tipps für den Mittagsschlaf.

Für welche Methode Sie und Ihr Ehepartner sich letztlich auch entscheiden – denken Sie daran, wie wichtig es ist, diese Methode Ihrer Wahl dann konsequent anzuwenden. Wählen Sie eine Methode aus, die am besten Ihrem Typ, Ihrer seelischen Belastbarkeit und den Bedürfnissen Ihres Kindes entspricht – und dann bleiben Sie auch lange genug dabei, dass sie greifen und sich bewähren kann.

Ein letztes Wort noch an die Mütter und Väter von Neugeborenen: Wenn Sie und das Kind noch keinen geregelten Rhythmus haben, kann es sein, dass Sie in den ersten Monaten nicht gut schlafen. Machen Sie sich klar, dass Schlafmangel sehr viel von Ihrer kostbaren Energie verschlingt und setzen Sie deshalb alles daran, hier möglichst einen Ausgleich zu schaffen. Dazu folgende Tipps:

- *Wechseln Sie sich bei den Nachtschichten ab.* Auch wenn die Mutter das Baby stillt, kann der Vater es wickeln und der Mutter dann zum Stillen bringen.
- *Versuchen Sie, zwischendurch zu schlafen, wenn Ihr Kind schläft.* Auch wenn Sie in der Zeit so vieles andere erledigen könnten ....
- *Sichern Sie sich mögliche Hilfe und Unterstützung von außen.* Fragen Sie Freunde oder Verwandte, ob sie bereit wären, sich mal um das Baby zu kümmern, damit Sie ein wenig schlafen können.
- *Überprüfen Sie Ihre Ansprüche.* Vielleicht ist jetzt nicht die Zeit für Drei-Gänge-Menüs und eine keimfreie, tipptopp aufgeräumte Wohnung. Wahrscheinlich sollte Ihr Motto zunächst eher lauten: „So einfach wie möglich". Setzen Sie alles daran, den Ablauf möglichst simpel zu halten, damit Sie in der Zeit, in der Ihr Baby schläft, alle notwendigen Haushaltsdinge erledigt bekommen.

Das Thema Ein- und Durchschlafen Ihres Babys hat jetzt viel Raum eingenommen, aber fast alle Eltern werden Ihnen bestätigen, wie wichtig dieses Thema im Leben junger Eltern ist. Ja, es ist sogar so wichtig, dass ich beschlossen habe, dem Thema noch ein weiteres Kapitel zu widmen, und zwar soll es darin um Einschlafrituale für Klein- und Vorschulkinder gehen, sowie um ein paar Tipps zum Mittagsschlaf.

In einem Interview für das Baltimore Magazine hat Kim West folgende praktische Tipps weitergegeben:

- Die Ursache der meisten Schlafprobleme bei Kindern haben keine körperlichen Ursachen. Trotzdem ist es ratsam, noch einmal mit dem Kinderarzt zu sprechen, wenn Ihr Kind Probleme mit dem Ein- oder Durchschlafen hat, um medizinische Ursachen wirklich auszuschließen.
- Sorgen Sie für eine Möglichkeit, das Kinderzimmer abzudunkeln, wenn Ihr Kind sehr früh aufwacht oder mittags nicht einschlafen kann.
- Wenn Sie Ihrem Kind den Schnuller noch lassen wollen, deponieren Sie

mehrere davon in seinem Bettchen, damit Sie nachts nicht aufstehen und den einen suchen müssen, wenn er weg ist.

- Richten Sie ein Morgenritual ein und ein abendliches Zubettgehritual. Ein Morgenritual hilft dem Kind, den Unterschied zwischen Aufwachen und Schlafengehen zu begreifen. West empfiehlt eine regelrechte Guten-Morgen-Inszenierung: Reißen Sie das Fenster auf, sorgen Sie für helles Licht, singen Sie Guten-Morgen-Lieder und beginnen Sie den Tag!
- West spricht sich zwar dagegen aus, Babys nachts hochzunehmen oder mit ihnen zu kuscheln (sie empfiehlt stattdessen, beruhigend mit ihnen zu reden und sie zu streicheln), aber das gilt nicht für kranke Kinder oder für den Fall, dass das Kind Angst hat oder schlecht geträumt hat.
- Beide Eltern sollten das Kind zu Bett bringen können. Mutter und Vater können das ruhig ganz unterschiedlich handhaben, allerdings sollte der Ablauf ähnlich sein.[2]

Szene 6, die Zweite

IM KINDERZIMMER

Mutter *wiegt die vier Monate alte Adriana:* Schschschsch, alles in Ordnung. Schlaf jetzt ein, mein kleiner Schatz. Mama ist ja da.
(Adriana schreit laut.)
Mutter: Also, lass mich mal überlegen. Ich habe dich gerade gefüttert, also kannst du nicht hungrig sein. Ich halte dich so, wie du es am liebsten hast. Warum schreist du?
(Adriana schreit weiter. Die Mutter bleibt ruhig und geht weiter ihre innere Checkliste durch.)
Mutter: Hmmm ... es könnte vielleicht sein, dass deine Windel nass ist. Mama hat vergessen, dich zu wickeln, Schätzchen. Also geben wir dir erst mal eine frische Windel und schauen, ob das hilft. Das hört sich auch wirklich nach deinem Ich-fühle-mich-nicht-wohl-Schreien an. *(Ruft in den Flur hinaus):* Schatz, könntest du bitte Adriana kurz halten? Ich muss eine frische Windel von unten holen.

---

2 Hope Keller, „Pillow Balk“, *Baltimore Magazine*, April 2005; unter http://www.sleeplady.com/am_pillowbalk.htm

Vater: Na, meine Süße? Komm zu Papa.
(Adriana schreit weiter.)
Vater: Ach, mein kleiner Schatz, Mama holt dir ja schon eine Windel. Ist es das, was dir fehlt? Magst du nicht nass sein? Das haben wir gleich!
Mutter: So, da bin ich schon *(wechselt dem Baby die Windel).*
(Adriana beruhigt sich langsam und fängt sogar an zu gurren, weil es ihr gefällt, trocken zu sein. Mama nimmt sie hoch, zieht die Spieluhr mit dem Schlaflied auf, dämpft das Licht, wiegt die Kleine, bis sie ganz schläfrig ist, und legt sie dann ins Bettchen. Adriana quengelt noch ein ganz klein wenig. Mama streichelt ihr noch einmal ganz sanft den Rücken, woraufhin sich Adriana entspannt, friedlich an ihrem Daumen nuckelt und sich auf diese Weise selbst beruhigt.)

ZUSAMMENFASSUNG

Was unternimmt diese Mutter, um ihr Kind zu beruhigen?

- ✘ *Sie bleibt ruhig.* Sie lässt sich nicht aufregen, während sie innerlich die Checkliste durchgeht.
- ✘ *Sie analysiert objektiv, was gerade los ist.* Ist das Baby satt? Ist ihm vielleicht zu kalt oder zu warm? Ist es trocken?
- ✘ *Sie stellt sich auf ihr Baby ein.* Die Mutter konzentriert sich darauf, wie ihr Baby schreit. Babys weinen bei unterschiedlichen Bedürfnissen unterschiedlich. Man lernt mit der Zeit, diese unterschiedlichen Arten des Schreiens zu unterscheiden.
- ✘ *Sie redet die ganze Zeit beruhigend auf das Baby ein.* Sowohl die Mutter als auch der Vater sagen dem Baby, was gerade passiert. Sie versichern, dass alles in Ordnung ist und sie sich um es kümmern. Das Kind versteht zwar nicht wortwörtlich, aber ruhiges Reden signalisiert dem Baby, dass ihm geholfen wird! (Und vielleicht werden Sie als Eltern sogar selbst ein wenig ruhiger dadurch.)
- ✘ *Sie unternimmt etwas, um das Problem zu lösen.* Sie zieht dem Baby eine frische Windel an, um das Unbehagen zu beheben und dann das bekannte Ritual fortzusetzen.
- ✘ *Sie setzt beruhigende Zubettgehrituale ein.* Sie dämpft das Licht, stellt die beruhigende Spieluhr ein, nimmt das Baby auf den Arm, wiegt es, bis es schläfrig ist und bleibt in der Nähe (nimmt es nicht wieder hoch), bis es allein im Bettchen eingeschlafen ist.

In einem Interview hat Dr. Ferber kürzlich die häufigsten Gründe für Durchschlafprobleme bei Kindern genannt:

- Schlechte Assoziationen mit dem Einschlafen
- Ein ungünstiger Schlafrhythmus
- Zu häufiges Füttern am Abend und nachts
- Probleme, Grenzen zu setzen
- Nachtängste
- Krankheit

Er macht folgende hilfreiche Vorschläge, um einen guten Ablauf beim Zubettgehen zu erreichen.

- Das Baby sollte einen seinem Alter entsprechenden Schlafrhythmus haben.
- Das Baby sollte unter denselben Bedingungen einschlafen, unter denen es auch aufwacht; es sollte sich an seinem unmittelbaren Umfeld in dieser Zeit nichts ändern. Wenn möglich, sollte das Baby nicht im Wohnzimmer einschlafen (oder im Auto) und dann später in seinem Bettchen wieder aufwachen.
- Sorgen Sie dafür, dass das Baby keine Verbindung zwischen Einschlafen und Fernsehen herstellt. Das Kind sollte nicht als Letztes vor dem Einschlafen fernsehen, und der Fernseher sollte auch nicht gleich nach dem Aufwachen laufen oder eingeschaltet werden.
- Ein stiller und abgedunkelter Raum ist am besten zum Einschlafen, helles Licht sollte möglichst vermieden werden![3]

---

[3] Dr. Richard Ferber, Interview in *The Early Show*.

Kapitel 7

SCHLAFPROBLEME BEI KLEIN- UND VORSCHULKINDERN

Szene 7, die Erste

BEIM ZUBETTGEHEN

Mutter *zum dreijährigen Max, der vor dem Fernseher sitzt:* Max, es ist Zeit ins Bett zu gehen.
Max: Nein! Ich will aber nicht!
Mutter: Geh in dein Zimmer, und zwar auf der Stelle! Keine Widerrede.
Max: Aber ich hab Angst.
Mutter: Geh jetzt Max, und zwar sofort!
Max: Ich hab aber noch Hunger.
Mutter *nimmt Max auf den Arm und trägt ihn in sein Zimmer:* Ich habe dir schon vor zehn Minuten gesagt, dass du ins Bett gehen sollst, und jetzt muss ich dich wie ein Baby hintragen.
Max *strampelt und tritt:* Nein! Ich will aber nicht!
Mutter *legt Max in sein Bett:* Gute Nacht. Und jetzt sei brav. *(Sie macht die Tür von außen zu.)*
Max *bettelnd:* Bitte, Mama! *(Steigt aus dem Bett und folgt der Mutter in den Flur.)*
Mutter *nimmt Max hoch und bringt ihn wieder in sein Zimmer:* Schlaf jetzt! *(sie schließt die Tür wieder von außen).*
Max *hysterisch:* Nein! Nein! Nein! *(Steigt wieder aus dem Bett und rennt hinter seiner Mutter her.)*
Mutter: Grrr! Dann schläfst du eben auf dem Boden. Ich bin einfach zu müde, um mich noch darum zu kümmern! Es ist mir jetzt wirklich egal!

DAS KINDERBETT IN IHRER NÄHE

Wenn Ihr Kind allein aus dem Gitterbett klettern kann (normalerweise mit anderthalb bis zwei Jahren), ist es bereit für ein Kinderbett.

Wie bereiten Sie eine solche Veränderung nun am besten vor? Genau so, wie Sie Ihrem Baby auch beigebracht haben, selbstständig einzuschlafen, nämlich indem Sie eindeutig sind, sicher und konsequent.

Wenn das Kind jetzt nicht mehr in der Wiege oder im Stubenwagen, sondern im Kinderbett schläft, führt das zu einer Reihe neuer Probleme, aber bleiben Sie ganz ruhig. Sie werden ganz bestimmt damit fertig. Eine ganz praktische Sache, durch die Sie diese Veränderung erleichtern können, besteht darin, Ihr Kind das neue Bett mit aussuchen zu lassen. Sorgen Sie außerdem dafür, dass ihm seine neue Umgebung bereits vertraut vorkommt, indem Sie beispielsweise seine Lieblingsdecke oder das Schmusekissen mit in das neue Kinderbett nehmen. Sie können auch Bettwäsche in derselben Farbe wie die alte nehmen und das Bett an die gleiche Stelle im Zimmer stellen.

Und ich verrate Ihnen auch noch ein Geheimnis: Wenn Ihr Kleinkind weiß, dass es nicht in Ordnung ist, mitten in der Nacht aus dem Bett zu steigen, dann wird es das auch nicht tun! Das schwöre ich. Ich weiß, es klingt verrückt, aber es stimmt wirklich. Wenn Sie ihm ganz klar deutlich machen, dass es ins Bett und sonst nirgends hingehört, dann wird es auch nicht herausklettern. Es weiß dann nämlich gar nicht, dass das geht!

Das funktioniert allerdings nur, wenn Sie Ihr Kind beim ersten Versuch, aus dem Bett zu steigen, ganz klar ansprechen und sagen: „Also, wenn Schlafenszeit ist, dann gehören wir ins Bett, und wir steigen auch nicht aus dem Bett heraus – nur, wenn etwas wirklich Dringendes ist." Definieren Sie auch genau, was „Dringendes" bedeutet, um Missverständnissen vorzubeugen. Unsere Definition beinhaltet Feuer im Haus, aber auch den Gang zur Toilette.

Streiten Sie nicht mit Ihrem Kind darüber, diskutieren Sie nicht mit ihm, sondern sagen Sie ihm einfach, wie es ist, und zwar klar, eindeutig und sachlich: „Schlafen gehört für uns alle dazu, und wir machen es so: ..." Kinder tun, was sie von Ihnen erwarten. Wenn Sie also erwarten, dass Ihr Kind aus dem Bett klettert, dann wird es das auch immer wieder tun. Wenn Sie erwarten, dass es im Bett bleibt, wird genau das auch passieren.

Wenn Sie Ihrem Kind dabei helfen, den Umzug ins Kinderbett zu bewältigen, können Sie dabei genauso vorgehen wie beim Einschlafenlernen: Am ersten Abend sitzen Sie neben dem Bett, streicheln ihm den Rücken und erklären ihm, dass das jetzt sein neuer Schlafplatz ist und dass alles in bester Ordnung ist. Am nächsten Abend setzen Sie sich schon näher zur Tür und flüstern ihm Dinge zu, die ihm Sicherheit verschaffen ... aber lassen Sie sich dabei nicht auf ein Gespräch oder gar eine Diskussion ein.

Jedes Kind wird Ihnen jeden Gefallen tun, wenn Sie es zur Bettzeit darum bitten.
– Red Skelton –

Am nächsten Abend rücken Sie dann noch etwas weiter vom Bett weg, und Sie brauchen auch nicht mehr zu reden, sondern es reicht jetzt schon, wenn Sie einfach nur da sind. Abend für Abend kommen Sie der Tür etwas näher, bis Sie es irgendwann vor die Tür geschafft haben und selbige von außen schließen.

Vielleicht schreit oder quengelt Ihr Kind jetzt noch ein wenig, aber wenn Sie sicher sind, dass es nicht krank ist, seien Sie einfach konsequent in Ihrer Methode. Damit werden Sie am Ende Erfolg haben.

DAS ZUBETTGEHRITUAL

„Nur noch eine Geschichte!" „Mama, ich will noch was trinken." „Einmal noch knuddeln!" So geht der Refrain beim Zubettgehen, bis man irgendwann schreien und um Gnade winseln könnte. Was kann man tun, um das Zeitschinden beim Schlafengehen zu beenden?

- *Machen Sie ganz eindeutig klar, dass das Bett zum Schlafen da ist.* Gestatten Sie kein Spielzeug im Bett, schicken Sie das Kind nicht zu Auszeiten in sein Bett und lassen Sie auch keine anderen wilden Aktivitäten im Bett zu. Auf diese Weise stellt das Kind eine Verbindung zwischen Bett und Schlafen her. Noch besser wäre natürlich ein extra Schlafzimmer für das Kind, in dem es wirklich nur schläft. Da das die wenigsten Leute haben, beschränken Sie sich auf das Bett als Ruhezone. Sie könnten auch die Möbel so stellen, dass das Zimmer in einen Schlaf- und einen Spielbereich gegliedert ist. Wie auch immer, wichtig ist, dass das Kind lernt: Das Bett ist zum Schlafen da und nicht zum Spielen.
- *Halten Sie sich an einen Ablauf, der alle möglichen Gründe vorwegnimmt, eventuell noch einmal aufzustehen.* Unser abendlicher Ablauf beispielsweise beginnt mit dem Abendessen um sechs. Nach dem Essen duschen sich die Jungen, ziehen ihre Schlafanzüge an und stecken ihre schmutzige Wäsche in den Wäschekorb. Danach trinken sie noch etwas Wasser, gehen aufs Klo, und dann werden die Zähne geputzt.
- *Erlauben Sie Ihrem Kind ein altersgemäßes Video oder eine Fernsehsendung von einer halben Stunde oder ein Buch ihrer Wahl.* Das wird dann im Wohnzimmer gemeinsam angeschaut bzw. gelesen. Durch dieses kleine „Betthupferl", auf das sie sich freuen können, ist es kein Problem, sie zum Zähneputzen und zum Anziehen des

Schlafanzugs zu bewegen, denn sie haben ja vor dem Schlafengehen noch etwas Schönes vor sich. Wenn möglich, legen Sie einen Stapel von Büchern und Videos an, aus dem die Kinder sich etwas aussuchen können. Es sollten eher beruhigende Bücher sein und Filme, die nicht laut und zu actionreich sind.

- *Und schließlich: Bringen Sie die Kinder zu der von Ihnen festgesetzten Zeit ins Bad und dann ins Bett.* Ich bringe die Jungen immer um Punkt 19.30 ins Bett. Dann decke ich sie noch zu und gebe ihnen einen Kuss. Jeden Abend bekommen sie noch zu hören: „Steht bitte nicht wieder auf, außer es gibt einen Notfall oder jemand muss zur Toilette." Dann geht das Licht aus, die Tür bleibt angelehnt und ich wünsche ihnen noch einmal eine gute Nacht.

Manche Eltern beten auch abends noch mit ihren Kindern. Mir hat einmal ein Mann erzählt, dass sein Vater jeden Abend die Bettdecken der Kinder kurz zum Anwärmen in den Wäschetrockner steckte, dann die Kinder mit den mollig warmen Decken zudeckte, mit ihnen betete, sie segnete und ihnen noch einen Gutenachtkuss gab. Dieser Mann ist heute selbst 50 Jahre alt, und er bekommt immer noch feuchte Augen bei dieser zärtlichen Erinnerung an seinen Vater. Was glauben Sie, wie dieser Mann (der selbst erst mit über 40 Vater wurde) heute seine Kinder ins Bett bringt?

Unterschätzen Sie nicht die Kraft beständiger, liebevoller Abläufe, die einem Kind Sicherheit, einen guten Schlaf und gute Erinnerungen für das spätere Leben bringen!

Unser Ritual beim Schlafengehen verändert sich kaum. Die Jungen können den Ablauf auswendig aufsagen, wenn ich sie danach frage. Sie wissen, was sie erwartet, es gibt keine Überraschungen. Natürlich testen sie mich auch hin und wieder. Wenn ich die Kinder schon ins Bett gebracht habe und ihr Vater kommt erst danach von der Arbeit nach Hause, sagt er: „Ich kann gar nicht glauben, dass sie schon schlafen. Es ist doch erst acht Uhr!" Die Kinder wissen, dass sie ihr Bett nicht verlassen dürfen, so lange ich noch da bin, und wenn sie es trotzdem tun, ohne dass ein Notfall vorliegt oder sie zur Toilette müssen, hat das zur Folge, dass ihnen irgendein Privileg abgesprochen wird. Woher die Jungen das wissen? Weil sie mich getestet haben und ich durchgehalten habe und konsequent geblieben bin.

Ich erinnere mich noch genau an einen Abend, als die Kinder mir beim Schlafengehen das Leben besonders schwer machten. Irgendwann sagte ich sehr entschlossen: „Jungs, beim nächsten Mal, wenn jemand wieder aufsteht, gehen wir morgen nicht zu Hannah zum Spielen, wie wir es eigentlich verabredet haben." Fünf Minuten später hörte ich oben Schritte, ging die Treppe hinauf, teilte ihnen mit, dass wir also morgen nicht gehen würden, und verließ das Zimmer wieder. Am nächsten Tag machte ich meine Ankündigung tatsächlich wahr. Ich glaube, für mich selbst war das noch schmerzlicher als für sie, aber sie hatten auf jeden Fall begriffen, dass ich meine, was ich sage, und sage, was ich meine.

Am nächsten Tag fragte die Mutter der Jungen Austin: „Warum geht ihr eigentlich bei Michelle so einfach ins Bett und bei mir nicht?“

Worauf er antwortete: „Mama, sie ist noch böser, als du denkst.“

Wie furchtbar, dachte ich, als ich das hörte, denn ich war dabei.

Dann fragte seine Mutter ihn: „Was tut Michelle denn so Böses?“, und er antwortete: „Wenn wir aufstehen, dürfen wir irgendwas nicht.“

„Und was darfst du jetzt nicht?“

„Weiß ich nicht mehr“, antwortete er. Er hatte es schon völlig vergessen.

Wir erfuhren dadurch, dass Austins Verständnis von böse war, dass ich konsequent dafür sorgte, dass Ungehorsam natürliche Folgen hatte. Wenn ich sage: „Bleib im Bett, sonst darfst du etwas nicht, was eigentlich schon abgesprochen war“, dann weiß er ohne jeden Zweifel, dass ich genau so auch verfahre. Und das ist nicht böse, sondern einfach nur konsequent.

WAS NACHTS ALLES SCHIEFGEHEN KANN

Es fällt Kindern oft schwer, ins Bett zu gehen, weil es ihren Eltern so schwerfällt, sie dorthin zu bekommen. Eltern fürchten, dass ihr Kind Angst haben könnte, sodass sie alles Mögliche tun, um zu verhindern, dass es Angst hat. Haben Sie sich schon einmal gefragt, wovor die Kinder denn eigentlich Angst haben sollten? Die Antwort sollte lauten: Vor gar nichts!

Kinder haben manchmal Angst im Dunkeln. Ich bin sicher, dass es dafür verschiedenste Gründe gibt, aber manchmal werde ich den Eindruck nicht los, dass ihnen beigebracht worden ist, Angst zu haben. Vielleicht haben Mama oder Papa als Kinder selbst Angst im Dunkeln gehabt, und um jede Möglichkeit vor Angst im Dunkeln auszuschließen, lassen sie das Licht im Kinderzimmer an, wenn das Kind schlafen soll.

Sie können Ihrem Kind helfen, sich im Dunkeln sicherer zu fühlen, indem Sie eine Verbindung zwischen Dunkelheit und Schlaf herstellen und das Ganze positiv besetzen. Natürlich ist es völlig in Ordnung, wenn ein wenig Licht ins Kinderzimmer fällt. Das kann sich durchaus auch beruhigend auswirken, aber sorgen Sie dafür, dass es wirklich nur ein bisschen Licht ist, keine Nachttischlampe. Zeigen Sie Ihrem Kind, dass es auch im Dunkeln sicher ist, indem Sie mit großer Selbstverständlichkeit das Licht ausschalten und sagen: „Das Licht brauchen wir zum Spielen, zum Schlafen muss es dunkel sein.“ So einfach ist das – wirklich!

Eine weitere Möglichkeit, ein Kind daran zu gewöhnen, im Dunkeln zu schlafen (es schläft dann auch tiefer und länger) besteht darin, im Kinderzimmer einen Dimmer einzubauen. Abends drehen Sie das Licht dann langsam dunkler, bis man es kaum noch als Licht wahrnimmt. Gehen Sie auch diese weitere Veränderung mit großer innerer Sicherheit und Selbstverständlichkeit an. Sagen Sie Ihrem Kind: „Jetzt bist du schon so groß, da können wir das Licht auch schon ganz ausmachen."

Vielleicht können Sie diesen Anlass sogar ein bisschen feierlich begehen. Sagen Sie dem Kind: „Diese Woche machen wir mal etwas Besonderes: Jeden Abend stelle ich das Licht in deinem Zimmer ein bisschen weiter runter, und nach sieben Tagen bist du dann ein großer Junge, der schon ganz allein im Dunkeln schlafen kann! Heute Abend habe ich eine kleine Belohnung für dich, die du mit ins Bett nehmen kannst!" Und dann geben Sie ihm später ein kleines Kuscheltier oder Spielzeug.

Falls Ihr Kind dann immer noch Angst hat, im Dunkeln zu schlafen, können Sie ihm auch eine kleine Taschenlampe schenken. Sagen Sie ihm, dass das eine besondere Lampe ist und dass das Licht immer etwas weniger wird, wenn die Batterien schwächer werden. Irgendwann sind dann die Batterien leer, und dann ist es soweit, dass Ihr Kind allein im Dunkeln schlafen kann.

Loben Sie Ihr Kind, wenn es solche Veränderungen akzeptiert, und ermutigen Sie es in seiner Fähigkeit, Neues auszuprobieren und sich darauf einzulassen.

BÖSE MONSTER UND IMAGINÄRE FREUNDE

Genauso, wie es Methoden gibt, um ein Kind zum Schlafen zu bringen, gibt es auch Methoden zum Umgang mit den berühmten „Monstern unterm Bett" und anderen imaginären Freunden, die unsere Kleinen nachts besuchen. Wir haben zwei Möglichkeiten, damit umzugehen: Wir können die Monster ignorieren oder wir können ihre Existenz anerkennen. Ich habe beides ausprobiert, beides funktioniert und beides hat seine Vor- und Nachteile.

DIE MONSTER IGNORIEREN

Wenn Ihr Kind Ihnen sagt, dass es Angst vor Monstern hat, dann sagen Sie ihm einfach, dass es keine Monster gibt. Sie bestätigen damit Ihrem Kind, dass es in Ordnung ist, Angst vor realen Dingen zu haben, aber sagen Sie ihm: „Es sind keine Monster ins Haus gekommen, als du ein Jahr alt warst, es sind keine Monster ins Haus gekommen, als du zwei Jahre alt warst, und es kommen auch keine, wenn du drei bist, denn Monster gibt es in Wirklichkeit gar nicht."

Der Vorteil dieser Methode besteht darin, dass Sie Ihrem Kind dadurch signalisieren, dass es Ihnen vertrauen und sich auf Ihr Wort verlassen kann. Außerdem bringen Sie ihm bei, dass es einen Unterschied gibt zwischen realen und imaginären

Ängsten. Der Nachteil dieser Vorgehensweise besteht darin, dass Ihr Kind vielleicht zu dem Schluss kommen könnte, es sei nicht in Ordnung, sich zu fürchten. Genau das sollte aber unbedingt vermieden werden. Um zu verhindern, dass dies passiert, sagen Sie auf jeden Fall: „Es ist in Ordnung, Angst zu haben, und jeder Mensch hat hin und wieder Angst. Aber man braucht keine Angst zu haben vor Dingen, die es gar nicht gibt. Und Monster gibt es nicht."

DIE MONSTER VERTREIBEN

Je nachdem, wie logisch das Kind schon denken kann, funktioniert die oben beschriebene Methode, oder auch nicht. Wenn Ihr Kind immer noch fest davon überzeugt ist, dass Monster in seinem Zimmer sind und Logik als Gegenmittel nicht funktioniert, dann ist es meiner Erfahrung nach manchmal einfacher, der Logik des Kindes zu folgen und ihm zu helfen, mit den imaginären Monstern fertigzuwerden.

Man kann beispielsweise eine Sprühflasche mit Wasser füllen und es „Monsterspray" nennen. Ihr Kind kann dann vor dem Schlafengehen das Spray an den kritischen Stellen versprühen. Wenn es klein genug ist, assoziiert es mit dem Spray das „Vertreiben" des Monsters und glaubt, dass dann alle Monster weg sind. Der Vorteil dieser Methode besteht darin, dass das Kind relativ problemlos zu Bett geht, sich sicher fühlt und das Gefühl der Kontrolle über die Monster hat. Der Nachteil ist allerdings, dass Sie dem Kind die Notwendigkeit bestätigt haben, die Monster zu vertreiben, woraus es natürlich den Schluss zieht, dass es doch Monster gibt.

Um hier Irritationen zu vermeiden, ist es wichtig, dass Sie sich zwar des Problems annehmen, dabei aber immer noch die Wahrheit sagen. Ich sage normalerweise sinngemäß Folgendes: „Also, mein Schatz, ich habe dir ja schon gesagt, dass es in Wirklichkeit keine Monster gibt. Monster gibt es nur in Geschichten. Aber tun wir einfach mal so, als wären wirklich Monster in deinem Zimmer. Dann müssen wir sie einfach vertreiben, und ich habe dazu ein hervorragendes Anti-Monster-Spray ... das vertreibt sie auf der Stelle."

AUCH TAGSÜBER BRAUCHEN KLEINKINDER SCHLAF

Häufig glauben Eltern, dass Kinder abends nicht mehr schlafen, wenn man sie tagsüber hinlegt. Ich habe in all den Jahren meiner Tätigkeit als Nanny die Erfahrung gemacht, dass das nicht stimmt! Im Gegenteil, ein übermüdetes Kind braucht abends sehr viel länger, um zur Ruhe zu kommen, als ein gut ausgeruhtes Kind.

In Richard Ferbers Buch *Schlaf, Kindlein, schlaf* wird mit vielen Mythen über den

Schlaf von Kindern aufgeräumt (unter anderem auch mit der irrigen Annahme, dass Kinder, die tagsüber schlafen, abends nicht müde sind), und es werden Untersuchungsergebnisse präsentiert, wie viel Schlaf und welche Art von Schlaf (Tagschlaf im Verhältnis zum Nachtschlaf) ein Kind für sein jeweiliges Lebensalter braucht.

WIE VIEL SCHLAF BRAUCHT IHR KIND?

Ganz allgemein lässt sich sagen, dass Neugeborene den größten Teil des Tages und der Nacht verschlafen. Durchschnittlich schlafen (oder schlummern) sie zwischen 16 und 20 Stunden pro Tag! Mit etwa drei Monaten schlafen die meisten Babys ungefähr 10 Stunden nachts und 5 Stunden tagsüber. Diese 10 Stunden betrachten wir als „nachts durchschlafen", aber darin sind in der Regel auch ein paar Mal nächtliches Aufwachen enthalten, bei denen die Mutter aufstehen und nach dem Baby sehen muss. Zwischen sechs Monaten und einem Jahr schlafen Kinder normalerweise 3 Stunden tagsüber, und zwar verteilt auf einen Vormittags- und einen Mittagsschlaf, und nachts schlafen sie etwa 11 Stunden.

Mit ein bis drei Jahren schläft ein Kind tagsüber dann immer weniger Das ist bei jedem Kind und in den jeweiligen Familien individuell verschieden. Ich vertrete die Ansicht, dass man Kinder so lange schlafen lassen soll, wie sie möchten. Irgendwann gibt es nur noch eine statt zwei Schlafzeiten tagsüber, die dann zwischen anderthalb und 3 Stunden dauert, sowie 9 bis zehn 10 Stunden Nachtschlaf. Mit vier bis fünf Jahren schlafen Kinder tagsüber kaum noch (es sei denn, sie haben sich bei bestimmten Anlässen tagsüber so sehr verausgabt, dass sie mitten im Spiel einschlafen), brauchen dafür dann aber nachts zwischen 10 und 12 Stunden Schlaf.

ENTSTRESSEN SIE DEN VORMITTAGS- UND MITTAGSSCHLAF

Im Folgenden ein paar Ideen, wie Sie tagsüber relativ stressfrei Schlafzeiten einrichten können.

- *Sorgen Sie für Regelmäßigkeit bei den Schlafzeiten.* Wenn Sie immer morgens und mittags dieselben Schlafenszeiten für Ihr Kind eingeplant haben, dann wird es irgendwann zu diesen Zeiten ganz von selbst müde, weil sich sein Biorhythmus darauf einstellt. Sie können Ihren Tag um die Schlafzeiten herum planen, aber das muss nicht zwangsläufig bedeuten, dass Sie dann immer zu Hause sein müssen!
- *Ihr Kind muss tagsüber nicht immer unbedingt in seinem Bett schlafen.* Wenn Sie zur Schlafenszeit unterwegs sind, können Sie Ihr Kind auch im Buggy oder auf langen

Autofahrten im Kindersitz schlafen lassen. Die Schlafzeiten Ihrer Kinder brauchen nicht Ihr ganzes Leben zu bestimmen!

- *Wecken Sie ein schlafendes Kind nicht auf.* Wenn Ihr Kind schläft, braucht es den Schlaf. Vielleicht hat es gerade einen Wachstumsschub, kämpft gegen eine Erkältung oder ist einfach erschöpft. Lassen Sie es schlafen, es sei denn, es handelt sich um einen Notfall!
- *Erwecken Sie nicht den Eindruck, dass die Schlafzeiten verhandelbar sind.* Wenn Ihr Kind behauptet, es sei gar nicht müde, dann sagen Sie: „Aha", bestehen aber trotzdem darauf, dass es ein Weilchen in sein Bett geht, um sich auszuruhen. Höchstwahrscheinlich schläft es dort dann auch ein.

SUCHEN SIE SICH HILFE, WENN IHR KIND SCHLAFPROBLEME HAT

Wenn Ihr Kind massive Schlafprobleme hat, die sich auch nicht durch die genannten Tipps bessern, sollten Sie sich an Ihren Kinderarzt wenden, einige der empfohlenen Bücher lesen oder sich in einem weiteren wundervollen Helfer für Mütter schlaumachen – dem Internet. Wenn Ihr Kleinkind wirklich ein ernsthaftes Schlafproblem hat und dieses sich dauerhaft und hartnäckig hält, dann gibt es Ärzte, die auf Schlafstörungen bei Kindern spezialisiert sind. Ihr Kinderarzt kann Ihnen sicher einen solchen Kollegen empfehlen. Das könnte beispielsweise dann nötig sein, wenn der Verdacht besteht, dass das Kind Atemprobleme hat oder andere körperliche Beschwerden, durch die sein Schlaf beeinträchtigt wird.

Und jetzt wünsche ich allen fröhliches Schlafen und eine gute Nacht!

Praxis-Tipp

Hier ein paar Tipps, wie Sie eine schlaffreundliche Umgebung schaffen können:

- *Sorgen Sie dafür, dass es im Haus nicht zu leise ist.* Wenn Kinder schlafen, neigen Eltern dazu, sich nur noch auf Zehenspitzen zu bewegen und zu flüstern. Das ist nicht nur ziemlich unpraktisch, sondern vermittelt Ihren Kindern außerdem den Eindruck, dass sie nur schlafen können, wenn es absolut still ist. Sprechen Sie in normaler Lautstärke und verhalten Sie sich auch sonst ganz normal. Bringen Sie Ihren Kindern bei, unter ganz normalen Alltagsbedingungen zu schlafen.

- *Gehen Sie nicht ins Kinderzimmer.* Wenn Ihr Kind einen leichten Schlaf hat und wach wird, wenn Sie das Zimmer betreten, um nach ihm zu sehen, dann benutzen Sie lieber ein Babyphon oder sogar einen Videomonitor, wenn Sie nach ihm schauen möchten.

Szene 7, die Zweite

BEIM ZUBETTGEHEN

Mutter zum dreijährigen Max, der fernsieht: In fünf Minuten ist Bettzeit! Das ist, wenn das Sandmännchen zu Ende ist.
Max: Nein! Ich will aber nicht!
Mutter: Du weißt, wie wir es immer machen, mein Schatz. Erst Abendessen, dann Zähneputzen, dann Sandmännchen, dann noch mal zur Toilette und dann ins Bett.
Max: Halb acht.
Mutter: Genau. Nach dem Sandmännchen geht es ab ins Bett, und bis dahin sind es noch zwei Minuten.
Max: Okay. *(Ein paar Minuten später schaltet er den Fernseher aus.)* Es ist zu Ende, Mama.
Mutter *nimmt Max auf den Arm und bringt ihn ins Bad:* Danke, mein Schatz. Du bist ja schon ein ganz toller Helfer. Hast den Fernseher ganz allein ausgeschaltet, ohne dass ich erst etwas sagen musste. Komm, jetzt geh noch mal schnell aufs Klo, und dann ab ins kuschelige Bett!
(Nach dem Toilettengang.)
Mutter *legt Max ins Bett:* So, mein Schatz, jetzt wird geschlafen. Hier hast du deinen Teddy zum Kuscheln und jetzt beten wir noch zusammen.
Max: Und dann drückst du mich und mummelst mich ein und ich krieg noch 'n Kuss und dann ist Schluss!
Mama: Genau! Schlaf schön, mein Schatz. Morgen wird bestimmt wieder ein toller Tag. Ich hab dich lieb!

Max: Ich hab dich auch lieb, Mama.
Mama: Gute Nacht. *(Sie macht das Licht aus, verlässt das Zimmer und lässt die Tür leicht angelehnt.)*

ZUSAMMENFASSUNG

Viel und laut lachen und gut und lange schlafen, das ist die beste Therapie.
– Irisches Sprichwort –

Welche Nanny-Tipps hat diese Mutter angewendet, um das Schlafengehen zu einem schönen Erlebnis für sich und ihr Kind zu machen?

- *Sorgen Sie beim Schlafengehen für einen geregelten, immer gleichen Ablauf.* Ein solches Ritual sorgt dafür, dass Ihr Kind immer weiß, was als Nächstes an der Reihe ist.
- *Halten Sie diesen Ablauf konsequent ein.* Ihr Kind fühlt sich sicher, wenn es weiß, was es zu erwarten hat. Es hat gegessen und sich den Schlafanzug angezogen (oder es zumindest versucht) und sich die Zähne geputzt. Es hat alles Wesentliche erledigt, bevor Sie sein Schlafzimmer betreten.
- *Seien Sie klar und eindeutig in dem, was Sie beim Schlafengehen von Ihrem Kind erwarten.* Machen Sie Ihrem Kind deutlich, dass es um halb acht im Bett liegen muss (oder eben zu dem von Ihnen festgesetzten Zeitpunkt). Das ist Bettzeit, über die nicht verhandelt wird.
- *Sorgen Sie dafür, dass Ihr Kind im Rahmen dieses Ablaufs auch Dinge selbst bestimmen kann.* Erlauben Sie ihm beispielsweise, nach der Kindersendung selbst den Fernseher ein- bzw. auszuschalten oder die Zahnbürste im Laden selbst auszusuchen. Dadurch hat es altersgerechte Entscheidungsmöglichkeiten, die ihm das Gefühl geben, selbst etwas zum Ablauf beizutragen und mitzubestimmen.
- *Loben Sie Ihr Kind für positives Verhalten.* „Toll, dass du schon so schön mithilfst."
- *Suchen Sie etwas ganz Spezielles aus, das nur beim Zubettgehen passiert.* Geben Sie Ihrem Kind etwas Besonderes beim Zubettgehen, etwas, dass es nur dann gibt. Das kann ein kleiner lustiger Spruch sein, den beide zusammen sagen, ein bestimmter Teddybär, den es nur fürs Bett bekommt oder sonst etwas, das für positive Assoziationen sorgt.
- *Sprechen und handeln Sie liebevoll.* Küsse, Kuscheln und Umarmungen sind zentrale Bestandteile des Schlafengehens.
- *Signalisieren Sie Ihrem Kind, dass Schlafengehen etwas Selbstverständliches ist.* Das

Bett ist ein Ort, in dem Ihr Kind sicher und geborgen ist. Das Licht darf aus sein. Morgen ist wieder ein toller neuer Tag, deshalb muss man sich ausruhen. Vermitteln Sie dem Kind die Einstellung, dass Schlafen einfach zum Tag dazugehört, genau wie essen und spielen. Es ist nichts, worüber man sich aufregen müsste.

Kapitel 8

SMACKS ZUM FRÜHSTÜCK UND ANDERE NANNY-NO-NOS

Szene 8, die Erste

AM FRÜHSTÜCKSTISCH

Mutter: Mina, komm, wir frühstücken jetzt. Was möchtest du essen?
Mina: Ich will Smacks.
Mutter: Wir essen aber keine Smacks zum Frühstück.
Mina: Und warum stehen die dann beim Müsli?
Mutter: Keine Ahnung. Mina, du musst jetzt anfangen. Was willst du essen – außer Smacks?
Mina *weinend:* Ich will aber Smacks!
Mutter *ärgerlich:* So, mein Schatz, wenn du nicht sagst, was du willst, dann entscheide ich das für dich. Wir müssen jetzt wirklich anfangen.
Mina: Aber gestern hab ich auch Smacks gekriegt! *(schreit.)* Das ist unfair!
Mutter: Also gut, hier hast du deine Smacks. Aber jetzt iss auch!
Mina: Jaaa!

In der Welt von heute, in der Bedürfnisse fast immer sofort befriedigt werden, ist anscheinend jeder Haushalt mit Fertigprodukten ausgestattet. Vorbei sind die Tage, an denen Mütter die Zeit hatten, jeden Tag drei komplette Mahlzeiten auf den Tisch zu bringen. Die Gesellschaft hat dieses Problem gelöst, und zwar durch Fertignahrung. Es gibt verzehrfertig alles, was das Herz begehrt.

Das Gute daran ist natürlich, dass wir nur noch den Knopf der Mikrowelle betätigen müssen, um unseren Kindern eine komplette Mahlzeit vorzusetzen. Die schlechte Nachricht ist allerdings, dass dieser Ernährungsstil bei unseren Kindern einen ungeheuren Tribut fordert. Die Anzahl übergewichtiger Kinder nimmt weltweit zu. In Amerika hat sie sich im Laufe der vergangenen 20 Jahre verdoppelt.

Zeit also für ein Geständnis: Auch ich kämpfe bereits mein ganzes Leben lang mit meinen Pfunden. Während einer meiner Diätphasen habe ich einmal beschlossen, Nahrungsmittel für den Tag einzukaufen und dabei alles zu vermeiden, was vorgefertigt und verpackt war. Ich legte frische Früchte in meinen Einkaufswagen, mageres Fleisch und buntes Gemüse, außerdem guten Käse, Vollkornbrot, Getreideprodukte, Milch und Joghurt. Ich verglich dann meine Einkäufe mit dem, was sonst immer auf meiner Einkaufsliste stand, und musste erschrocken feststellen, dass diese neue Art des Einkaufens fast doppelt so teuer war wie die gewohnte!

Familien können Großpackungen kaufen, um ein bisschen zu sparen, aber in meinem Fall war das gesündere Essen sehr viel teurer. Über 50 abgenommene Kilos später kann ich Ihnen allerdings auch sagen, dass sich jeder Cent gelohnt hat! Nicht nur für meine Gesundheit und mein Selbstwertgefühl, sondern auch wegen all des Geldes, das ich sonst für die gesundheitlichen Folgen meines Übergewichtes ausgeben musste und in Zukunft hätte ausgeben müssen.

Ich musste außerdem als Erwachsene ganz neu lernen, meine Ernährung umzustellen und gesund zu essen. Das war nicht einfach, denn die Essgewohnheiten, die ich als Kind gelernt habe, erwiesen sich als ausgesprochen hartnäckig. Ich weiß deshalb aus leidvoller Erfahrung nur zu gut, dass es für Kinder sehr viel besser ist, von Anfang an eine gesunde Lebensweise zu erlernen.

ZUCKER CONTRA GESUNDHEIT

Obwohl wissenschaftliche Untersuchungen „beweisen", dass sich Zuckerkonsum nicht auf das Verhalten von Kindern auswirkt, habe ich meine eigenen, unabhängigen und daher auch inoffiziellen Studien durchgeführt. Weil ich Naturwissenschaftlerin (Chemikerin) bin und von meiner Tätigkeit her Zwillingskinderspezialistin, bin ich nicht gänzlich unqualifiziert für eine solche Untersuchung.

Folgendes habe ich beobachtet: Man nehme zwei Kinder, die schön miteinander spielen und den Tag genießen. Dann füge man für jedes Kind ein Eis mit Schokoladensoße hinzu, und man hat innerhalb kürzester Zeit zwei Kinder, die völlig aufgedreht sind. Im „Feldversuch" hat sich dieses Ergebnis bestätigt und *beide* Kinder reagierten dabei gleich. Wenn Sie diese Tendenz auch bei Ihren eigenen Kindern beobachten, probieren Sie doch einmal meine Tipps aus, wie man den Zucker-Konsum verringern kann.

VERMITTELN SIE IHREM KIND, WIE WICHTIG GESUNDE ERNÄHRUNG IST.

Man kann damit wunderbar anfangen, indem man schon kleinen Kindern etwas über die Grundlagen der Ernährung erzählt. Ich habe gute Erfahrungen damit gemacht, meinen Schützlingen zu erzählen, dass es unterschiedliche Arten von Essen gibt. Sie können dazu bei etwas größeren Kindern die bekannte „Nahrungsmittelpyramide" verwenden. Bei kleineren Kindern eignet sich eine einfachere Einteilung:

- *Essen, das man immer essen kann.* Das sind Lebensmittel, von denen man so viel essen kann, wie man möchte! Nahrungsmittel, die gut für uns sind und die wir auch in größeren Mengen essen sollten. Dazu gehören unter anderem Obst und Gemüse.
- *Besonderes Essen.* Diese Art von Essen gibt es nur zu besonderen Gelegenheiten, so wie beispielsweise Geburtstagskuchen oder Plätzchen in der Weihnachtszeit.
- *Essen für manchmal.* Diese Art von Essen ist ein Mittelding zwischen den anderen beiden. Man kann es zwar nicht in unbegrenzter Menge essen, aber täglich. Dazu gehören unter anderem Milch, Fleisch, Käse und Joghurt. Auch Vollkornbrot und andere Getreideprodukte wie beispielsweise Müsli gehören in diese Kategorie.

Krabbelkinder essen ganz gern gesunde Sachen, wenn sie sie auf dem Fußboden finden.
– Jan Blaustone –

Um Ihren Kindern zu helfen, die verschiedenen Nahrungsmittel zu unterscheiden, können Sie sie gemeinsam aufmalen oder Bilder von Nahrungsmitteln aus einer Zeitschrift oder einem Werbeflyer vom Supermarkt ausschneiden und in Gruppen aufteilen.

KAUFEN SIE NUR DAS EIN, WAS IHRE KINDER ESSEN SOLLEN

Die einfachste Methode, Kämpfe darüber zu vermeiden, was das Kind essen soll und was nicht, besteht darin, unerwünschte Nahrungsmittel gar nicht erst im Haus zu haben (oder sie wenigstens außerhalb der Reich- und Sichtweite der Kinder aufzubewahren). Wenn Sie nicht möchten, dass Ihr Kind zum Frühstück Kekse, Smacks oder andere Zuckerbomben isst, dann sollten Sie gar keine im Haus haben.

Auch auf dem Gebiet der Ernährung spielt Konsequenz eine wichtige Rolle. Wenn Sie absolut nicht wollen, dass Ihr Kind zuckerhaltiges Zeug zum Frühstück isst – und zwar wirklich nie – dann sollten Sie solche Sachen auch nicht im Haus haben – und zwar wirklich nie. Wie bei jeder anderen schlechten Angewohnheit auch, ist es besser, gar nicht erst damit anzufangen, als irgendwann mühsam wieder damit aufhören zu müssen bzw. das Risiko einzugehen, geradezu süchtig zu werden nach solchen süßen Sachen (und dann mit dem Gejammer fertigwerden zu müssen, das bei einem Entzug unweigerlich folgt).

Fragen Sie ein Kind niemals, was es frühstücken möchte. Zum einen stellt so eine Wahl für kleine Kinder oft eine Überforderung dar, und zum anderen sind Sie vielleicht gar nicht auf die Wünsche Ihres Kindes vorbereitet. Wenn Sie gern möchten, dass Ihr Kind zum Frühstück Getreideprodukte isst, dann fragen Sie beispielsweise: „Möchtest du heute ein Brot oder Nussmüsli?“ Wenn Sie möchten, dass es Vollkorntoast isst, fragen Sie: „Möchtest du deinen Toast in Dreiecke oder Quadrate geschnitten haben?“ Wenn Sie möchten, dass es Obst isst, dann könnte die Frage lauten: „Möchtest du heute lieber Erdbeeren oder eine Birne?“

Mit dieser Methode lassen Sie Ihrem Kind eine Wahl, indem Sie es sich zwischen einer begrenzten Anzahl von Möglichkeiten (und zwar nicht mehr als ZWEI !!) entscheiden lassen.

ÜBER DEN UMGANG MIT HEIKLEN ESSERN

Gewöhnen Sie Ihren Kindern gar nicht erst an, dass Sie für unterschiedliche Geschmäcker unterschiedliche Mahlzeiten zubereiten. Wenn ein Kind zum ersten Mal sagt: „Das mag ich nicht“, und Sie bereiten ihm etwas anderes zu, dann machen Sie sich ab jetzt auf tägliche Kämpfe um das Essen gefasst. Wenn Sie Ihrem Kind die Wahl zwischen zwei Nahrungsmitteln lassen, von denen Sie wissen, dass es sie mag, dann muss es auch essen, was es sich ausgesucht hat. Wenn es keinen Hunger hat (was häufiger der Grund dafür ist, dass es nicht essen will, was Sie zubereitet haben), dann stellen Sie das Essen noch mal weg und bieten Sie es ihm später wieder an.

Ich persönlich bin fest davon überzeugt, dass Kinder nicht als heikle Esser geboren, sondern dazu erzogen werden, und zwar durch die Essgewohnheiten in der jeweiligen Familie.

Praxis-Tipp

Wussten Sie schon, dass es in Ihrer Macht liegt zu definieren, was ein Nachtisch ist? Meine Schützlinge glauben beispielsweise fest daran, dass Obstsalat unter die Desserts fällt! Natürlich gibt es bei uns auch ab und zu (sprich einmal pro Woche) ein traditionelles Dessert wie Eis, Kekse oder Pudding, aber im Großen und Ganzen sind die Jungen völlig zufrieden mit gesunden, ungesüßten Leckereien.

Wir wissen alle, dass es bei Kindern Phasen gibt, in denen Sie bestimmte Konsistenzen, Farben oder Geschmacksrichtungen beim Essen nicht mögen – Kinder mit Allergien sind dabei noch einmal ein Sonderfall –, aber in den 11 Jahren meiner Tätigkeit als Nanny habe ich noch nie ein Kind betreut, das nicht irgendwann alles gegessen hat. (Meine derzeitigen Schützlinge essen sogar Sushi, etwas, das ich selbst mich erst vor Kurzem zu probieren getraut habe ... und nicht mag!).

Das Schlüsselwort ist hier *irgendwann*. Die Tatsache, dass ein Kind gestern kein Apfelmus mochte, heißt noch lange nicht, dass das immer so bleiben muss. Wenn ein Kind ein bestimmtes Nahrungsmittel ablehnt, warten Sie einfach eine Weile ab und bieten Sie es ihm später wieder an. Das Ergebnis wird Sie möglicherweise überraschen.

Ich persönlich bin mit Kartoffeln und Fleisch groß geworden. Es ist mir ein bisschen peinlich zuzugeben, dass ich erst mit 28 Jahren zum ersten Mal Fisch gegessen habe. Inzwischen liebe ich Fisch und esse ihn mindestens zweimal in der Woche. Bei uns zu Hause gab es nie Fisch, sodass er für mich totales Neuland war. Sie sollten Ihren Kindern die Möglichkeit bieten, alles mal zu probieren! Außerdem gibt es ja für die meisten Gerichte 1001 verschiedene Zubereitungsmöglichkeiten. Wenn Ihre Kinder zum Beispiel keinen Fisch essen wollen, probieren Sie es doch einfach einmal mit einer anderen Sorte oder einer anderen Art der Zubereitung.

Bei besonders gesunden und wertvollen Nahrungsmitteln lohnt es sich durchaus, damit zu experimentieren, bis Sie eine Zubereitungsart gefunden haben, die Ihren Kindern schmeckt. Versuchen Sie also möglichst, Ihren Kindern eine Vielfalt unterschiedlicher Nahrungsmittel schmackhaft zu machen. Abwechslung beim Essen ermöglicht Ihren Kindern nicht nur neue Erfahrungen für den Gaumen (vielleicht beherbergen Sie ja sogar einen künftigen Chefkoch unter Ihrem Dach), sondern macht jede Mahlzeit zu einem schönen Erlebnis.

REDUZIEREN SIE UNGESUNDE NASCHEREIEN

Ich verfahre nach dem Grundsatz, dass das Essenverteilen ausschließlich Sache der Erwachsenen ist. Das ist eine Regelung, die endlose Diskussionen und Kämpfe verhindert. Wenn Sie zu Ihren Kindern ein gutes Verhältnis haben, dann wissen diese, dass Sie sich um ihre Bedürfnisse kümmern. So lange Ihre Kinder sich noch nicht selbst versorgen können, sollten sie sich auch nicht selbst bedienen dürfen.

Wenn Sie einem Kind freien Zugang zu Kühlschrank und Speisekammer gewähren, überlassen Sie ihm damit auch die Kontrolle darüber, was und wann es isst. Eine typische Situation beispielsweise ist, dass Ihr Kind keinen Hunger hat, wenn Sie ein gesundes, schön zubereitetes Mittagessen auf den Tisch bringen, weil es sich am Vormittag mit irgendwelchen Snacks von höchst fragwürdigem Nährwert vollgestopft hat.

Meine Schützlinge waren noch nie große Nascher, weil sie dazu erzogen worden sind, nach meiner Zeitplanung gesunde und ausgewogene Mahlzeiten zu sich zu nehmen. Jede Mahlzeit enthält Milchprodukte, Getreide, Obst und/oder Gemüse und Eiweiß. Sie bekommen ihr Essen außerdem immer zur selben Zeit, und die Mahlzeiten dauern immer ungefähr eine halbe Stunde. Gefrühstückt wird um halb acht, Mittagessen ist um zwölf und Abendessen um sechs. (Das ist ein großartiger Zeitplan, weil er gut mit den Schul- und Freizeitaktivitäten der Jungen zusammenpasst.) Durch die Qualität ihrer Mahlzeiten, die Essenszeiten und die Portionen (die Portionen für Kinder im Vorschulalter sind etwa halb so groß wie Erwachsenenportionen) ist ihr Körper daran gewöhnt, zu diesen Zeiten auch Hunger zu haben.

STELLEN SIE EINE NAHRHAFTE SPEISEKARTE ZUSAMMEN

Ein typisches Frühstück meiner Schützlinge enthält ein Vollkornbrötchen mit Frischkäse, geschnittenes Obst und ein Glas Milch. Zum Mittagessen gibt es ein Vollkornsandwich mit Schinken oder Putenbrust (und das ist auch wieder eine ganz eigene Geschichte. Ich habe meine erste Scheibe Vollkornbrot gegessen, als ich die Stelle bei den Zwillingen antrat! Das gebe ich nur zu, um deutlich zu machen, dass Familiengewohnheiten, gesunde wie ungesunde, bis ins Erwachsenenalter überdauern), und manchmal bekommen Sie natürlich auch ihr geliebtes Brot mit Erdnussbutter und Marmelade. Dazu gibt es immer eine Portion frisches Gemüse wie Bohnen oder Möhren sowie frisches Obst und wahlweise Wasser oder Milch.

Es kommt darauf an, dass die Ernährung im Laufe einer Woche ausgewogen ist. Natürlich essen sie auch hin und wieder mal Schokokekse oder Pfannkuchen mit Sirup, was wir dann mit weniger zuckerhaltigen Mahlzeiten am Rest des Tages wieder ausgleichen. Wenn Sie auf eine ausgewogene wöchentliche Ernährung achten, dann bekommen Sie schon einen ganz guten Überblick, wie viel Ihr Kind von was durchschnittlich zu sich nimmt.

Obwohl die Jungen ausgewogene Mahlzeiten in angemessenen Portionen essen, gibt es Tage, an denen sie unbedingt zwischendurch eine Kleinigkeit brauchen

... glaube ich jedenfalls. Wenn das mal der Fall ist, dürfen sie sich etwas aus der Gruppe von Nahrungsmitteln aussuchen, die man immer essen kann. Es ist erstaunlich, wie ganz plötzlich Rosinen selbst für die hungrigsten Kinder ihren Reiz verlieren!

Wie Erwachsene können auch schon ganz kleine Kinder lernen, dass das gemeinsame Essen ein wichtiger Teil des Familienlebens ist. Bei uns ist es beispielsweise so, dass Fraser fast jeden Abend, wenn seine Mutter von der Arbeit nach Hause kommt, behauptet, er hätte Hunger. Seine Mama hat ihre Jacke noch nicht ganz ausgezogen, da steht Fraser schon vor dem Kühlschrank und ich grinse in Erwartung dessen, was dann kommt.

„Mama, kann ich einen Nachtisch haben?", fragt Fraser im allersüßesten Kleine-Jungen-Tonfall.

„Hat Michelle dir schon deinen Nachtisch gegeben?", fragt seine Mutter dann.

„Ja, aber er hat mir nicht geschmeckt."

„Ah, ich verstehe", sagt Mama neugierig. „Hast du ihn denn trotzdem gegessen?"

„Ja. Da bist du aber stolz auf mich, was, Mama?", strahlt Fraser.

„Ja, Fraser, da bin ich stolz."

„Kann ich denn nun einen Nachtisch haben, Mama?", fragt er und schmiegt sich an ihr Bein.

„Klar, Fraser, du kannst ein paar Rosinen haben."

(An dieser Stelle wirken die Grundsätze der Konsequenz und des Teamworks wirklich Wunder.)

Einen Augenblick später schaut Mama zu Fraser hin, der inzwischen wieder spielt, und sagt: „Ich dachte, du bist hungrig, Fraser."

„Ach nee, Rosinen will ich nicht", sagt er dann. „Eigentlich habe ich doch gar nicht so viel Hunger."

Und die Moral dieser Geschichte? Wenn Sie den Eindruck haben, dass Ihr Kind wirklich einen Snack braucht, dann bieten Sie ihm etwas Gesundes an – dann merken Sie nämlich ganz schnell, ob es wirklich Hunger hat oder ob es nur so etwas essen will.

Dadurch, dass ich meine „Nur-für-Erwachsene"-Politik in Bezug auf den Kühlschrank und die Speisekammer schon verfolge, seit die Kinder feste Nahrung zu sich nehmen, wussten sie lange Zeit gar nicht, dass sie den Kühlschrank auch selbst hätten öffnen können.

Grundsätzlich sind ein fester Rhythmus und ein immer gleicher Ablauf, wie ich es in früheren Kapiteln erläutert habe, von großer Bedeutung. Beides ist auch wichtig, wenn es darum geht, was ein Kind essen darf. Wenn Kinder das Grundschulalter erreichen und unter Beweis stellen, dass sie an dieser Stelle schon Verantwortung für sich übernehmen können, dann kann man die Regeln auch lockern. Aber fürs Erste machen Sie es sich selbst leichter und für Ihre Kinder gesünder, wenn Kühlschrank und Speisekammer Ihrem Zugriff vorbehalten sind.

REDUZIEREN SIE SÜßE GETRÄNKE

Ich möchte noch das Thema Getränke ansprechen, denn auch wenn Säfte und Limos praktisch sind und überall erhältlich, sind die meisten davon stark gesüßt und enthalten viele „leere" Kalorien – Kalorien, die Ihre Kinder besser in Form hochwertiger Nährstoffe zu sich nehmen sollten. Zu viel Zucker (auch wenn es Fruchtzucker/Fruktose ist), ist immer noch zu viel Zucker. Und das Resultat ist immer noch dasselbe: übergewichtige, unruhige und gereizte Kinder.

„Den Konsum süßer Getränke bei Ihren Kindern zu reduzieren könnte eine Möglichkeit sein, ihnen bei der Regulierung ihres Gewichtes zu helfen", sagt Gesundheitsberaterin Jean. A. Welsh.[1]

„Ein weiterer Aspekt im Zusammenhang mit süßen Getränken ist die Zahngesundheit. Weil viele der Süßgetränke aus konzentriertem Zucker hergestellt werden, können sie zu Karies führen. Laut der *American Dental Association* gilt: Wenn die Zähne häufig Kontakt mit Limonaden und anderen zuckerhaltigen Getränken haben, nimmt das Risiko von Zahnschäden zu."[2]

Limos gehören bei uns zur Gruppe des „Essen für manchmal", sodass die Kinder gar nicht erwarten, dass sie regelmäßig süße Getränke bekommen. Meistens haben sie die Wahl zwischen Milch und Wasser. Meine Schützlinge haben zum ersten Mal Limo zu trinken bekommen, als sie vier Jahre alt waren.

Als einer der Jungen kürzlich mit einem Freund zum Spielen verabredet war, ohne dass ich dabei war, aß er zusammen mit seinem Freund und dessen Mutter in einem Restaurant. Die Mutter rief mich vom Restaurant aus an, weil sie den Kindern Limo bestellt hatte, Austin seine aber stehen gelassen und höflich gefragt hatte, ob er Wasser oder Milch haben könne.

„Ach", sagte ich. „Und was hat er sonst noch gesagt?"

„Er hat gesagt: ‚Heute gibt es bei uns nämlich Eis zum Nachtisch. Wenn ich später Eis essen möchte, dann kann ich jetzt keine Limo haben. Meine Nanny sagt, dass da zu viel Zucker drin ist, und das macht mich zappelig und schlecht gelaunt'!"

Ich musste laut lachen.

---

1 Charnicia E. Huggins, „Sweet Drinks Help Some Preschoolers Pack on Pounds", Reuters Health article, accessed at http://www.somersetmedicalcenter.com/114306.cfm.

2 American Dental Association, „Diet and Oral Health", gefunden bei http://www.ada.org/public/topics/softdrink-faq.asp.

„Ich habe ihm gesagt, dass es sicher in Ordnung sei, zu diesem besonderen Anlass einmal eine Ausnahme zu machen“, sagte die Mutter des Freundes, „aber er besteht darauf, erst mit Ihnen zu sprechen, bevor er davon trinkt.“

„Das ist ja wirklich lustig“, sagte ich. „Lassen Sie mich kurz mit ihm sprechen?“

Als Austin am Telefon war, sagte ich: „Möchtest du die Limo, wenn ich dir erlaube, dass du dann später auch noch Eis haben kannst?“

„Ja!“, antwortete er begeistert.

„Also, heute ist ja ein ganz besonderer Tag. Heute kannst du ausnahmsweise mal beides haben.“

An dem Tag war ich seine beste Freundin. Aber ich bin ja nicht dumm, daher war mir klar, dass nach einer so zuckerlastigen Mahlzeit nicht ich, sondern die andere Mama mit zwei aufgedrehten Jungen fertigwerden musste. Ich hatte an diesem Nachmittag frei!

Es ist so viel einfacher, eine klare, durchgängige Regel aufzustellen und diese auch konsequent zu befolgen, um sie hin und wieder zu besonderen Anlässen einmal außer Kraft zu setzen. Das funktioniert so gut, weil Sie auf diese Weise deutlich machen, dass Sie der Boss sind, ohne sich wie einer aufführen zu müssen und die Kinder herumzukommandieren.

KLARE REGELN – GESUNDE KINDER

Wie Sie an diesem Beispiel mit Austin erkennen können, verhalten sich Kinder so, wie man es ihnen beigebracht hat. Sie führen sie, und sie folgen. Der Junge hatte nicht das Gefühl, dass ihm etwas entging, als er die Limo ablehnte. Er wusste, dass die Regel immer gilt, und dadurch richtete er seine ganze Aufmerksamkeit und Vorfreude auf das Eis, das er abends noch zum Nachtisch bekommen würde. Er übte an dieser Stelle Selbstkontrolle und Abwarten ein, und zwar auf der Grundlage von Gehorsam und Vertrauen in die Entscheidungen Erwachsener.

Austin wird hoffentlich in Zukunft immer klarer unterscheiden lernen, er wird keine Gewöhnung an Zuckerbomben entwickeln und in der Lage sein, selbst zu entscheiden, was er essen möchte und was nicht. Das Ziel besteht ja letztlich darin, unseren Kindern beizubringen, sich selbst zu motivieren; aber in diesem zarten Alter gibt ihnen konsequente Erziehung die Chance, das Abwarten einzuüben und die Erfahrung zu machen, dass es sich lohnt.

Ich bin jetzt die stolze Nanny von Kindern, die mir vertrauen und gehorchen, ohne viel zu hinterfragen. Es ist ein Vertrauen, das aufzubauen Zeit und auch Kraft gekostet hat.

Szene 8, die Zweite

AM FRÜHSTÜCKSTISCH

Mutter: Mina, komm bitte frühstücken. Möchtest du lieber einfaches Müsli oder lieber welches mit Apfel und Zimt?
Mina: Ich will Smacks!
Mutter: Smacks habe ich doch gar nicht aufgezählt, mein Schatz.
Mina *schreiend:* Ich will aber Smacks!
Mutter: Wir müssen jetzt frühstücken. Einfach oder Apfel-Zimt?
Mina: Apfel-Zimt.
Mutter: Ja, das hört sich gut an! Ich glaube, die nehme ich auch!
(Zehn Minuten später.)
Mutter: So, und jetzt lass uns starten!
Mina: Okay, ich bin soweit.

ZUSAMMENFASSUNG

Haben Sie gemerkt, welche der Praxis-Tipps aus dem Frühstück eine gesunde Erfahrung gemacht haben?

- ✘ *Bieten Sie dem Kind nur Nahrungsmittel zur Auswahl an, die Sie ihm auch geben möchten.*
- ✘ *Geben Sie den Forderungen Ihres Kindes nicht nach, wenn Sie wissen, dass es nicht zu seinem Besten ist.*
- ✘ *Sprechen Sie Ihr Kind liebevoll an, aber bleiben Sie fest und weichen Sie nicht von Ihrer Linie ab.*
- ✘ *Loben Sie Ihr Kind, wenn es eine gute Wahl getroffen hat.*
- ✘ *Verhandeln Sie nicht, wenn es nichts zu verhandeln gibt.*

Was sich auf dem Fußboden befindet, landet unweigerlich im Mund Ihres Babys. Was im Mund Ihres Babys ist, landet unweigerlich auf dem Fußboden.
– Bruce Lansky –

Sie können auch mal die folgenden Ideen anwenden, um das Alltägliche in etwas Verrücktes zu verwandeln:

- Lebensmittelfarben verändern alles. Pinkfarbene Pfannkuchen? Grüne Eier? Mit ein paar Tropfen Lebensmittelfarbe ist das alles möglich.

- Auch Babys können mit Ihnen zusammen essen. Nehmen Sie Ihr gedämpftes Gemüse und Fleisch – vor dem Würzen – und pürieren Sie es.
- Geben Sie ein wenig Vanilleeis, frische Beeren und Eiswürfel in einen Mixer, und Sie bekommen eine wundervoll cremige, gesunde Leckerei.
- Schichten Sie Joghurt, Obst und Knuspermüsli aufeinander und legen Sie eine Kirsche obendrauf.
- Raspeln, Raspeln, Raspeln. Nicht einmal Papa bemerkt geraspelte Möhren oder Zucchini in der Nudelsoße.
- Spielen Sie mit Pudding. Das ist toll für Kleinkinder: Geben Sie ihnen ein bisschen Pudding auf ihren Hochstuhl und lassen Sie sie ein Bild daraus auf ihr Stuhltablett malen. Wenn sie es essen – gut. Wenn nicht, auch nicht schlimm.
- Probieren Sie gemeinsam neue Lebensmittel und Gerichte aus. Wenigstens probieren muss man alles mal – am Ende verpasst man sonst noch sein Lieblingsgericht!
- Taufen Sie Lebensmittel um. Nennen Sie Brokkoli beispielsweise „Mini-Bäume“. Manchmal hindert Kinder nur der Name daran, neue Lebensmittel zu probieren.

Kapitel 9

DAS IST MEIN TÖPFCHEN, UND ICH SCHREIE, WANN ICH WILL!

Szene 9, die Erste

IM BADEZIMMER

Mutter: Samantha, es ist Zeit, ins Bett zu gehen. Gehst du bitte noch aufs Töpfchen?
Samantha: Nein!
Mutter: Nun komm schon. Du bist doch schon ein großes Mädchen. Geh jetzt bitte.
Samantha *weinend*: Ich will aber nicht auf dem Töpfchen Pipi machen!
Papa: Nun hör doch auf, sie zu drängen, Schatz. Vielleicht ist sie einfach noch nicht so weit, aufs Töpfchen zu gehen.
Mutter: Sie ist jetzt immerhin schon zwei! Die Kleine von deiner Schwester ist schon mit anderthalb aufs Töpfchen gegangen. Natürlich ist Samantha schon so weit.
Samantha *steht schreiend in einer Pfütze*: Mama!!!
Mutter: Siehst du, jetzt ist es passiert! Hör nächstes Mal einfach auf die Mama!

Wahrscheinlich haben Sie schon irgendwo gelesen oder gehört, dass die meisten Kinder mit anderthalb bis zwei Jahren von ihrer körperlichen und seelischen Entwicklung her in der Lage sind, aufs Töpfchen bzw. auf die Toilette zu gehen. Wenn aus dem Baby ein Kleinkind geworden ist, sind die Eltern es meist auch schon ziemlich leid, Windeln zu wechseln, und sie freuen sich darauf, dass das Kind jetzt bald anfängt, trocken zu werden. Es kann aber durchaus auch sein, dass das Kind selbst davon nicht sonderlich begeistert ist, sondern eigentlich hochzufrieden mit der (für das Kind) praktischen Windel-Variante.

Die gute Nachricht ist, dass Ihr Kind auf jeden Fall irgendwann zur Toilette gehen und trocken sein wird; die schlechte ist, dass das länger dauern kann als Sie erwartet haben. Kleine Jungen sind häufig erst mit dreieinhalb oder vier Jahren oder noch später ganz, das heißt auch nachts, trocken.

Also, Mama und Papa, entspannen Sie sich, denn die Regel Nummer eins beim Trockenwerden lautet, dass man die Kinder nicht zwingen kann. Ich persönlich kenne keinen Teenager, der noch Windeln braucht, und Tatsache ist nun mal, dass die meisten Kinder es irgendwann von selbst hinbekommen, egal, was Sie tun. Es liegt an Ihnen als liebevollen, unterstützenden Eltern, für ein positives Umfeld für diesen nächsten Schritt auf dem Weg durch die Kindheit zu sorgen.

MOTIVE

Bevor Sie sich Gedanken darüber machen, Ihr Kind jetzt aufs Töpfchen zu setzen, sollten Sie Ihre Motive dafür prüfen. Es ist durchaus ein berechtigter Wunsch, das Kind so schnell wie möglich aus den Windeln zu bekommen; es kann allerdings auch sein, dass das nicht das richtige Motiv ist. Sich gedrängt zu fühlen, weil das Kind der Schwester oder des Bruders schon aufs Töpfchen geht, ist ebenfalls nicht das Wahre. Das beste Motiv ist eigentlich dann gegeben, wenn das Kind selbst das Interesse und die Bereitschaft zeigt, das zu tun, was als nächstes an der Reihe ist, nämlich sich von der Windel zu verabschieden und den „Thron" zu besteigen.

IST IHR KIND SCHON SO WEIT?

In erster Linie ist es also Ihre Aufgabe, das Kind anzufeuern, wenn es so weit ist, aufs Töpfchen zu gehen. Aber wie wissen Sie zuverlässig, dass es so weit ist? Es gibt dafür einige recht deutliche Anzeichen und Hinweise, zum Beispiel:

- wenn das Kind regelmäßig ungefähr zur selben Zeit Stuhlgang hat.
- wenn es sich selbst die Hose herunterlassen und wieder hochziehen kann.
- wenn es ein Unterhöschen statt Windeln tragen will, zur-Toilette-Gehen spielt und Mama oder Papa auf der Toilette zuschauen will.
- wenn es Ihnen mitteilt, dass es „muss", oder irgendwann in seiner Lieblingsecke „verschwindet" und dort ganz still wird.

- wenn es keine schmutzige Windel mehr an sich haben mag.
- wenn es Bezeichnungen für Stuhl und Urin kennt und verwendet.
- wenn es trockene Zeiten bis zu vier Stunden hat und die Blase weit genug entwickelt ist, um den Urin zu halten.

Der wichtigste Hinweis ist allerdings, dass Ihr Kind ein Eigeninteresse daran zeigt, aufs Töpfchen oder die Toilette zu gehen. Die oben aufgezählten Indikatoren sind keine Checkliste, aber wenn Ihr Kind mehrere oder sogar die meisten dieser Verhaltensweisen zeigt, dann ist es bereit, trocken zu werden und sich endgültig von der Windel zu verabschieden.

ANFANGEN

Ich fand es immer ausgesprochen hilfreich, ein Plastiktöpfchen ins Spielzimmer zu stellen, wenn meine Schützlinge Interesse für die Toilette und das Pipimachen signalisierten. Sie können das Kind auch mitnehmen und es selbst ein Töpfchen aussuchen lassen. Achten Sie auf jeden Fall darauf, dass es sich um ein Modell handelt, das einfach zu reinigen ist und eine rutschfeste Standfläche hat, damit das Kind stabil und sicher sitzt, wenn es „drückt". Vielleicht entscheiden Sie sich auch für ein Modell, das auf den Toilettensitz gesteckt wird und ihn verkleinert, damit das Kind nicht mit dem Po in die Toilettenschüssel rutscht. Wenn Sie sich für diese Variante entscheiden, ist es sinnvoll, gleich auch einen stabilen und rutschfesten Hocker zu kaufen, damit das Kind den Toilettensitz selbsterklimmen und die Füße auf dem Hocker abstellen kann, wenn es sitzt.

Auch wenn es vielleicht nicht jedermanns ästhetischem Empfinden entspricht, ist es am praktischsten, das Töpfchen zunächst mit ins Spielzimmer oder die Spielecke zu stellen, dorthin jedenfalls, wo sich das Kind meistens zum Spielen aufhält. Auf diese Weise gewöhnt es sich an das Töpfchen und empfindet es nicht als bedrohlich. So kann es den neuen Gegenstand in aller Ruhe und in seinem eigenen Tempo erkunden. Es wird sich ganz sicher auch irgendwann aus Neugier einfach auf das Töpfchen setzen, ohne sich die Hose herunterzuziehen, weil es ja auch ein wenig wie ein Hocker aussieht. Das ist prima. Wenn sich Ihr Kind überhaupt nicht für das Töpfchen interessiert, können Sie sein Interesse daran wecken, indem Sie ein Rollenspiel mit ihm spielen und mit Hilfe seines Lieblingsteddys oder der Puppe zeigen, wozu das Töpfchen da ist – Kinder lieben solche Spiele.

Wenn das Kind sich angezogen aufs Töpfchen setzt und sich dabei wohl fühlt, folgt der nächste Schritt, nämlich es dazu zu bringen, sich ohne Höschen darauf zu setzen. Zu diesem Zweck kann man beispielsweise das Töpfchen dorthin bringen, wo das Kind normalerweise badet oder duscht. Vor dem Baden, wenn es ja normalerweise schon nackt ist, ist der ideale Zeitpunkt, es damit vertraut zu machen, wie es sich anfühlt, mit nackten Popo auf dem Töpfchen zu sitzen. Führen Sie ein paar Tage lang das Kind an dieses „Zeremoniell“ vor dem Bad heran.

ZEIT FÜRS TÖPFCHEN

Wenn das Kind sich nun daran gewöhnt hat, ohne Protest und auch ohne Windel auf dem Töpfchen zu sitzen, besteht der nächste Schritt darin, ihm zu zeigen, was ins Töpfchen hinein gehört.

Das Sauberkeitstraining ist ein Prozess. Wenn Ihr Kind das nächste Mal die Windel vollgemacht hat, bringen Sie es zur Toilette, setzen es darauf, heben es wieder herunter und lassen dann den Stuhl aus der Windel in die Toilette fallen. So stellt das Kind eine Verbindung her zwischen dem Töpfchen und dem „großen Geschäft“. An diesem Punkt kann man das Kind auch gleich zu mehr Selbstständigkeit animieren, indem man es selbst die Spülung betätigen lässt, wenn es möchte (und keine Angst vor dem lauten Geräusch hat), und ihm dann zeigt, wie es sich selbst die Hose wieder hochziehen und die Hände waschen und abtrocknen kann. Abwischen müssen Sie es allerdings.

Zu diesem Zeitpunkt im Leben eines Kleinkindes sind die Toilettenzeiten meist schon ziemlich berechenbar. Also zusätzlich zu dem Ritual, das Kind vor dem Baden oder Duschen aufs Töpfchen zu setzen, tun Sie das jetzt auch noch ungefähr zu dem Zeitpunkt, an dem es normalerweise sein „großes Geschäft“ macht.

Macht Ihr Kind meistens nach dem Frühstück in die Windel, setzen Sie es von jetzt an morgens nach dem Frühstück ohne Windel aufs Töpfchen. Und über kurz oder lang werden Sie eines Morgens den Jackpot knacken und einen Lohn für Ihre geduldigen Bemühungen vor sich haben. Und dann wird gefeiert!!!

Das Wichtigste in diesem Stadium ist, das Kind daran zu gewöhnen, dass es aufs Töpfchen geht, und das zu einem festen Bestandteil des Tagesablaufes zu machen. Wenn es sich dagegen wehrt und eindeutig nicht auf dem Töpfchen sitzen will, dann gehen Sie noch einmal einen Schritt zurück und warten Sie so lange, bis es wieder Interesse zeigt, um es dann erneut zu versuchen.

Sie können außerdem seine Selbstständigkeit fördern, indem es das Töpfchen auch allein benutzen kann, wann immer es möchte, dass Sie aber immer da sind, um ihm zu helfen und mitzugehen, wenn es das möchte. Sie können das Kind in dieser Phase auch mal mit nacktem Popo im Haus herumlaufen lassen und ihm sagen: „Du kannst dich immer aufs Töpfchen setzen, wenn du möchtest.“

Wenn Sie wirklich in der „heißen Trainingsphase“ sind, ist es gut, viele beschmutzte Unterhöschen und die damit verbundene Wäsche hinzunehmen oder aber die überall erhältlichen Trainingswindeln zu kaufen, die zwar immer noch Windelfunktion haben und nicht auslaufen, die aber vom Kind selbstständig an- und ausgezogen werden können. Auch für nachts oder auf langen Autobahnfahrten, wenn Sie nicht gut anhalten können, eignen sich diese Windelhöschen besonders gut. Sie haben allerdings den Nachteil, dass das Kind dank der hervorragenden Saugfunktion moderner Windeln nicht merkt, wenn es nass ist. Um das zu umgehen, hat eine Mutter aus meinem Bekanntenkreis ihrer Tochter eine Weile lang eine Unterhose unter die Windel angezogen. So merkte die Kleine, wenn sie sich nass machte, und wurde ganz schnell trocken, ohne dass es zu größeren „Pfützen" kommen konnte.

In dieser Phase ist es wichtig, dass das Kind möglichst keine Latzhosen, geknöpfte oder mit Reißverschluss versehene Hosen trägt, sondern einfache Schlupfhosen, Jogginghosen oder Strumpfhosen.

Sauberkeitserziehung ist ein Entwicklungsprozess, und schlaue Bücher, die versprechen, diesen auf einen Tag bis eine Woche zu verkürzen (die gibt es wirklich!), nehmen nicht selten ein unrühmliches Ende in Form von Schnipseln, die in der Toilette heruntergespült werden. Bei der Sauberkeitserziehung geht es häufig zwei Schritte vor und dann wieder einen zurück, und es ist für Sie und Ihr Kind einfacher, wenn Sie akzeptieren, dass der natürliche Ablauf eher langsam als schnell ist und ein Kind nach und nach Entwicklungsschritte macht, statt das Ganze beschleunigen oder gar erzwingen zu wollen.

Mit diesem Gedanken im Hinterkopf rechnen Sie also lieber damit, dass es auch hin und wieder Rückschlage geben kann. Solche Rückschläge sind kein Grund, das Kind zu beschämen, sondern es zu ermuntern. Sagen Sie beispielsweise: „Ach, so ein kleiner Unfall passiert doch jedem mal. Wir versuchen es einfach weiter."

Sie können Ihr Kind ermutigen, Ihnen zu helfen, das Malheur zu beseitigen oder sich frisch anzuziehen, wenn es mal nicht geklappt hat, aber es ist absolut nichts, worüber Sie ärgerlich oder sogar böse sein sollten. Ihr Kind muss das Ganze einfach erst lernen. Auch andere äußere Faktoren können diesen Trainingsprozess behindern. Wenn ein neues Baby ins Haus kommt, dann reagieren Kleinkinder darauf oft, indem sie selbst wieder ein Baby sein wollen.

Stellen Sie sich vor, Ihr Ehepartner käme plötzlich mit einer neuen Frau nach Hause. Zwar würde er Ihnen versichern, dass er Sie immer noch genauso liebt wie immer, gleichzeitig kuschelt er aber dauernd mit der „Anderen" und verbringt viel mehr Zeit mit ihr als mit Ihnen! Das ist (nur ein ganz klein wenig übertrieben) das, was ein Kleinkind empfindet, wenn es ein Geschwisterchen bekommt, das plötzlich seinen angestammten Platz einnimmt. „Wenn dieser neue kleine Wonneproppen sowieso alle Aufmerksamkeit bekommt ... wieso soll ich dann eigentlich schon groß sein?"

Ein Umzug, familiäre Probleme oder Veränderungen der Lebensumstände kön-

Es gibt Hunderte von Methoden für die Sauberkeitserziehung – wahrscheinlich, weil keine von ihnen funktioniert.
– Bruce Lansky –

nen ebenfalls zu Rückschlägen bei der Sauberkeitserziehung führen. Aus diesem Grund sollten Sie Ihre ersten Trainingsversuche auf einen Zeitpunkt legen, wenn in absehbarer Zeit keine Reisen, die Ankunft eines Geschwisterchens oder sonst irgendwelche tiefgreifenden Veränderungen anstehen und Sie die Zeit oder die Muße haben, sich wirklich auf diesen Prozess einzulassen.

DER SPASSFAKTOR

Sie können den Spaßfaktor beim Sauberkeitstraining steigern, indem Sie ein paar Bilderbücher zum Thema im Bad oder auf der Toilette deponieren. Außerdem gibt es bunte Seifen, die gut riechen, was auch sehr hilfreich ist, wenn Ihr Kind bereits selbstständig zur Toilette geht und Sie sicher sein möchten, dass es sich hinterher auch wirklich die Hände wäscht. Neulich habe ich sogar Zeichentrick-DVDs über das Trockenwerden gesehen.

Es ist einer meiner Grundsätze, Kinder nicht für etwas zu belohnen, dass sie ganz selbstverständlich zum Familienalltag beitragen sollen. Bei der Sauberkeitserziehung mache ich da allerdings eine Ausnahme, denn hier eignen sich Belohnungen hervorragend als Motivation. Ich habe beispielsweise gute Erfahrungen damit gemacht, ein durchsichtiges Glas mit M&M´s auf den Küchenschrank zu stellen. Nachdem das Kind auf dem Töpfchen oder der Toilette war, es geschafft hat, sich die Hose wieder hochzuziehen und die Hände zu waschen, bekommt es ein (und wirklich nur ein!) M&M. Der Nährwert ist zwar gleich null, aber der Motivationswert eines einzigen M&M ist wirklich bemerkenswert.

Bei Jungs kann man „Zielpinkeln" mit Hilfe eines Papierschnipsels machen, man wird ihnen dann aber nur noch schwer vermitteln können, warum es besser ist, im Sitzen zu pinkeln.

ÖFFENTLICHE TOILETTEN

Es ist durchaus nicht ungewöhnlich, wenn Kinder nur auf ihr eigenes Töpfchen oder Klo gehen wollen. Das kann zu Problemen führen, wenn Sie unterwegs sind. Oft haben Kinder Angst vor öffentlichen Toiletten – weil es dort laut ist, man nicht für sich ist und die Toilettenbrillen oft größer sind als zu Hause. (Obwohl ich auch eine Freundin habe, die das entgegengesetzte Problem hatte. Ihre kleine Tochter wollte zu Hause auf gar keinen Fall auf die Toilette gehen, sondern nur bei McDonald's!)

Man kann dieses Problem auf unterschiedliche Weise angehen, zum Beispiel indem man einen faltbaren Toilettensitz mitnimmt, der dann auf die große Toilettenbrille gesetzt wird. Es gibt auch Toilettenauflagen für „Fremdklos" zu kaufen, die aus hygienischen Gesichtspunkten nicht verkehrt sind.

Sie können sich dann direkt neben der Toilette hinhocken, Ihrem Kind die Hand halten oder es ein wenig stützen, damit es sich nicht so hilf- und haltlos vorkommt.

Wenn Ihr Kind offen, kontaktfreudig und neugierig ist, könnten Sie auf ein anderes Problem stoßen – dass Ihr Kind nämlich jedes Klo im Einkaufszentrum, beim Stadtbummel oder am Urlaubsort „ausprobieren" muss! Auch wenn das zum gegebenen Zeitpunkt sehr hinderlich sein kann, lächeln Sie einfach und ertragen Sie es. Wenn es wirklich stimmt, dass wir uns genau überlegen sollten, auf welche Kämpfe wir uns einlassen wollen, dann wäre dieser ganz sicher einer zum Auslassen.

Praxis-Tipp

Natürlich ist der Sommer die beste Zeit zum Trockenwerden, weil in dieser Zeit nur leichte Bekleidung getragen wird, die gut auszuziehen ist (das verringert auch die Wäschemenge, falls mal ein Malheur passiert). Wenn Sie möchten, können Sie Ihre Kleinen auch mit nacktem Popo im Garten spielen lassen, das Töpfchen auf der Terrasse oder unter einem Baum deponieren und das Kind überschwänglich loben, wenn Sie mitbekommen, dass es hineingemacht hat.

In den kälteren Monaten bleibt Ihnen wahrscheinlich nichts anderes übrig, als aufmerksam auf Signale zu achten, dass das Kind „muss", und es dann aufs Töpfchen hinzuweisen.

AUCH NACHTS TROCKEN BLEIBEN

Auch wenn Ihr Kind mit zwei Jahren tagsüber zuverlässig trocken ist, kann es Monate oder sogar Jahre dauern, bis es auch nachts keine Windel mehr braucht. Es ist nichts Ungewöhnliches, dass selbst Fünfjährige nachts noch Trainingswindeln tragen. Zwölf Stunden sind eine sehr lange Zeit, um den Urin zu halten, und bei Kindern, die einen sehr tiefen Schlaf haben, ist der Harndrang manchmal nicht so stark, dass sie davon wach werden. Sie können die Anzahl der „nassen Nächte" höchstens dadurch reduzieren, dass Ihr Kind abends nicht mehr so viel zu trinken bekommt und Sie es auffordern, vor dem Schlafengehen noch einmal zur Toilette zu gehen.

Wenn Ihr tagsüber trockenes Kind es ablehnt, nachts noch eine Windel zu tragen, dann können Sie eine feuchtigkeitsundurchlässige Unterlage unter das Bettlaken legen mit einer Auflage aus saugfähigen Molton darauf (solche Wegwerf-Wickelunterlagen sind mittlerweile in den meisten Supermärkten erhältlich), um mit wenig Aufwand die Bettwäsche wechseln zu können.

Sie können Ihr Kind am nächsten Morgen auch bitten, Ihnen bei der „Wäsche" zu helfen. Es ist wichtig, Ihrem Kind zu signalisieren, dass es selbst dafür verantwortlich ist, aufs Klo zu gehen, indem Sie es beim Saubermachen helfen lassen, wenn es das nicht getan hat. Noch einmal zum Mitschreiben: Werden Sie auf keinen Fall ärgerlich oder reagieren sauer – es ist eben, wie es ist!

Szene 9, die Zweite

IM BADEZIMMER

Mutter: Musst du mal Pipi, Samantha?
Samantha: Hm-hm!
Mutter: Du kannst bei mir zuschauen, und dann machst du es auch, ja?
Samantha *nickt:* Ja, Töpfchen gehen!
(Später am Abend.)
Vater: Meinst du, dass Samantha schon soweit ist, aufs Töpfchen zu gehen? Ich habe den Eindruck, dass manches dafür spricht.
Mutter: Ja, ich auch. Aber Kinder sind da sehr unterschiedlich. Deine Nichte war erst anderthalb und meine Nichte ist schon drei.
Samantha *geht hinter Mama her ins Bad*: Pipi!
Mutter: Okay, Schätzchen! Versuch mal, und dann schauen wir mal, was passiert.

ZUSAMMENFASSUNG:

Was hat die Mutter unternommen, eine angespannte Situation zu entkrampfen?

- ✘ *Helfen Sie nicht der Natur nach.* Warten Sie, bis Ihr Kind von selbst so weit ist und überhaupt Interesse an der Thematik zeigt, bevor Sie mit dem Training beginnen.
- ✘ *Fangen Sie aus den richtigen Motiven mit der Sauberkeitserziehung und dem Training an.* Beginnen Sie erst dann, wenn Ihr Kind die Bereitschaft signalisiert, nicht dann, wenn Sie das Windelwechseln und -kaufen leid sind.
- ✘ *Gehen Sie mit einer positiven Einstellung an das Thema heran.* Das Trockenwerden ist ein weiterer Schritt in der Entwicklung Ihres Kindes. Sie sollten es eher anfeuern als dressieren!
- ✘ *Fügen Sie das Töpfchen- oder Toilettegehen in den ganz normalen Tagesablauf ein, sodass es „einfach dazugehört".* Beobachten Sie vorher, wann Ihr Kind meistens „muss", und machen Sie dann das Töpfchensitzen zu einem ganz normalen Teil des Tagesablaufs (zum Beispiel immer nach dem Frühstück).
- ✘ *Vergleichen Sie Ihr Kind nicht mit anderen Kindern.* Jedes Kind hat sein eigenes Tempo, auch beim Trockenwerden.
- ✘ *Ermutigen Sie Ihr Kind so oft wie möglich.* Loben Sie es ausführlich bei jedem positiven Schritt.
- ✘ *Seien Sie sich darüber im Klaren, dass das Trockenwerden ein Prozess ist.* Machen Sie sich auch auf vorübergehende, kleine Rückschritte gefasst und sehen Sie diese als Chance, Ihrem Kind zu vermitteln, dass es weitermachen soll, auch wenn nicht alles gleich perfekt klappt.

Kapitel 10

KEINE WUTANFÄLLE MEHR

Szene 10, die Erste

IM SPIELZEUGGESCHÄFT

Mutter: Leg das weg, Elisa. Wir kaufen kein Spielzeug.
Elisa: Aber ich will was haben!
Mutter: Jetzt hör aber auf. Nirgends kann ich dich mit hinnehmen, ohne dass du etwas haben willst. Leg das jetzt sofort wieder weg oder wir gehen nie wieder in ein Spielzeuggeschäft!
Elisa *auf dem Boden sitzend, mittlerweile schreiend:* Ich will aber was zum Spielen haben! Für mich! Ich will sofort was haben!
Mutter *peinlich berührt und sehr verärgert:* Wir gehen jetzt, und wenn du nicht sofort mitkommst, dann kommen wir nie wieder her, junge Dame! Dann gibt es nie wieder Spielzeug für dich.
Elisa *strampelnd, tretend und die Augen verdrehend*: Nein, Mama! Nein, Mama, nein! Ich will was haben! Bitteeee!!!! Ich hab doch „bitte" gesagt!
Mutter *geht weg:* Na gut, dann bleibst du eben hier! Ich gehe jetzt jedenfalls.
Elisa *hyperventilierend*: Nein, Mama, neeeeiiiin!!!!
Mutter *nimmt die schreiende, nach ihr tretende Elisa vom Boden hoch:* Na gut, das hier kannst du haben. Und jetzt hör auf, dich wie ein Baby zu benehmen. Nimm es einfach und sei ruhig.
Elisa *sich die Augen wischend und auf ein weiteres Spielzeug zeigend:* Kann ich das auch noch haben, Mama?

Irgendwann haben wir sicher alle schon einmal den tornadoartigen Wutanfall eines Kleinkindes miterlebt. Ob beim eigenen Kind oder einem fremden, im Supermarkt oder auf dem Spielplatz – wir kennen das alle und wissen, wie es aussieht. Wahrscheinlich haben wir auch schon einmal selbst dabei im Mittelpunkt gestanden und uns von dem Kind mit hineinziehen lassen, weil wir entweder zu müde waren oder nicht über die nötigen Fertigkeiten verfügten, mit einer solchen Situation fertigzuwerden. Und wenn Ihr Kind bis jetzt noch keinen solchen Ausbruch in aller Öffentlichkeit gehabt hat, dann verspreche ich Ihnen, das kommt noch. Doch kein Grund zur Panik! Ich werde Ihnen ein paar Praxis-Tipps an die Hand geben, wie Sie solchen Anfällen vorbeugen, sie im Keim ersticken und mit ihnen fertigwerden können.

Eine freundliche Antwort vertreibt den Zorn, aber ein kränkendes Wort lässt ihn aufflammen.
– Sprüche 15,1 –

EIN PROAKTIVER ANSATZ IM UMGANG MIT WUTANFÄLLEN

Aktive Maßnahmen halten bei Kleinkindern Wutanfälle häufig gut in Schach. Vielleicht denken Sie jetzt: *Bei anderen Kindern vielleicht, aber nicht bei meinem!* Ich versichere Ihnen jedoch, dass es funktioniert. Meine Erfahrung hat mich gelehrt, dass sich ein Kind meist so verhält, wie es sein Umfeld von ihm erwartet – und zwar im Positiven wie im Negativen –, wenn diese Erwartungen konsequent und durchgängig da sind. Was hat das nun mit dem Thema zu tun, wie man Wutanfälle vermeiden kann? Sehr, sehr viel!

Sie vermitteln Ihrem Kind, was Sie von ihm erwarten, indem Sie es auf das vorbereiten, was passiert. Es ist ein wenig so wie bei einem Autor, der einen Roman schreibt: Er muss den grundsätzlichen Plot und das Umfeld festlegen, in dem die Handlung spielt, die Figuren und ihre Rolle definieren und deren Entwicklung planen, und er muss sich einen Höhepunkt überlegen, sodass die Geschichte irgendwann zu einer Auflösung kommen kann.

Für uns bedeutet das: Wenn Sie sich auf den Weg zum Spielplatz machen, bereiten Sie Ihr Kind auf das vor, was nun passieren soll. Erstens benennen Sie das *Wer:* „So, mein Schatz, wir beide gehen jetzt nach draußen." Dann benennen Sie das *Was:* „Wir machen etwas ganz Schönes und spielen zusammen." Dann bestimmen Sie das *Wo*: „... auf dem Spielplatz." Dann kommt das *wann:* „Wir gehen in fünf Minuten los." Zum Schluss erklären Sie, *warum* Sie das machen: „Wir wollen frische Luft schnappen und das schöne Wetter genießen." Jetzt dürfte es keine offenen Fragen mehr geben, denn das Kind hat alle notwendigen Informationen bekommen.

Nun ist die Gefahr eines Wutausbruchs beim Losgehen noch recht gering. Deshalb ist die Vorbereitung auf das Nach-Hause-gehen wichtiger, denn wahrscheinlich wird Ihr Kind das nicht wollen und eine Szene vom Zaun brechen. Wie bereiten Sie sich darauf vor?

Wie ein Autor entwickeln Sie die Geschichte so, dass sie sich wie von selbst auflöst. Wie das geht? Ganz einfach: Sie beantworten erneut die Fragen: *Wer, was, wo, wann* und *warum.*

„So, mein Schatz, jetzt musst du mir mal gut zuhören, ja? Wir gehen gleich wieder nach Hause."

„Ich will aber noch nicht nach Hause."

„Ich weiß! Dir macht das Spielen hier ganz viel Spaß, aber wir haben jetzt nur noch fünf Minuten Zeit, und dann müssen wir wieder gehen."

„Warum?"

„Erinnerst du dich ... Ich habe dir doch vorhin erzählt, dass Papa gleich nach Hause kommt! Er wartet bestimmt schon auf uns und freut sich ganz doll auf dich."

Das *Wer* ist „wir", das *Was* „aufhören zu Spielen", das *Wo* „vom Spielplatz wieder nach Hause gehen" und das *Warum* „Papa wartet schon." Und auch jetzt ist es wieder wichtig, die Gefühle des Kindes wahrzunehmen und ihm zu bestätigen, dass es diese Gefühle haben darf.

„Ich weiß, dass dir das Spielen hier Spaß macht." Ihr Vorgehen beim Start Ihres Ausflugs und an dessen Ende ist gleich. Ebenso beständig und konsequent reagieren Sie auch. Dadurch werden alle Fragen geklärt, und Diskussionen, Nörgelei oder Manipulation sind überflüssig.

Was mir an einem solchen proaktiven Umgang mit Wutanfällen so gefällt, ist die Tatsache, dass er die Gefühle in Schach hält. Auch hier gilt: Wenn Sie mit großer Selbstverständlichkeit auf Ihr Kind zugehen und eine „So-und-nicht-anders-machen-wir-das"-Haltung einnehmen, dann wird das Kind auch entsprechend reagieren.

Ein Kind erspürt die innere Haltung eines Erwachsenen intuitiv. Wenn Sie ruhig und sicher sind, dann hat das Kind das Gefühl, dass Sie alles unter Kontrolle haben, und der Gedanke an Widerspruch kommt gar nicht erst auf. Wenn Sie ärgerlich sind, Ihren Standpunkt nicht wirklich entschlossen vertreten oder sich zu sehr bemühen, dann spüren Kinder Ihre Schwächen unfehlbar auf und nutzen Sie aus.

EINEN WUTANFALL ENTSCHÄRFEN, BEVOR ER ZUM AUSBRUCH KOMMT

Hier ein paar Tipps aus der Nanny-Branche, wie man Wutausbrüchen den Wind aus den Segeln nehmen kann.

- *Sorgen Sie für möglichst viel positive Bestätigung.* Genau wie Filmstars wissen, dass schlechte Presse besser ist als gar keine Presse, bekommen Kinder lieber negative Aufmerksamkeit als gar keine. Zeigen Sie Ihrem Kind jeden Tag mit Worten und durch Ihr Verhalten, dass Sie es lieben, damit es sich nicht auf anderen Wegen Aufmerksamkeit zu holen braucht.

- *Achten Sie darauf, wann die Wahrscheinlichkeit eines Wutanfalls am größten ist.* Kommen die Ausraster normalerweise meistens, nachdem Sie einen langen Tag hinter sich haben und nicht mehr die Kraft, klar und eindeutig zu sein? Wenn Sie zu viel um die Ohren haben, um noch proaktiv vorzugehen? Oder wenn Ihr Kind müde und überreizt ist? Versuchen Sie, solche Stresspunkte zu umgehen, und sorgen Sie dafür, dass Sie zwischendurch immer mal bei einer Tasse Tee oder einem guten Buch ein bisschen entspannen können.
- *Zeigen Sie Ihrem Kind eine Methode, wie es sich selbst beruhigen kann.* Sie können ihm beibringen, bis zehn zu zählen, tief durchzuatmen oder sonst etwas, um ruhiger zu werden. Indem Sie ihm solche Methoden zeigen, geben Sie ihm Möglichkeiten an die Hand, Selbstbeherrschung zu üben. Wenn sich ein Wutanfall ankündigt, können Sie beispielsweise sagen: „Ich merke, dass du ziemlich wütend wirst. Kannst du versuchen, dich zu beruhigen, damit ich dich besser verstehen kann?" Ihr Kind ist ganz bestimmt stolz auf sich, wenn es das schafft.
- *Lassen Sie nicht zu, dass das Kind Sie durch Wutausbrüche emotional unter Druck setzt.* Aussagen wie: „Wenn du jetzt einen Wutanfall bekommst, dann kann ich dich gar nicht mehr verstehen", oder: „Ich mag nicht dabei sein, wenn du so schreist, also sag mir Bescheid, wenn du damit fertig bist, dann können wir miteinander reden", vermitteln auf sachliche Art und Weise, dass vernünftiges Reden und nicht ein Wutanfall der beste Weg ist, Ihre ungeteilte Aufmerksamkeit zu gewinnen. Durch unsere Reaktionen darauf, wenn sie bestimmte „Knöpfe drücken", zeigen wir unseren Kindern (und anderen Menschen) wie sie mit uns umgehen sollen.

Eine ruhige und sichere Grundhaltung im Umgang mit Wutanfällen funktioniert besonders gut, wenn Ihr Kind Sie schon ein paar Mal getestet hat und Sie klar und sicher geblieben sind. Deshalb ist es auch so wichtig, dass Sie gleich bei Ihrem ersten „Willenswettstreit" mit einem Kleinkind als Sieger(in) vom Platz gehen.

EINEN ANROLLENDEN WUTANFALL ENTSCHÄRFEN

Denken Sie daran: Wenn Ihr Kind einen Wutanfall hat, sollten Sie selbst lieber keinen haben.
– Dr. J. Kurianski –

Wenn Sie zu dem Typ Eltern gehören, die viel zu oft nachgeben, dann gibt es Hoffnung für Sie, denn Sie können die Kontrolle zurückgewinnen! Bevor das der Fall ist, werden Sie allerdings wahrscheinlich ein paar Tests über sich ergehen lassen müssen, bevor Ihre Kinder Ihnen glauben, dass Sie von jetzt an wirklich bei Ihrem Wort bleiben und Ihren Standpunkt durchsetzen. Fassen Sie sich ein Herz, Sie werden die Oberhand gewinnen! Davon, wie Sie auf den ersten Wutanfall reagieren, nachdem Sie den Entschluss gefasst haben, von jetzt an wieder Chef im Ring zu sein, wird abhängen, wie viele Wutanfälle künftig noch folgen und wie laut und anhaltend sie werden.

Die beste Methode, mit einem Wutanfall umzugehen, besteht darin, ihn völlig zu ignorieren. Wenn Ihr Kind einen Boxkampf mit dem Fußboden austrägt, dann sollte Ihre oberste Priorität darin bestehen, für die körperliche Unversehrtheit Ihres Kindes zu sorgen, indem Sie es beispielsweise auf einen weichen Teppich bringen, wo es sich keinen ernsthaften Schaden zufügen kann – weil Sie nämlich nichts unternehmen werden, um den Wutanfall zu beenden. Ich wiederhole: Die beste Methode, mit einem Wutanfall umzugehen, besteht darin, ihn völlig zu ignorieren.

Wenn das Kind zum ersten Mal einen solchen Ausbruch hat, wird Ihre Reaktion darüber entscheiden, wie es sich künftig verhält, wenn es nicht seinen Willen bekommt. Wenn Sie beim ersten Mal nicht nachgeben, kann es sein, dass Ihr Kind Sie nochmals testet, aber spätestens nach dem zweiten Mal haben Kinder es meistens schon kapiert: *Mama tut genau das, was sie angekündigt hat.* Wenn Sie dem Geschrei beim ersten Mal nachgeben oder mit deutlicher Hilflosigkeit und Verunsicherung reagieren, wird es beim nächsten Mal noch schlimmer sein und noch länger dauern, bevor Sie dann nachgeben.

Praxis-Tipp

Wenn Sie Tobsuchtsanfälle eines Kindes zügeln wollen, hängt alles von Ihrer Konsequenz ab. Wenn Sie solche Ausbrüche konsequent ignorieren, wird Ihr Kind eher früher als später merken, dass es damit nicht weiterkommt. Schwierig ist dieses Ignorieren natürlich bei peinlichen Szenen in der Öffentlichkeit. Doch da müssen Sie durch! Sagen Sie sich selbst: „Die Peinlichkeit dauert nur kurz, aber das, was mein Kind daraus lernt, ist fürs Leben."

Wenn Ihr Kind sich nicht nach einer Weile beruhigt, entfernen Sie es aus der jeweiligen Situation. Falls es sich in einen Schreikrampf hineinsteigert (besonders, wenn er in der Öffentlichkeit stattfindet), ist es am besten, das Kind möglichst ruhig hochzunehmen (ohne ein Wort zu sagen), alles stehen und liegen zu lassen, was Sie gerade tun, und zu gehen. Das hört sich vielleicht ziemlich drastisch an, aber wahrscheinlich ist es nur einmal nötig, damit das Kind merkt, dass Mama sich das nicht gefallen lässt. Schämen Sie sich nicht, weil „alle Welt" zuschaut und Sie jetzt angestarrt werden. Wenn diese „Zuschauer" auch Kinder haben, dann haben Sie genau das gleiche auch schon erlebt, da können Sie ganz sicher sein. Wenn Sie mit dem Wutanfall Ihres Kindes ruhig und sicher umgehen, dann werden die Leute Verständnis haben und mit Ihnen fühlen, statt Sie zu verurteilen.

Dasselbe funktioniert auch mit älteren Kleinkindern. Wenn ein Kind weiß, dass es kein Spielzeug aus den Regalen im Spielzeuggeschäft nehmen darf, und Sie sagen: „Wenn du jetzt noch einmal ein Spielzeug herausnimmst, dann gehen wir", und Sie genau das im Fall des Falles auch tun, dann machen Sie damit eindeutig klar, was beim nächsten Mal passiert, wenn Sie sagen: „Ich habe dich gebeten, kein Spielzeug anzufassen. Sollen wir gehen?" Das Kind wird dann wissen, dass Sie wirklich gehen werden, falls es Ihre Anweisung nicht befolgt, und deshalb wird es mit großer Wahrscheinlichkeit tun, was Sie sagen.

NACH DEM STURM ...

Versuchen Sie nicht, mitten in einem Wutanfall mit Ihrem Kleinkind zu verhandeln, es sei denn, Sie wollen sich selbst mit einer Übung in Sachen Vergeblichkeit bestrafen. Wenn sich Ihr Kind wieder beruhigt hat (nach einer Zeitspanne, die sich wie eine Ewigkeit anfühlt), sich die verweinten Augen reibt und wieder einigermaßen normal atmet, dann ist der Zeitpunkt gekommen, sich mit Ihrem Kind auf Augenhöhe zu begeben und zu sagen: „Ich weiß, du warst traurig, dass du das Spielzeug nicht haben konntest. Es ist in Ordnung, traurig zu sein, aber mit Geschrei erreichst du gar nichts. Wenn du schreist, verstehe ich dich ganz einfach nicht, und außerdem möchte ich nicht, dass du so herumbrüllst."

Und dann drücken Sie Ihr Kind ganz fest und sagen ihm, dass Sie es liebhaben. Dadurch bestätigen Sie ihm, dass Sie ihm zugehört haben, wissen, was es gesagt hat, dass es Sie interessiert, wenn es traurig ist und dass es in Ordnung ist, traurig zu sein – aber noch wichtiger ist, dass das Kind dadurch lernt, angemessener mit seinen Gefühlen umzugehen.

Unschöne Gefühle und momentane Niederlagen hinnehmen zu lernen und angemessen damit umzugehen, sind Lektionen, die einen kleinen Menschen auf das normale Leben vorbereiten. Wenn Kinder diese Fertigkeiten früh lernen, und zwar von jemandem, von dem sie wissen, dass er sie liebt, werden sie davon für die Zukunft profitieren.

Szene 10, die Zweite

IM SPIELZEUGGESCHÄFT

Mutter, *beim Autofahren:* Elisa, wir fahren jetzt ins Spielzeuggeschäft, weil wir ein Geburtstagsgeschenk für Jan kaufen wollen. Wir sind gleich da. *(Ein paar Minuten später parkt sie das Auto vor dem Geschäft.)* Wir gehen hier rein, weil wir ein Geschenk für Jan brauchen. Du kannst mir dabei helfen, ein Geschenk für ihn auszusuchen, aber wir sind heute nicht hier, um Spielzeug für dich zu kaufen.
Elisa. Aber da gibt es Barbies! Ich will eine Barbie!
Mutter *schnallt Elisa von ihrem Kindersitz ab:* Es stimmt, dass wir hier auch manchmal Spielsachen für dich kaufen, aber heute kaufen wir nur etwas für Jan. Wenn du etwas siehst, das du wirklich gerne haben möchtest, dann kannst du mir das sagen, und ich schreibe es dann auf deinen Wunschzettel für Weihnachten. Komm, wir gehen jetzt rein.
Elisa *fasst Mamas Hand an und geht mit ihr zusammen zum Laden:* Mamaaaa? Wenn ich in dem Laden wirklich brav bin und keine Spielsachen anfasse, krieg ich dann auch was?
Mutter *bleibt vor dem Eingang stehen:* Nein, Schatz, heute sind wir hier, um ein Geschenk für Jan zu kaufen, nicht für dich. *(Sie betreten den Laden.)* Komm, hilf mir mal, etwas Schönes für Jan auszusuchen, ja?
Elisa *zeigt auf die Lego-Abteilung:* Das findet er bestimmt toll, Mama!

ZUSAMMENFASSUNG

Welche Praxis-Tipps sollten Sie sich merken, um Horrortrips im Spielzeugladen zu vermeiden?

- ✘ *Beugen Sie Wutanfällen aktiv vor.* Kündigen Sie Ihrem Kind an, was auf es zukommt und was von ihm erwartet wird. Sagen Sie ihm wer, was, wo, wann und warum passieren wird, damit es versteht, welche Rolle es selbst dabei spielt.
- ✘ *Wenn ein Wutanfall nicht mehr zu verhindern ist, stellen Sie sicher, dass das Kind sich nicht verletzen kann, und ignorieren Sie den Ausbruch sonst völlig.* Findet ein solcher Ausbruch in aller Öffentlichkeit statt, bringen Sie das Kind möglichst ohne viel Aufhebens an einen sicheren Platz, wo es sich nicht wehtun

kann (und nicht allzu viele andere Leute stört), und ignorieren Sie dann das Geschrei.

- ✘ *Geben Sie bei einem Wutanfall niemals nach.* Wenn Sie einmal das tun, was das Kind mit seinem Geschrei erreichen wollte, werden Sie das auch wieder tun, und dann werden die Anfälle jedes Mal lauter und länger werden.
- ✘ *Hören Sie Ihrem Kind zu und bestätigen Sie es in seinen Gefühlen.* Sagen Sie Ihrem Kind, dass Sie ihm zugehört haben, dass Sie verstehen, wie es fühlt. Sagen Sie außerdem, dass es in Ordnung ist, so zu fühlen, dass es allerdings nicht in Ordnung ist, wie das Kind mit diesen Gefühlen umgeht. Erklären Sie ihm, dass Sie auf Geschrei und Geheule nicht hören wollen und werden.
- ✘ *Geben Sie dem Kind eine Möglichkeit, etwas mitzubestimmen.* Es kann zwar kein Spielzeug für sich selbst haben, aber es darf das für den Freund mit aussuchen. Außerdem darf es Dinge, die es gern haben möchte, auf seinen Wunschzettel für den nächsten Geburtstag oder Weihnachten schreiben.
- ✘ *Benutzen Sie weiterhin die Koseworte, die Sie auch sonst für Ihr Kind haben.* So vermitteln Sie Ihrem Kind, dass es etwas ganz Besonderes für Sie ist, egal, wie es sich benimmt.
- ✘ *Halten Sie durch.* Sprechen Sie keine leeren Drohungen aus, sondern machen Sie zuverlässige Ansagen. Wenn Sie sagen, dass Sie gehen werden, wenn es noch einmal etwas aus dem Regal nimmt, dann müssen Sie auch bereit sein, das wirklich zu tun. Sagen Sie nicht Dinge wie: „Wir kommen sonst nie wieder hierher“, wenn sowieso schon klar ist, dass Sie das nicht durchziehen werden. Kopf hoch: Meist braucht man nur einmal tatsächlich das Kind zu nehmen und auf der Stelle mit ihm den Laden zu verlassen, damit es merkt: *Wow. Wer hätte das gedacht! Mama geht ja wirklich!*
- ✘ *Belohnen Sie ein Kind nicht für etwas, das es sowieso tun muss.* In manchen Fällen, wie beispielsweise beim Trockenwerden oder wenn andere besondere Verhaltensweisen eingeübt werden sollen, sind Belohnungen für etwas, das eigentlich eine Selbstverständlichkeit sein sollte, angebracht. Allgemein gilt jedoch, dass Sie Ihr Kind nicht für etwas belohnen sollten, was es bereits kann und weiß. Ganz normales gutes Benehmen ist kein Grund zu besonderem Entzücken. Die Belohnung sollte darin bestehen, dass sich das Kind gut dabei fühlt, wenn es sich gut benimmt. Das können Sie durchaus unterstützen, indem Sie Ihrem Kind hinterher sagen, dass Sie sich über sein gutes Benehmen gefreut haben. So helfen wir unseren Kindern, sich selbst von innen zu motivieren und nicht ständig Motivation von außen zu erwarten.
- ✘ *„Bitte“ ist kein Zauberwort, sondern gehört einfach zum guten Benehmen.* Manche Eltern bringen ihren Kindern unklugerweise bei, dass sie doch bekommen, was sie möchten, wenn sie nur (möglichst flehend) „Bitte“ sagen. Bestätigen Sie Ihrem

Kind, dass es gut und höflich ist, Bitte zu sagen, wenn man etwas möchte, dass aber nach Ihrem Nein kein Bitte dieser Welt daran mehr etwas ändert.

Praxis-Tipp

„Unsere" Jungen haben jeweils eine fortlaufende Liste all der Dinge, die sie gern hätten. Diese Liste gibt den Jungen das Gefühl, in Bezug auf ihre Wünsche aktiv etwas tun zu können. Ich kann Ihnen gar nicht sagen, wie viele Wutanfälle durch diese Liste bereits verhindert worden sind.

Fraser sagt beispielsweise in einem Laden: „Ich will das hier."

Und ich sage dann zu ihm: „Gut, wir setzen es mit auf deine Liste."

Und damit hat es sich. Er hat die Möglichkeit, aktiv etwas zur Erfüllung seines Wunsches beizutragen. An seinem Geburtstag, zu Weihnachten und zu anderen besonderen Gelegenheiten darf er sich dann etwas von der Liste aussuchen; allerdings ist es so, dass er meistens gegen Abend schon gar nicht mehr weiß, was er eigentlich noch alles auf die Liste schreiben wollte.

Das funktioniert übrigens auch, wenn die Jungen sich etwas wünschen, das noch nicht ihrem Alter entspricht. Wir reagieren dann entsprechend: „Okay. Wir können das mit auf deine Liste setzen für die Zeit, wenn du in die dritte Klasse kommst."

Auch hier behält das Kind ein Stück Einfluss. Meine Schützlinge können inzwischen das empfohlene Alter auf der Packung selbst lesen und sagen dann: „Das ist für Kinder ab sieben. Kann ich das dann bekommen?"

Manchmal brauchen die Kinder nur das Gefühl, eine Wahl und ein gewisses Maß an Mitbestimmung zu haben.

Eine Dame kam einmal zu dem bekannten Evangelisten Billy Sunday und versuchte, ihre Wutausbrüche zu rechtfertigen. „Was soll denn falsch daran sein?", sagte sie. „Ich explodiere, wenn ich wütend bin, und dann ist es auch vorbei." „Das macht ein Gewehr auch", entgegnete Sunday, „und sehen Sie, wie viel Schaden es anrichtet!"

Kapitel 11

DEM BEISSEN DEN BISS NEHMEN

Szene 11, die Erste

BEIM KINDERTURNEN

Turnlehrerin: Herzlich Willkommen, liebe Kinder! Habt ihr Lust auf ganz viel Spaß?
Mütter und Kleinkinder: Jaaa!!
Lehrerin: Okay, dann fangen wir mal damit an, einen Ball im Kreis herum zu geben. Wir geben den Ball einfach immer weiter.
(Die Kinder geben, auf dem Schoß ihrer Mutter sitzend, den Ball weiter.)
Jacobs Mutter: Komm, Jacob, gib den Ball weiter.
Jacob: Nein! Meiner!
Jacobs Mutter: Nein, mein Schatz, jetzt ist Sarah an der Reihe.
Sarah *will nicht mehr länger warten, steht vom Schoß ihrer Mutter auf, beißt Jacob in die Hand und nimmt den Ball:* Meiner!
Sarahs Mutter: Sarah! Komm sofort wieder her! *(Zieht ihre Tochter wieder zu sich hin und beißt ihr in die Hand.)* Na, wie fühlt sich das an?
(Jacob und Sarah schreien jetzt beide.)
Sarahs Mutter zu Jacobs Mutter: Wenn Ihr Kind den Ball weitergegeben hätte, hätte sie ihn auch nicht gebissen.

Wenn Sie ein Kind zwischen einem und drei Jahren haben, dann haben Sie höchstwahrscheinlich auch schon einmal erlebt, dass es gebissen hat. Wenn nicht, sollten Sie vielleicht sicherheitshalber überprüfen, ob Ihr Kind wirklich Zähne hat. Obwohl Beißen *nie* akzeptabel ist, gehört eine „Beißphase" meist zur Entwicklung von Kindern in diesem Alter dazu. Ich persönlich weiß nicht, was schlimmer ist: Ihr eigenes

Kind, das nach einer Beißattacke durch ein anderes Kind schrecklich schreit, oder die Erkenntnis, dass *Ihr* wundervolles Kind der bezahnte Angreifer ist.

Keines der Szenarien ist für Eltern (oder Nannys) besonders angenehm, aber es gehört zum Leben mit kleinen Kindern dazu, und wir müssen uns nun mal damit auseinandersetzen. Ich hoffe, dieses Kapitel hilft Ihnen, Szenen zu verhindern, die an den Film „Der weiße Hai" erinnern.

BEISSENDE BABYS

Es gibt ein paar allgemeine Gründe, weshalb Babys beißen, und zumindest in ihren kleinen Gehirnwindungen sind all diese Gründe ausgesprochen logisch. Aber einmal ungeachtet der Frage, wie wichtig und richtig Ihrem Kind das Beißen erscheint, ist es wichtig, ihm von Anfang an zu vermitteln, dass Beißen absolut unakzeptabel und damit VERBOTEN ist (außer in einem Fall, auf den ich am Ende des Kapitels noch eingehen werde.)

Ein Grund, weshalb Babys beißen, ist ein schmerzender Gaumen beim Zahnen. Es verschafft dem Baby Linderung, wenn es Druck auf den Gaumen ausübt, und so ist das Beißen dann vergleichbar mit einer Massage bei einem Erwachsenen, wenn ein bestimmter Muskel schmerzt. Beißt Ihr Baby aus diesem Grund, dann können Sie das verhindern, indem Sie ihm etwas geben, auf dem es herumnagen kann, beispielsweise einen Beißring. Auch ein nasser Waschlappen, den man eine Weile ins Gefrierfach legt, wirkt in diesem Fall Wunder. Sie können einem Baby auch sagen: „Beißen tut weh! Nein!", und es streng und missbilligend anschauen. Es bekommt dadurch das Signal, dass Mama das nicht will, auch wenn es die Worte nicht im Einzelnen versteht.

Darüber hinaus ist Beißen auch eine Methode von Babys, ihre Umwelt zu erforschen. Babys benutzen ihren Mund zum Erforschen, und fast alles, was sie hineinstecken, ist toll! Sie haben die Milch aus Mamas Brust entdeckt oder die aus dem Fläschchen, sie haben feste Nahrung entdeckt und ihre eigenen Hände, vielleicht auch einen Schnuller oder Spielsachen, die speziell so konzipiert sind, dass das Baby darauf herumbeißen kann. Anfangs ist der Mund für ein Baby beim Erforschen der Umwelt und beim Lernen genauso wichtig wie die Hände.

Ganz klar eigentlich, dass Babys auch weiterhin ihre Umwelt erkunden, indem sie – ja, Sie haben es erraten! – auf Menschen herumkauen. Und genau an dieser Stelle müssen Sie eine Grenze setzen. Mehr als ein einfaches, festes „Nein! Menschen beißt man nicht!" ist in vielen Fällen gar nicht nötig, besonders wenn ein Kind sensibel ist.

Babys haben noch nicht die verbalen Mittel, um sich mit Worten mitzuteilen oder mit Stress umzugehen, also kommunizieren sie so, wie sie es eben können. (Und es ist ja auch tatsächlich so, dass man Aufmerksamkeit bekommt, wenn man seine nagelneuen Beißerchen in die Haut eines anderen Menschen rammt!)

Manchmal beißen Kinder auch aus Angst. Wenn ein Baby beispielsweise auf dem Arm einer fremden Person ist, kann es plötzlich unsicher werden. Wenn Schreien und Weinen dann nicht funktionieren, kann es sein, dass das Kind beißt. Das ist ein menschlicher, instinktiver Akt – so wie eine Frau, die von einem Fremden belästigt oder sogar angegriffen wird, möglicherweise kratzt oder ebenfalls ihre Zähne benutzt, um dem Angreifer wehzutun und ihn dadurch in die Flucht zu schlagen.

Manchmal sind Babys auch verwirrt und beißen deshalb. Vielleicht haben Sie auch schon mit Ihrem Kind diese bekannten Spielchen gespielt, dass Sie an seinen winzigen süßen Zehen oder an seinen Fingerchen geknabbert haben und dabei gesagt haben: „Hmmm, lecker, lecker, lecker!" Wer kann solchen Spielchen schon widerstehen? Babys lieben sie jedenfalls, und das Kichern und Lachen und Glucksen, das sie dabei von sich geben, ist einfach herrlich. Vielleicht bekommen sie durch dieses Spielchen allerdings auch die falsche Vorstellung, dass Beißen ein lustiges Spiel ist. Babys (und auch Kleinkinder!) können nicht unterscheiden zwischen wirklichem Zubeißen und einem gespielten, abgeschwächten Beißen.

Deshalb ist es am besten, hier eindeutig und konsequent zu sein: Beißen (auch spielerisches) ist unakzeptabel. Statt des spielerischen Beißens geben Sie Ihrem kleinen Liebling doch einfach Küsschen auf Finger und Zehen!

Einmal abgesehen von den unterschiedlichen Gründen, weshalb Babys beißen, ist es jetzt wichtig, daran zu denken, dass Beißen in diesem Entwicklungsstadium zwar normal ist, dass aber auch der Zeitpunkt gekommen ist, deutlich zu machen, dass Beißen nicht in Ordnung ist.

EIN GRAMM VORBEUGUNG IST EIN KILO SCHMERZ WERT

Wie können Sie nun Ihrem Kind helfen, dem Drang zu widerstehen, andere zu beißen?

- *Machen Sie deutlich und vermitteln Sie Ihrem Kind, dass Beißen NIE in Ordnung und deshalb VERBOTEN ist.* (Es gibt eine Ausnahme von dieser Regel, auf die ich später noch zurückkomme.)
- *Ordnen Sie jedem Körperteil eine positive Aufgabe zu.* Zum Beispiel: Lippen sind zum Küssen da, Zähne zum Essen kauen.
- *Wenn Sie Ihr Kind zum ersten Mal dabei ertappen, dass es jemanden beißt, weisen Sie*

es klar und entschieden zurecht. Prangern Sie wie immer nur das Verhalten und nicht die Person des Kindes an.

- *Achten Sie darauf, in welchen Situationen Ihr Kind beißt.* Wenn Sie wissen, was bei Ihrem Kind das Beißen begünstigt, dann können Sie versuchen, diese Auslöser auszuschalten oder zu vermeiden, bevor die Situation unwiderruflich eskaliert.
- *Vermitteln Sie Ihrem Kind, dass es andere Menschen respektieren muss.* Andere Leute, auch die Eltern und Geschwister, werden natürlich nicht gebissen und geschlagen, aber auch nur mit ihrer Zustimmung angefasst, geküsst usw. Im Gegenzug sollten Sie auch respektieren, wenn Ihr Kind deutlich macht, dass es gerade nicht gedrückt oder geküsst werden möchte.
- *Zeigen Sie Ihrem Kind, wie es sich mit Worten ausdrücken kann.* Statt zu beißen oder zu schlagen, kann man einfache Worte wie *Nein!* oder *Stopp*! benutzen, um Abwehr zu signalisieren.
- *Sagen Sie Ihrem Kind, dass es in Ordnung ist, wütend zu sein, dass es aber nicht in Ordnung ist, seine Wut durch Beißen zum Ausdruck zu bringen.* Geben Sie Ihrem Kind Tipps, wie es seinen Zorn im Griff behalten kann, indem es dann beispielsweise in Konfliktsituationen einfach weggeht oder sich einen Erwachsenen zur Hilfe holt.
- *Wenn das Beißen bei Ihrem Kind wirklich zum Problem wird, sollten Sie Ihren Kinderarzt aufsuchen.* Sorgen Sie außerdem dafür, dass seine oralen Bedürfnisse und seine Entdeckungsfreude befriedigt werden, indem Sie ihm unterschiedliche Nahrungsmittel mit unterschiedlicher Konsistenz zu essen anbieten, an denen es seinen Kiefer erproben kann.

Wie Sie Ihrem Kind helfen können, nicht gebissen zu werden

- *Helfen Sie Ihrem Kind, als „Beißern" bekannten Kindern aus dem Weg zu gehen.* Wenn es in der Krabbelgruppe oder im Kindergarten Kinder gibt, von denen bekannt ist, dass sie ganz gern mal beißen, dann sagen Sie Ihrem Kind, dass es mit dem betreffenden Kind zwar reden und spielen kann, aber lieber einen „Sicherheitsabstand" einhalten sollte.
- *Lehren Sie Ihre Kinder, die Wünsche anderer zu respektieren.* Zeigen Sie Ihrem Kind, wie es man angemessen auf die Abwehr anderer Kinder reagiert, um nicht potenzielles Beißen zu provozieren. „Albere nicht mit einem anderen Kind herum, wenn es das nicht will! Nein heißt nein. Stopp heiß Stopp."
- *Zeigen Sie Ihrem Kind, wie man um Hilfe bittet.* Bringen Sie ihm bei, seine Stimme einzusetzen und einen Erwachsenen um Hilfe zu bitten, wenn ein anderes Kind ihm gegenüber zu aggressiv ist oder ihm irgendwie Angst macht.

ZAHNENDE KLEINKINDER

Das Beißen erreicht wahrscheinlich einen traurigen Höhepunkt, wenn Ihr Kind zwischen 13 und 18 Monaten alt ist. Das ist so, weil in diesem Alter die Kinder meist erstmals mit gleichaltrigen Kindern zusammenkommen und weil sie dann schon relativ mobil sind, denn fast alle können dann laufen.

Stellen Sie sich folgendes vor: Ihr Kind ist den ersten Tag bei der Tagesmutter, die mehrere Kleinkinder betreut, und es ist plötzlich umzingelt von anderen Steppkes in seiner Größe – von denen sich keines mit Worten verständigen kann und die alle ohne das notwendige Rüstzeug sind, um Ärger oder Frust auf sozialverträgliche Weise zu äußern. Beißen (oder Schlagen) ist da ein fast unvermeidliches Mittel, gleichzeitig aber auch der Hauptgrund, dass Kinder aus Gruppen ausgeschlossen werden.

Eine Möglichkeit, einen solchen „Gruppenschock" zu vermeiden, besteht darin, Ihr Kind nach und nach an andere Kinder zu gewöhnen, zum Beispiel in Form von kleineren Spielgruppen mit nur einem oder zwei weiteren Kindern. Dabei können Kinder in der vertrauten Umgebung und unter Anleitung lernen, wie man mit anderen Kindern umgeht.

Als meine beiden Schützlinge noch klein waren, sind wir oft in den Park gegangen, um uns dort mit den anderen Müttern (oder Nannys) und ihren Schützlingen zu treffen. Wir haben dann meist zuerst in einem Bistro einen Kaffee getrunken und dabei die Buggys in einen Kreis nebeneinander geschoben, sodass die Kleinen sich alle gegenseitig sehen und ein bisschen „beschnuppern" konnten. Danach sind wir dann in den Park gegangen, wo wir unsere Decken ausbreiteten und uns mit allen Babys zusammen darauf setzten. Die meisten der Babys waren erst ein paar Monate alt, als wir mit diesen Treffen begannen.

Sechs Jahre später spielen unsere „Babys" immer noch regelmäßig miteinander. (Sie sollten mal meine Fotoalben sehen, in denen ich Fotos immer derselben Kinder habe, immer in derselben Sitzordnung auf demselben Sofa – und wie sie jedes Jahr gewachsen sind!). Die Kinder haben dadurch von Anfang an gelernt, dass es außer ihnen auch noch andere Kinder auf der Welt gibt. Besonders wichtig sind solche Kontakte für Einzelkinder.

Nein, nicht alle dieser Begegnungen waren idyllisch und harmonisch. Auch unsere Schützlinge machten ihre ersten Erfahrungen mit Beißen und Gebissenwerden, mit Hauen, Haareziehen und anderen „wunderbaren" Folgen des Kontaktes mit Gleichaltrigen – aber sie haben all das in einem sicheren Umfeld erlebt, zusammen mit vertrauten Personen, die da waren, um sie zu retten, zu beruhigen oder zurechtzuweisen. Wir Erziehungsberechtigten hatten alle dieselben Regeln und setzten diese konsequent durch. Die frühen Erfahrungen mit anderen gleichaltrigen Kindern haben bewirkt, dass es bei unseren Schützlingen in den späteren Kleinkindjahren kaum noch solche Beißattacken gab.

Mit ungefähr zwei Jahren können Kinder eine Verbindung zwischen Beißen und Schmerzen herstellen. Von diesem Zeitpunkt an können Sie dann anfangen, ihnen genauer zu erklären, *warum* Beißen nicht in Ordnung ist. „Niemand wird gebissen. Beißen tut weh!" Und ergänzen Sie das noch durch die positive Zuordnung: „Zähne sind zum Essen da!"

UMGANG MIT BEISSEREIEN

Lassen Sie uns einfach mal ein typisches Szenario durchspielen und sehen, wie man am besten damit umgehen kann: Nehmen wir an, zwei Kleinkinder streiten sich um ein Spielzeug (soweit nichts Neues). Eines der beiden Kinder beschließt, die Sache etwas aggressiver anzugehen, und beißt den anderen in den Arm. Vermutlich lässt das gebissene Kind das Spielzeug auf der Stelle los, aber dafür ertönt jetzt ohrenbetäubendes Gebrüll. Wie kann man mit so einer Situation umgehen?

Sprechen Sie als erstes das Kind an, das gebissen wurde. Trösten Sie es und vergewissern Sie sich, dass alles in Ordnung ist. Als nächstes nehmen Sie den kleinen Übeltäter hoch, schauen ihm ins Gesicht und sagen sehr fest und bestimmt: „Es wird nicht gebissen!" Dann deponieren Sie es an einer geeigneten „Auszeit"- Stelle, vielleicht einem Kinderstuhl, mit dem Blick zur Wand. Dann gehen Sie wieder hin und widmen Ihre ganze Aufmerksamkeit dem „Opfer", indem Sie es trösten und sich um es kümmern.

Wenn der Täter seine Auszeit beendet hat, können Sie ihm folgendes erklären: „Ich weiß, dass du wütend bist, und das ist auch in Ordnung, aber wir haben unseren Mund, um damit Dinge zu sagen, und nicht zum Beißen."

Dann bringen Sie den Täter zum Opfer und zeigen dem Beißer, wie man sich entschuldigt. Ja, das ist reine Nachahmung, ohne echte Reue oder Gefühl, aber dadurch wird eine äußere Vorgabe gemacht, die sich irgendwann in echtes, wirklich empfundenes Mitgefühl verwandeln kann.

Wenn Sie bemerken, dass ein Kind aus Frustration beißt oder aus Wut darüber, dass es nicht bekommt, was es will, dann können Sie ihm andere Möglichkeiten aufzeigen, um seine Gefühle auszudrücken. Zum Beispiel könnte es aufmalen, was es fühlt, oder es kann ein extra dafür angefertigtes Schild mit einem wütenden Gesicht darauf hochhalten. Nutzt das Kind solche Ausdrucksmöglichkeiten und Ventile, dann sorgen Sie für positive Bestätigung und loben Sie es. Sehr lobenswert ist es auch, wenn es zum Beißen ansetzt, sich aber noch gerade rechtzeitig besinnt und es lässt. Manchen Kindern hilft es auch, wenn man ihnen beibringt, sich schnell den

Mund zuzuhalten, wenn sie den Drang verspüren zu beißen. Loben Sie es auch dafür, wenn ihm das gelingt.

Es gibt viele unterschiedliche Ratschläge für den Umgang mit Beißern. Meiner Meinung nach ist Zurückbeißen keine effektive Erziehungsmethode. Aggressives Verhalten durch dasselbe Vorgehen zu bekämpfen vermittelt dem Kind nur, dass Beißen anscheinend doch in Ordnung ist, denn Mama tut es ja auch. Es bewirkt also genau das Gegenteil von dem, was Sie eigentlich erreichen wollten.

Ungeachtet der Situation ist es immer wichtig, das Verhalten anzusprechen und zu kritisieren und nicht das Kind als Person. „Es wird nicht gebissen." „Beißen tut weh." „Zähne sind nicht dazu da, um Leute zu beißen." Das sind alles Sätze, die ganz klar und unmissverständlich vermitteln, dass diese Handlungsweise unakzeptabel ist, die das Kind aber nicht persönlich angreifen.

WANN MÜSSEN SIE SICH ERNSTHAFTE SORGEN MACHEN?

Wenn das Beißen mit dem vollendeten 3. Lebensjahr Ihres Kindes nicht aufhört, dann kann ein ernsterer Grund dahinter stecken, besonders wenn neben dem Beißen auch noch andere aggressive Verhaltensweisen zu beobachten sind. Wenn das Beißen sich hartnäckig hält und Ihr Kind sich nicht weiterentwickelt und andere Mittel (zum Beispiel Worte) einsetzt, um Gefühle oder Frustration auszudrücken, dann ist es an der Zeit, sich nach professioneller Hilfe umzuschauen.

BESONDERE UMSTÄNDE

Weil wir es mit dem wahren Leben zu tun haben, gibt es eine Ausnahme von der Regel, dass Beißen verboten ist. Wir müssen unseren Kindern Mittel und Wege zeigen, die es braucht, um sein eigenes Leben zu schützen. Wenn ein Kind Angst um sein Leben hat oder von jemandem angefasst wird, der es nicht anfassen sollte, ist die erste Verteidigungsmethode lautes Schreien, und zwar „Nein! Lass mich los! Lass das!" (Meine Schützlinge haben den lila Gurt in Karate und haben mir das beigebracht.)

Wenn Schreien nichts nützt, ist das der Punkt, an dem gebissen werden darf. Es kann einem Kind das Leben retten, wenn es weiß, dass es zur Selbstverteidigung beißen darf oder sogar muss. Natürlich muss ein Kind alt genug sein, um zu verstehen, wann es beißen darf und wann nicht. Aber einem älteren Kind können Sie sagen, dass es fest zubeißen soll, wenn eine fremde Person es anfasst und zum Beispiel eine Hand über seinen Mund legt – und dann wegrennen so schnell es kann, an einen sicheren Ort oder zu einem Menschen, den es kennt.

Es gibt genügend Beispiele von Kindern, die durch eine solche Reaktion eine Entführung oder Schlimmeres vereiteln konnten!

Szene 11, die Zweite

BEIM KINDERTURNEN

Leiterin: Herzlich willkommen, Kinder. Wollen wir jetzt zusammen viel Spaß haben?
Mütter und Kinder: Jaaa!!
Leiterin: Okay, dann fangen wir damit an, einen Ball in unserem Kreis herumgehen zu lassen.
(Kinder geben auf dem Schoß ihrer Mutter sitzend den Ball im Kreis weiter.)
Jacobs Mama: Komm, Jacob, gib den Ball weiter.
Jacob: Nein! Meiner!
Jacobs Mutter *hilft ihm, den Ball weiterzugeben*: Jetzt ist Sarah an der Reihe.
Sarah *geht zu Jacob und beißt ihm in die Hand, während sie ihm den Ball wegnimmt:* Meiner!
Sarahs Mama: Sarah! Beißen ist nicht in Ordnung! *(Bringt sie zu einem Auszeit-geeigneten Platz mit dem Gesicht zur Wand.)* Du bleibst jetzt hier für eine Auszeit sitzen *(Gibt Jacob den Ball.)* Jacob, es tut mir sehr leid, dass Sarah dich gebissen hat. Beißen ist nicht in Ordnung. Sie muss jetzt eine Weile da auf dem Stuhl sitzen (*Wendet sich an Jacobs Mutter.)* Wenn die Auszeit zu Ende ist, muss sie sich bei Jacob entschuldigen.
(Nachdem die Auszeit zu Ende ist.)
Sarahs Mutter: So, Sarah, jetzt gehen wir zu Jacob und du sagst ihm, dass es dir leidtut. Beißen ist nicht in Ordnung, und du hast ihm wehgetan. Wenn man wütend ist, muss man das mit Worten sagen.
Sarah: 'Schuldigung. *(Tätschelt Jacob den Arm.)*
Jacobs Mutter: Schön, dass du dich entschuldigt hast, Sarah. So, und jetzt spielen wir weiter mit dem Ball, ja?

ZUSAMMENFASSUNG

Welche Praxis-Tipps wurden in dieser Situation angewendet?

- ✘ *Prangern Sie das Verhalten an, nicht das Kind.* Es gibt keine „bösen“ oder „schlechten“ Kinder – allerdings böses oder schlechtes Verhalten, und das wird nicht toleriert.
- ✘ *Formulieren Sie Ihre Erwartung klar und deutlich.* Beißen ist nicht in Ordnung und deshalb VERBOTEN!
- ✘ *Seien Sie konsequent in Ihrer Reaktion auf das Verhalten.* Seien Sie sehr bestimmt in Tonfall und Wortwahl, ebenso wie mit nonverbalen Signalen, gefolgt von einer Auszeit.
- ✘ *Geben Sie nicht nach in dem, was das Kind will.* Wenn ein Kind beißt, weil es etwas Bestimmtes will, dann geben Sie an diesem Punkt auf gar keinen Fall nach. Wenn Sie das tun, wird das Fehlverhalten dadurch noch verstärkt.
- ✘ *Loben Sie positives Verhalten.* Loben Sie jeden Schritt auf dem Weg zur Besserung.
- ✘ *Lehren Sie das Kind, sich in andere hineinzuversetzen.* „Ben weint, weil du ihm wehgetan hast. Du willst doch auch nicht, dass dir jemand wehtut. Und Beißen ist sehr schlimm.“
- ✘ *Sagen Sie dem Kind, dass es für seinen Körper verantwortlich ist.* Machen Sie dem Kind deutlich, dass es seine Aufgabe ist, sich zu beherrschen.
- ✘ *Geben Sie Ihrem Kind Handwerkszeug an die Hand.* Zeigen Sie Ihrem Kind andere Möglichkeiten, seine Gefühle auszudrücken und mitzuteilen.

Kapitel 12

DIE GROSSE SCHNULLER-DEBATTE

Szene 12, die Erste

AM GITTERBETTCHEN

Vater *legt den zweijährigen Henry in sein Gitterbettchen:* Okay, Henry, heute ist es so weit. Du bist jetzt ein großer Junge. Gib mir deinen Nucki.
Henry *schnappt seinen Schnuller, als ginge es um sein Leben, und legt sich dann darauf:* Nein! Nein! NEIIIN!
Vater *greift unter Henrys Bauch und zieht den Schnuller darunter hervor:* Jetzt hör auf, dich wie ein Baby aufzuführen. Du bist zwei Jahre alt! Ein großer Junge! Jetzt ist Schluss mit dem Schnuller!
Henry *hysterisch schreiend und schluchzend*: Nein! Meiner! Gib mir, Papa!
Vater *geht weg und will die Tür zumachen:* Du bist ein großer Junge. Schlaf jetzt.
Henry *schreiend:* Mama! Papa! Geben, Nucki geben!
(Eine Stunde später schreit Henry immer noch.)
Papa *wirft den Schnuller entnervt ins Gitterbettchen:* Also gut. Hier ... da hast du ihn.

Es gibt kein Richtig oder Falsch bei der Frage, ob Sie Ihrem Kind einen Schnuller geben sollten oder nicht. Wenn das so wäre, wäre die Diskussion bereits vor Jahren abgeschlossen gewesen.

Beruhigungssauger gibt es schon seit Jahrhunderten. Der Ausspruch, dass jemand „schon mit einem silbernen Löffel im Mund geboren wurde", stammt angeblich aus einer Zeit, in der Eltern ihren Kindern direkt nach der Geburt zur Beruhigung einen silbernen Löffel in den Mund steckten.

Die Entscheidung, ob Sie Ihrem Kind einen Schnuller geben oder nicht, liegt letztlich bei Ihnen. Mit den Informationen in diesem Kapitel sollten Sie in der Lage sein, zu einer Entscheidung zu kommen, die für Sie und Ihr Kind richtig ist. Und es gibt in der Schnuller-Debatte auch Raum für Zwischenpositionen.

Das ist eines der Themen, bei dem Sie mit etwas Bestimmtem anfangen können, und dann irgendwann die Regeln ändern, wenn Sie das zum richtigen Zeitpunkt und mit der richtigen Haltung tun.

Ich habe mich immer gefragt, warum Babys so viel am Daumen nuckeln. Dann habe ich Babynahrung probiert.
– Robert Orben –

PRO SCHNULLER

Kinder werden mit einem natürlichen Saugreflex geboren. Auf vielen Ultraschallbildern sind winzige Föten zu sehen, die bereits am Daumen nuckeln. Das lässt den Schluss zu, dass Babys nicht nur saugen, um Nahrung zu sich zu nehmen, sondern auch, um sich wohl zu fühlen – und zwar schon vor der Geburt!

Praxis-Tipp

Wenn Sie Ihrem Baby einen Schnuller geben wollen, dann kaufen Sie mehrere derselben Machart und deponieren Sie sie an den unterschiedlichen Stellen, an denen sie gebraucht werden.
Legen Sie ein paar ins Auto, in die Wickeltasche, ins Wohnzimmer, deponieren Sie einige bei Oma oder wo auch immer Sie sich häufig mit Ihrem Baby aufhalten. Dadurch verhindern Sie, dass Sie irgendwann wegen des ewigen Suchens wahnsinnig werden.
Schnullerbändchen sind natürlich praktisch, damit der Sauger nicht ständig auf dem Boden landet. Haben Sie immer eine Flasche Wasser dabei. Schon ein kleines Fläschchen kann sehr praktisch sein, wenn ein Schnuller oder Flaschensauger gereinigt oder ein kleines Aua versorgt werden muss.

Zwischen dem zweiten und fünften Lebensmonat eines Babys ist das Saugbedürfnis am größten. In dieser Phase entwickelt sich nämlich die Gesichtsmuskulatur des Säuglings, und außerdem ist das Saugen vertraut, tröstend und beruhigend.

Den Schnuller als zusätzliches Hilfsmittel zum selbstständigen Beruhigen einzusetzen kann für viel beschäftigte Mütter ein wahrer Segen sein. Außerdem hilft er, das natürliche Saugbedürfnis des Babys zu befriedigen, und hilft so, die Nerven der Eltern zu schonen. Schnuller können außerdem als Einschlafhilfe für übermüdete, quengelige Babys eingesetzt werden.

Es gibt auch Babys, die einfach keinen Schnuller mögen – das erübrigt die Frage dann ganz von allein.

Praxis-Tipp

Bevor Sie automatisch nach dem Schnuller greifen, um ein schreiendes Baby zu beruhigen, fragen Sie sich möglichst erst, ob es ihn jetzt wirklich braucht. Ist es satt, ausgeruht und trocken? Wenn das alles der Fall ist, versuchen Sie Ihr Kind auf andere Weise zu beruhigen, beispielsweise indem Sie es wiegen oder ihm etwas vorsingen, bevor Sie auf den Schnuller zurückgreifen.

Schnuller sind auch praktisch, wenn man ein Baby etwas beruhigen muss, bevor man es zum Stillen anlegt oder ihm das Fläschchen noch zubereiten muss.

Bei neugeborenen Babys ist es sinnvoll, den Schnuller jedes Mal zu desinfizieren, wenn das Baby ihn im Mund hatte. Nach ein paar Wochen und mit zunehmenden Abwehrkräften muss man dann nicht mehr so pingelig sein.

Um die Hygiene von Schnullern braucht man sich eigentlich kaum noch Gedanken machen, da die meisten spülmaschinengeeignet sind. Ab und zu sollten Sie sämtliche Schnuller mal abkochen und alle paar Wochen komplett entsorgen.

CONTRA SCHNULLER

Gegen die Verwendung eines Schnullers spricht, dass er manchmal von Eltern dazu benutzt wird, ein Kind regelrecht „zuzustöpseln“, statt der Frage auf den Grund zu gehen, weshalb es quengelt, schreit oder unruhig ist. Schnuller können auch zum Ersatz für menschliche Nähe werden, wenn man sie verwendet, statt sich mit dem eigentlichen, akuten Bedürfnis des Babys zu beschäftigen.

Flaschenbabys nehmen meistens eher einen Schnuller als Stillbabys, weil sich Fläschchensauger und der Schnuller sehr ähnlich sind. Der Wechsel zwischen Sauger und Brustwarze kann durchaus zu Irritationen führen, weil bei beiden eine unterschiedliche Art zu Saugen nötig ist. Deshalb wird auch meist vom Einsatz eines

Schnullers abgeraten, wenn Frauen stillen wollen, zumindest so lange, bis der Säugling problemlos an der Brust trinkt.

Schnullergebrauch kann außerdem dazu führen, dass das Baby beim Stillen weniger kräftig saugt (weil sein Saugbedürfnis anderweitig befriedigt wurde) und daher die Milchproduktion bei der Mutter zurückgeht.

Eine von der medizinischen Zeitschrift *Pediatrics* in Auftrag gegebene Untersuchung aus dem Jahr 1999 hat ergeben, dass Mütter, die ihrem Neugeborenen in den ersten sechs Wochen nach der Geburt einen Schnuller geben, ihre Kinder früher abstillten als solche, die keinen Schnuller einsetzten. Das mag Ihnen vielleicht als Vorteil erscheinen, aber es ist immer noch das Allerbeste, Neugeborene wenn möglich mindestens sechs Monate lang voll zu stillen.

Ältere Babys und Kleinkinder können von ihrem Schnuller richtiggehend abhängig werden. Sie benutzen den Schnuller, statt sich an ihre Eltern zu wenden oder sich anders selbst zu beruhigen. Das kann besonders dann zum Problem werden, wenn das Baby nur noch mit dem Schnuller im Mund schlafen kann. Was passiert, wenn der ihm aus dem Mund fällt? (Antwort: Das Baby wacht früher auf, als Ihnen lieb ist!) Wenn der Schnuller das einzige Mittel ist, mit dem sich Ihr Baby beruhigen lässt, dann müssen Sie ständig bereit sein, aufzustehen und ihm den Schnuller wieder in den Mund zu stecken. (Nebenbei bemerkt, legen Sie niemals ein Baby mit einem an der Kleidung festgeklippten Schnuller zum Schlafen. Kleine Kinder können sich mit der Schnur oder Plastikkette strangulieren, oder der Klipp kann abbrechen und im Mund des Kindes landen.)

Ein sensibles älteres Kleinkind wird vielleicht von anderen Kindern gehänselt und nimmt seelischen Schaden, wenn es immer noch einen Schnuller braucht. In dem Augenblick, wenn das Kind in der Lage ist, selbst um seinen Schnuller zu bitten, sollten Sie die Schnullerbenutzung einschränken. Sie könnten jetzt beispielsweise festlegen, dass das Kind den Schnuller nur noch im Bett haben darf oder nur im Haus.

Wenn Ihr erstes Baby den Schnuller fallen lässt, sterilisieren Sie ihn. Wenn Ihr zweites Baby den Schnuller fallen lässt, sagen Sie zum Hund: „Bring!"
– Bruce Lansky –

Nach neuesten Erkenntnissen wird außerdem ein Zusammenhang zwischen Schnullergebrauch und gehäuft auftretenden Mittelohrentzündungen hergestellt. Bei Kindern, die älter sind als vier Jahre, kann der Schnullergebrauch außerdem zu Zahnproblemen führen, und auch in der Sprachentwicklung kann der Schnullergebrauch hinderlich sein, und zwar wenn die Zunge und die Mundmuskulatur verspätet umschalten von dem unreifen Saugmechanismus, der beim Schnuller trainiert wird, auf die reiferen Zungenbewegungen, die zum Sprechen nötig sind. Die Folge kann eine Sprachverzögerung sein.

DAUMEN CONTRA SCHNULLER

Dem Kind den Schnuller abzugewöhnen ist sehr viel einfacher, als das Daumenlutschen zu beenden, und zwar aus Gründen, die im wahrsten Sinne des Wortes auf der Hand liegen: Den Schnuller kann man irgendwann außer Sicht- und Reichweite deponieren, aber den Daumen kann man einem Kind nicht wegnehmen.

Manche Kinder fangen bei Stress oder Müdigkeit zunächst an, auf der Hand oder dem Daumen zu nuckeln, wenn sie vom Schnuller entwöhnt werden, aber in aller Regel legen sie diese Gewohnheit schon recht bald wieder ab.

ES IST AUS ZWISCHEN UNS!

Orale Angewohnheiten sind schwer zu durchbrechen (fragen Sie mal einen Erwachsenen, der gerade versucht, sich das Rauchen abzugewöhnen!). Für ältere Kleinkinder ist das Saugen am Schnuller wirklich ganz ähnlich – eine angenehme Angewohnheit, die schwer aufzugeben ist.

Nach dem vierten Lebensmonat lässt meistens das Saugbedürfnis nach, das nicht direkt der Nahrungsaufnahme dient, und das Baby benutzt seinen Mund jetzt in erster Linie für die Ernährung, sei es zum Saugen an der Brust oder einem Fläschchen, vielleicht aber auch zum ersten Nippen an einem Becher. Deshalb sollten Sie spätestens, wenn das Kind ein halbes Jahr alt ist, anfangen, ihm bei der Entwöhnung vom Schnuller zu helfen. In diesem Alter sind die Babys auch schon besser in der Lage, sich selbst zu beruhigen oder sich an Papa und Mama zu wenden, wenn sie Zuwendung oder Trost oder Aufmunterung brauchen.

Sechs Monate sind ein gutes Alter, um die Schnullerbenutzung einzuschränken, beispielsweise auf das Bettchen – und damit die Entwöhnung zu beginnen. Wenn das Kind bereits neun Monate alt ist, wird es schon schwieriger, ihm den Schnuller wegzunehmen, weil dann der eigene Wille des Kindes bereits deutlich stärker entwickelt ist, der Gewöhnungseffekt tiefer greift und deshalb der Kampf der Entwöhnung härter ausfällt. Je älter ein Kind wird, mit desto mehr Widerstand müssen Sie rechnen.

DEN SCHNULLERGEBRAUCH EINSCHRÄNKEN

Bei einem älteren Baby können Sie den Schnullergebrauch reduzieren, indem Sie bestimmen, wann und wo es den Schnuller noch haben darf (zum Beispiel nur noch im Bett vor dem Einschlafen und im Auto im Kindersitz). Seien Sie konsequent beim Festsetzen dieser Einschränkung, halten Sie sie durch und reduzieren Sie nach und nach den Schnullereinsatz. Kinder reagieren besser auf schrittweise Veränderungen als auf rasche, abrupte Wechsel.

Sie können Ihrem Kind außerdem vermitteln, dass man den Mund und die Zähne auch für etwas anderes als zum Nuckeln benutzen kann. Fangen Sie mit ersten Zahnputzübungen an und geben Sie ihm Beispiele für andere orale Aktivitäten (erste Flötentöne produzieren, Küsschen geben, Töne nachahmen). Das Wichtigste ist, dass Ihr Kind jede Menge Bestätigung und Aufmerksamkeit bekommt, sodass es den Schnuller gar nicht so sehr „braucht".

SCHNULLER ADE

Wenn dann die Zeit reif ist, um endgültig Schluss zu machen mit dem Schnuller, gibt es dazu viele Möglichkeiten. Solange Sie selbst eine positive Einstellung dazu haben, werden die meisten dieser Möglichkeiten auch gut funktionieren. Im Folgenden drei erprobte Methoden für den endgültigen Abschied vom Schnuller:

* *Die „Eintausch-Methode".* Diese Methode sorgt normalerweise für einen schmerzlosen Übergang. Sie leiten sie ein, indem Sie mit Ihrem Kind darüber sprechen, dass es jetzt Zeit ist, sich den Schnuller abzugewöhnen.

„Michael, weißt du noch, worüber wir gestern gesprochen haben? Heute ist der Tag, an dem wir Schluss mit dem Schnuller machen."

„Ich will aber nicht, Mama!"

„Ich weiß, es ist bestimmt schwer, etwas aufzugeben, das du so gern hast, aber ich habe dir ja gesagt, dass du jetzt schon groß bist, und große Jungen tauschen ihren Nucki gegen etwas ganz Besonderes ein.

„Aber ich mag den!"

„Ja, ich weiß, aber ich glaube, ich habe etwas, das dir noch ein bisschen besser gefällt."

„Was denn?", fragt das Kind mit großen, erwartungsvollen Augen.

„In meiner Familie war es früher so: Wenn Jungen ihren Schnuller aufgaben, durften sie mit ihrer Mama oder dem Papa ins Spielzeuggeschäft gehen, sich dort etwas aussuchen und es dann gegen den Schnuller eintauschen." (Liebe Mütter und Väter, es ist klug, an dieser Stelle eine Preisgrenze festzusetzen!)

„Echt?"

„Ja, echt! Heute gehen wir ins Spielzeuggeschäft und heute Abend feiern wir dann eine richtige Party mit Kuchen und Eis. Oma und Opa kommen auch, um mitzufeiern."

„Juchhu!!"

Wenn der Zeitpunkt richtig gewählt ist, können Sie die Schnullerentwöhnung noch verbinden mit einer Art Initiationsritual – beispielsweise dem Umzug ins „große" Kinderbett oder etwas anderem, das dem Kind zeigt, dass es jetzt schon groß ist und kein Baby mehr. Auch hier gilt wieder, dass die Sache einfacher wird, je selbstverständlicher Sie sie angehen. Der Abschied vom Schnuller ist irgendwann an der Reihe, denn das gehört zur Entwicklung Ihres Kindes dazu.

- *Die Schnuller-Beerdigung.* Sie können auch die Schnuller-Beerdigungs-Methode anwenden, die genau das ist, was das Wort besagt. Sie führen eine Zeremonie durch, in der Ihr Kind sich aussuchen darf, wie es seinen Schnuller „entsorgen" möchte. Vielleicht möchte es ihn in einen See oder ins Meer werfen. (Denken Sie daran, ihn wieder herauszuholen, ohne dass Ihr Kind es merkt, denn wir wollen ja auch die Umwelt nicht über die Maßen strapazieren.) Sie können den Schnuller auch wirklich im Garten begraben (dazu muss das Loch tief genug sein, damit das Kind das gute Stück nicht wieder ausbuddelt), oder Sie „schenken" ihn einem neuen Erdenbürger in Ihrem Verwandten- oder Bekanntenkreis, der ihn wirklich braucht (informieren Sie die Eltern des besagten Babys im Voraus und besorgen Sie für das Neugeborene einen neuen Nucki, der genau so aussieht wie der alte Ihres Kindes – zum Austauschen, wenn Ihr Kind gerade nicht hinschaut.).
  Das Schöne an dieser Methode ist, dass Sie dem Kind ein gewisses Maß an Mitbestimmung über die Situation lassen und ihm das Gefühl geben, in diesem „Ritual" eine wichtige Rolle einzunehmen.

- *„Kalter Entzug":* Genau wie manche Erwachsenen bestimmte Angewohnheiten oder Abhängigkeiten am besten loswerden können, indem sie abrupt damit aufhören (statt nach und nach zu reduzieren), kann das auch bei einem Kind die richtige Methode sein, wenn alle anderen Methoden fehlgeschlagen sind. Vielleicht kommt Ihr Kind besser mit einer solchen Ein-für-alle-Mal-Veränderungen zurecht und akzeptiert das Neue besser, wenn es kein Zurück mehr gibt. Manche Kinder bewältigen Neues besser, wenn es einfach plötzlich da ist, als wenn man sie lange im Voraus darauf vorbereitet. Solange der „kalte Entzug" mit einer positiven Grundeinstellung angegangen wird und Ihnen diese Methode für Ihr Kind richtig erscheint, wird sie wahrscheinlich auch funktionieren.
  Es gibt viele positive Methoden, um Schluss zu machen mit dem Schnuller. Was aber definitiv nicht funktioniert, ist Abwerten und Beschämen. Wenn Sie beispielsweise sagen: „Nur Babys brauchen einen Schnuller", oder drohen: „Hör auf zu heulen, oder ich nehme dir deinen Nucki weg", sind das völlig ungeeignete Ansätze, weil sie nur zu Machtkämpfen führen, die im Grunde niemand gewinnen kann.

EXPERTENMEINUNGEN

Laut Aussage der *American Academy of Pediatric Dentistry* ist das Saugen bei Babys und Kleinkindern völlig normal. Die AAPD vertritt darüber hinaus die Überzeugung, dass die Zähne und der Kiefer vom Nuckeln keinen Schaden nehmen, weil die meisten Kinder zwischen zwei und vier Jahren von selbst damit aufhören. Wenn jedoch immer am selben Finger oder Schnuller gesaugt wird, können die oberen Frontzähne nach vorn gedrückt werden und es entwickelt sich wegen des ständigen Drucks eine Fehlstellung.

Die AAPD stellt außerdem fest, dass Eltern sich eigentlich keine Sorgen wegen des Schnullernuckelns machen müssen, solange die neuen Zähne noch nicht da sind. Nach Meinung der AAPD haben Daumenlutschen und Nuckeln auf einem Beruhigungssauger dieselbe Wirkung auf die Zähne, wobei allerdings der Schnuller wesentlich leichter abzugewöhnen ist.

Obwohl Zahnuntersuchungen ergeben haben, dass die Benutzung von Schnullern unschädlich ist, haben Wissenschaftler aus Finnland kürzlich eine Untersuchung veröffentlicht, aus der hervorgeht, dass bei Kindern unter zwei Jahren die Schnullerbenutzung zu einer Häufung von Mittelohrinfektionen führen kann. Es lag eine Erhöhung von 3.6 auf 5.4 Fälle pro Jahr vor. Bei Kindern im Alter zwischen zwei und drei Jahren erhöhte der Schnullergebrauch die Anzahl von 1.9 auf 2.7. pro Jahr. Vermutlich behindert entweder die Saugbewegung bei der Schnullerbenutzung das richtige Funktionieren der eustachischen Röhren (die normalerweise das Mittelohr offenhalten und für dessen Belüftung und Sauberkeit sorgen), oder – besonders, wenn das Kind in einer Betreuungseinrichtung ist – Schnuller fungieren als Keimverbreiter, durch die Infektionen weitergegeben werden. Die Verfasser der Untersuchung empfehlen deshalb, Schnuller nur in den ersten zehn Lebensmonaten zu verwenden, wenn das Saugbedürfnis am stärksten ist und Mittelohrentzündungen noch relativ selten vorkommen.[1]

Wenn es um Ratschläge für Eltern geht, hören Sie auf Ihren Bauch. Wenn Leute Ihnen raten, was Sie tun sollen, nehmen Sie sich (wenn überhaupt etwas) davon das, was für Sie passt, und schmeißen Sie den Rest hinaus. Sie kennen Ihr Kind selbst am besten!

Genau wie auf so vielen anderen Gebieten in der Kindererziehung, gibt es auch in der Schnuller-Debatte kein Richtig oder Falsch. Ich habe an dieser Stelle einfach nur Informationen für Sie gesammelt, und Sie können diese Informationen, Ihre elterliche Intuition und die Persönlichkeit Ihres Kindes nehmen und sich das für Sie pas-

1 www.drgreene.com/21_608.html

sende heraussuchen. Für welchen Weg Sie sich auch immer entscheiden, ich kann Ihnen versichern, dass Ihr Kind deswegen nicht in der Kinderpsychiatrie landen wird!

Szene 12, die Zweite

AM GITTERBETTCHEN

Vater *legt den zweijährigen Henry in sein Gitterbettchen:* So, Kumpel. Denk daran, dass wir die ganze Woche darüber gesprochen haben, deinen Schnuller gegen eine Überraschung einzutauschen. Heute ist es so weit. Bist du bereit? Ich bin es jedenfalls.
Henry *springt im Bett auf und ab:* Ja, Papa!
Mama *greift unter das Bett, um etwas hervorzuholen:* Weil du jetzt ja schon ganz groß bist, mein Schatz, haben wir dir etwas ganz Besonderes gekauft. *(Sie gibt ihm das Geschenk.)*
Henry *(aufgeregt):* Für mich! Ist das meins? *(Er drückt das neue Kinderbettkissen fest an sich, auf das sein Name und ein Feuerwehrauto aufgestickt sind – Feuerwehrautos sind für ihn das Größte.)*
Vater *umarmt Henry:* Ich freu mich, dass es dir gefällt. Ich wünsche dir eine schöne erste Nacht damit.
Mutter *umarmt Henry ebenfalls:* Ich bin so stolz auf dich!
Henry *drückt sein Kissen:* Nacht, Papa. Nacht, Mama.
Mutter und Vater: Wir haben dich lieb.
Henry: Ich hab euch auch lieb.

ZUSAMMENFASSUNG

Wie haben diese Eltern ihrem Kind geholfen, sich von seinem Schnuller zu trennen?

- ✘ *Das Kind ist vorbereitet und die Erwartungen sind klar formuliert.* Die Eltern haben einen Plan, den sie auch umsetzen.
- ✘ *Eine positive, selbstverständliche Grundhaltung macht das Kind ebenso positiv und sicher.* Sie ernten, was Sie säen.
- ✘ *Halten Sie Ausschau nach Zwischenstationen auf dem Entwicklungsweg,* die Sie gebührend feiern können. Der Abschied vom Schnuller ist der nächste Entwick-

lungsschritt, der zum Großwerden dazugehört. Es ist eine Sache, deren Stellenwert genau so hoch ist, wie Sie es festlegen.

- ✗ *Die Eltern werden nicht weich.* Die Eltern hatten einen Plan und haben sich daran gehalten.
- ✗ *Der Vater ist der Anfeurer.* Bestätigung und Ermutigung funktionieren wirklich!
- ✗ *Die Eltern geben ihrem Kind liebevolle und zärtliche Bestätigung.* Benutzen Sie Koseworte und sagen Sie Ihrem Kind immer wieder, wie lieb Sie es haben.
- ✗ *Die Eltern treten als Team auf.* Treten Sie als unverrückbares Team auf, wenn größere Veränderungen anstehen. Signalisieren Sie dem Kind, dass Sie sich einig sind und beide das Gleiche vertreten werden.
- ✗ *Wenn Sie eine Tür zumachen, öffnen Sie ein Fenster.* Geben Sie Ihrem Kind etwas, worauf es sich freuen kann, wenn es sich vom Schnuller verabschiedet.

Kapitel 13

ZEIT FÜR DIE AUSZEIT

Szene 13, die Erste

IM SPIELZIMMER

(Sarah wirft ihr Spielzeugauto gegen den Fernseher.)
Mutter: Hey, Sarah. Hör auf damit!
(Sarah blickt auf und spielt dann weiter Auto gegen den Fernseher.)
Mutter: Hast du nicht gehört, was ich gesagt habe? Ich habe gesagt, du sollst damit aufhören! *(Sie geht zu Sarah und nimmt ihr das Auto weg.)*
Sarah *wirft sich auf den Boden und schreit:* Nein, gib mir das! Ich will mein Auto!
Mama: Hör sofort auf, so ungezogen zu sein! Das passiert, wenn du nicht auf mich hören willst!

Wenn Sie es bisher noch nicht bemerkt haben – das immer gleiche Thema ist Konsequenz. Es gibt unterschiedliche Möglichkeiten, auf nicht erwünschtes bzw. unangemessenes Verhalten eines Kindes zu reagieren. Welche Methode auch immer Sie wählen, der entscheidende Faktor beim Erreichen Ihres Erziehungszieles ist ... Konsequenz!

Wenn Sie sich für einen proaktiven Erziehungsstil entschieden haben, dann möchten Sie lieber vorbeugend handeln als reagieren. Worin der Unterschied besteht? Ein reagierender Elternteil lässt sich von seiner Stimmung oder seinen Impulsen leiten, wenn ein Kind sich schlecht benimmt, ihn ärgert oder nicht gehorcht. Ein proaktiv agierender Elternteil dagegen hat einen Plan im Kopf, den er konsequent verfolgt, sobald das Kind Theater macht.

Ein hervorragendes Werkzeug für diesen aktiven Erziehungsstil ist die bewährte

„Auszeit", Ich garantiere Ihnen, dass diese Methode bei korrekter Anwendung ausgesprochen effektiv ist.

WAS IST EINE AUSZEIT?

Eine Auszeit ist eine festgesetzte Zeitspanne, für die das Kind aus einer schwierigen Situation herausgenommen wird und allein für sich an einem eigens dazu ausersehenen Ort verbringt. Für Kleinkinder ist das eine Zeit, um durchzuatmen, die Gefühle zu sortieren und „von der Palme runterzukommen". Für ältere Kinder ist es eine Zeit, in der sie über ihr eigenes Handeln und Verhalten nachdenken können (oder zumindest so tun können, als ob). Wenn Sie einem Kind eine Auszeit verordnen, dann dürfen Sie ihm in dieser Zeit weder Aufmerksamkeit noch Lob geben.

Sie entfernen das Kind aus einer bestimmten Situation und nehmen es aus dem Umfeld heraus, in dem es sich gerade befindet.

Wohin konkret soll man ein Kind für eine Auszeit schicken (bzw. bringen)? Es gibt verschiedene Orte, die sich dazu gut eignen: Es kann ein bestimmter kleinerer Teppich sein, ein niedriger Hocker, eine Zimmerecke oder ein spezieller „Auszeit"-Stuhl. Manche Eltern dekorieren diesen Platz besonders und/oder suchen sich einen Stuhl aus, der klein und gut zu transportieren ist, damit man ihn auch unterwegs dabei haben kann.

Solange Sie allerdings zu Hause sind, ist es wichtig, dass Auszeiten immer am selben Platz stattfinden. Dazu eignet sich so gut wie jeder Platz im Haus oder der Wohnung, allerdings sollten zwei Orte nicht für die Auszeit verwendet werden, und zwar das Bett des Kindes und das Bad. Das ist deshalb so, weil mit diesen beiden Räumen möglichst keine unangenehmen Assoziationen verbunden sein sollen – es sollte Ihnen wirklich daran liegen, dass Ihr Kind gern in sein Bett und ins Bad geht.

Ich muss zugeben, dass es schon ein bisschen komisch aussieht, wenn meine beiden fast 6 Jahre alten Schützlinge sich in den kleinen handgetischlerten Kinderschaukelstuhl quetschen, den sie als Kleinkinder bekommen haben und der unser Auszeit-Stuhl ist. Sie sind es so gewohnt, und ich möchte kein System verändern, das sich so lange so gut bewährt hat. Ja, inzwischen ist es sogar manchmal schon so, dass sie von sich aus zu dem Stuhl gehen, wenn sie merken, dass sie eine Regel missachtet oder sich grob daneben benommen haben – ein Zeichen dafür, dass sie äußere Zurechtweisung mittlerweile verinnerlicht haben. (Vermutlich haben auch Sie sich schon einmal selbst eine „freiwillige Auszeit" verordnet, um sich zu sortieren und ruhiger entscheiden und handeln zu können.)

Sie wissen, dass Sie die Kontrolle über einen Streit mit Ihrem Kind verloren haben, wenn Sie es sind, die auf Ihr Zimmer gehen.
– Babs Bell Hajdusiewicz –

Die Auszeit-Methode kann schon bei anderthalbjährigen Kindern sehr wirkungsvoll sein. Eine Faustregel besagt, dass man eine Minute Auszeit pro Lebensjahr des Kindes rechnet. Ein zweijähriges Kind soll also im Idealfall zwei Minuten in der Auszeit bleiben.

WIE EINE TYPISCHE AUSZEIT AUSSIEHT

Lassen Sie uns jetzt einmal anschauen, wie diese Methode im wirklichen Leben funktioniert, und zwar bei einem Kleinkind, das sich als Tyrann aufspielt: Die zwei Jahre alte Eva nimmt ihrer Babyschwester ein Spielzeug weg. Ihre Mutter sagt freundlich, aber bestimmt: „Eva, bitte gib deiner Schwester die Rassel zurück."

Wenn sie es tut – großartig! Ist das nicht der Fall, folgt Schritt 2: Die Mama geht auf Augenhöhe mit Eva, schaut ihr direkt in die Augen und sagt noch einmal mit fester Stimme und energischem Tonfall, aber immer noch ganz ruhig: „Eva, ich habe dich gebeten, deiner Schwester die Rassel zurückzugeben. Wenn du jetzt nicht sofort tust, was ich gesagt habe, dann gehst du auf den Auszeit-Stuhl."

Wenn Eva jetzt gehorcht, wunderbar! Wenn sie allerdings in den nächsten paar Sekunden nicht tut, was sie soll, dann sollte die Mutter wieder mit Eva auf Augenhöhe gehen und mit großer Bestimmtheit zu ihr sagen: „Eva, du hast nicht auf mich gehört und das Spielzeug zurückgegeben. Geh bitte in eine Auszeit."

Für das Kind ist es in diesem Fall eine Hilfe, wenn Sie mit dem Finger in die Richtung zeigen, wo sich der Auszeit-Platz befindet. Bestimmtheit zu signalisieren, das Deuten in die Richtung und ein „Ich will das nicht"-Blick signalisieren alle dasselbe: „Hier findet gerade eine Spaßvollbremsung statt, weil ein *Familienmitglied* die Familienregeln nicht eingehalten hat."

Wenn Ihr Kind sich weigert, zum Auszeit-Platz zu gehen, dann nehmen Sie es einfach hoch und tragen es hin. Bleiben Sie entschlossen und widerstehen Sie dem inneren Drang, dem Kind Versprechungen zu machen, zu verhandeln oder seinem Betteln nachzugeben (manchmal hilft es, sich vorzustellen, Sie wären ein menschlicher Roboter. Schreien, Betteln und Weinen werden von einem Roboter nicht wahrgenommen.) Sagen Sie klar und fest: „Du bleibst da, bis ich dir sage, dass du wiederkommen kannst."

Die meisten Kleinkinder verfügen noch nicht über so viel Selbstkontrolle, dass sie still dasitzen können. Haben Sie keine Angst davor, Ihrem Kind dabei zu helfen, indem Sie es (sanft!) festhalten und am Aufstehen hindern. Wenn Sie das Kind wieder gehen lassen, nur weil es quengelt und zappelt, dann glaubt es, dass es selbst bestimmen kann, wann die Erziehungsmaßnahme zu Ende ist. Es meint dann, dass es das Sagen hat, und das ist nicht gut! Hier haben wir es mit einer Situation zu tun, in der Ihr Kind auf keinen Fall merken darf, wenn Sie ins Schwitzen kommen. Sie müssen sicher, bestimmt und ruhig bleiben und damit signalisieren, dass Sie alles im Griff haben. Auch wenn Sie sich kein bisschen sicher und ruhig fühlen, tun Sie so, als ob das der Fall wäre, und zwar so lange, bis sich das entsprechende Gefühl tatsächlich einstellt!

Ich bevorzuge die Auszeit als Erziehungsmaßnahme, weil sie Widerworte, Verhandeln, Schreien und Schimpfen ausschaltet. Sie zielt auf das Verhalten des Kindes ab, nicht auf die Person, und sie ist nicht emotional belastet. Das Handeln des Kindes ist nicht gut oder böse, sondern annehmbar oder eben unannehmbar (Das ist eine wichtige Unterscheidung. Es erinnert Sie auch noch einmal daran, dass das Verhalten Ihres Kindes nur vorübergehend ein wenig aus dem Tritt ist und deshalb angepasst werden muss, dass Sie aber kein böses Kind in die Welt gesetzt haben.)

Wird sie richtig angewendet, hält die Auszeit-Methode das Selbstwertgefühl des Kindes aufrecht, aber gleichzeitig wird ihm auch deutlich gemacht, dass sein Verhalten Folgen hat. Außerdem wird dadurch noch einmal bestätigt, dass die Eltern für das Kind zuständig sind und das Sagen haben.

WIRKSAME AUSZEITEN

Damit Auszeiten eine positive Wirkung haben, muss dem Kind zur Vorbereitung zunächst einmal deutlich erklärt werden, was überhaupt von ihm erwartet wird. Ihr Kind muss genau wissen und verstanden haben, welches Verhalten akzeptabel ist und welches nicht. Wichtig ist dabei, dass Ihre Erwartungen angemessen und realistisch sind. Sie können von einer Zweijährigen beispielsweise nicht erwarten, dass sie stets bereitwillig alles mit ihrer kleinen Schwester teilt; aber Sie können und sollten von ihr erwarten, dass sie ein paar grundsätzliche „No-gos" begreift: Es ist nicht in Ordnung, die kleine Schwester zu schlagen und durch dieses Verhalten bekommt sie auf gar keinen Fall, was sie möchte (es sei denn, sie möchte lange an einem langweiligen Ort sitzen.)

Auch den Ablauf und den Sinn einer Auszeit sollten Sie Ihrem Kind in einer nicht gestressten Situation in aller Ruhe erklären.

Wenn möglich sollte dann die Konsequenz unmittelbar auf das unerwünschte Verhalten erfolgen. Das Kind muss eine Verbindung erkennen können zwischen dem Verhalten und der Auszeit. Das erfolgt intensiver, je schneller die Konsequenz einsetzt.

Bevor es zu einem solchen unerwünschten Verhalten kommt, sprechen Sie mit Ihrem Kind darüber, welche Verhaltensweisen auf jeden Fall und sofort eine Auszeit nach sich ziehen. Dazu gehören Beißen, Schlagen und alle anderen körperlichen

Übergriffe gegen andere. Ebenfalls unannehmbar ist es, wenn das Kind seine Eltern beschimpft. Wenn Ihr dreijähriges Kind beispielsweise zu Ihnen sagt: „Halt den Mund!", dann ist es notwendig, es ganz ruhig bei der Hand zu nehmen, zum Auszeit-Platz zu bringen und zu sagen: „So redest du nicht mit Mama. Nie! Wenn du es trotzdem tust, gehst du sofort in die Auszeit."

Überlegen Sie sich ein paar „automatische Auszeiten", die Sie auf jeden Fall durchsetzen wollen, damit Sie in den betreffenden Situationen auch ohne weitere Vorwarnungen und Verzögerungen sofort handeln können.

NICHT ÜBERSTRAPAZIEREN

Sorgen Sie aber dafür, dass Sie Auszeiten nur für bewussten und wiederholten Ungehorsam und Übergriffe gegen andere einsetzen. Missgeschicke und Missverständnisse sollten nicht bestraft werden.

Versuchen Sie kleinere Störungen anders zu regeln. Nehmen wir einmal an, Ihr Kleinkind sagt „Nein!", wenn Sie es auffordern, den Ball wegzulegen. Statt dieses Verhalten nun gleich mit einer Auszeit zu ahnden, wäre es wesentlich konstruktiver zu sagen: „Ich verstehe, dass du gern noch weiter mit dem Ball spielen möchtest. Komm, wirf ihn jetzt noch einmal zu mir, so fest du kannst, und dann legen wir den Ball erst einmal weg und spielen später wieder damit!"

Wenn dieser leichtere Ansatz funktioniert, dann haben Sie sich damit beide eine unnötige Szene erspart und eine Lösung geschaffen, von der Sie beide nur profitieren können. Es ist im Allgemeinen sinnvoll, ganz kleinen Kindern, die rein altersgemäß das Bedürfnis zum Neinsagen haben, eine Alternative anzubieten oder sie mit kleinen witzigen Aktionen (beispielsweise Kitzeln, Fangen spielen oder Ähnliches) abzulenken.

Auszeiten sollten nur verhängt werden, wenn Ihr Kind eine zuvor klar definierte und verstandene Grenze mit seinen kleinen wonnigen Patschefüßchen überschreitet und Ihnen dabei sozusagen provozierend in die Augen schaut. In diesem Augenblick müssen Sie reagieren, und zwar ohne zu zögern.

Wenn Sie mit Ihrem Kind über die unerwünschten Verhaltensweisen gesprochen haben, dann sollten Sie bereit sein, die angekündigten Konsequenzen auch wirklich umzusetzen, wenn nötig auch mehrmals am selben Tag für immer dasselbe Verhalten. Ja, das ist ermüdend, aber es lohnt sich.

Sie bringen Ihrem Kleinkind bei, sich an Grundregeln des menschlichen Zusammenlebens zu halten, und niemand hat gesagt, dass das schnell geht und einfach ist.

Es kann durchaus sein, dass Sie ein Kind wegen eines hartnäckigen Fehlverhaltens mehrmals innerhalb kurzer Zeit in eine Auszeit schicken müssen. Dabei kommt leicht ein Gefühl der Sinnlosigkeit auf, aber halten Sie durch! Machen Sie sich darauf gefasst, getestet zu werden, aber bleiben Sie standhaft!

NACH DER AUSZEIT

Wenn die Auszeit für das Kind zu Ende ist, sollte es dazu ermuntert werden, sich für sein Fehlverhalten zu entschuldigen. Ist das geschehen, signalisieren Sie ihm, dass jetzt alles wieder in Ordnung ist. Das unannehmbare Verhalten, das zur Auszeit geführt hat, soll nicht wieder erwähnt werden (es sei denn, das Kind tut es wieder und muss deshalb erneut in die Auszeit). Halten Sie dem Kind nach „abgesessener Strafe" keine Vorträge mehr.

Eine weitere Strategie, um eine Auszeit zum Erfolg zu machen, besteht darin, das Kind überschwänglich zu loben, wenn man positives Verhalten feststellt. „Hey, Timmy, toll, dass du deinen Becher wieder auf den Tisch gestellt und nicht auf den Boden geworfen hast. Super!" Auch hier gilt wieder, dass Sie das Verhalten ansprechen, nicht das Kind als Person.

Damit ein Lob ankommt, muss es möglichst konkret sein. Wenn Sie sagen: „Du bist aber ein braver Junge!", dann bedeutet das nicht viel, wenn der Junge nicht weiß, was an seinem Verhalten Ihnen so gut gefallen hat.

Wir Frauen haben ja auch spezifische Komplimente am liebsten. Ihr Mann sollte nicht so allgemein sagen, dass Sie schön sind, sondern er sollte davon schwärmen, wie Ihr ebenholzfarbenes Haar im Mondlicht schimmert und wie es hell wird, wenn Sie mit Ihrem bezaubernden Lächeln einen Raum betreten. Wir Frauen möchten all die knackigen Details hören! Und Kinder sind da nicht anders! Also seien Sie konkret. Sagen Sie nicht: „Was bist du für ein toller großer Bruder!", sondern versuchen Sie es mal mit. „Das war aber lieb, wie du deiner kleinen Schwester gerade so zart übers Köpfchen gestreichelt hast!"

AUCH ELTERN BRAUCHEN AUSZEITEN

Elternsein kann einen schon manchmal überfordern. Hin und wieder haben Sie bestimmt das Gefühl, gleich die Beherrschung zu verlieren. Wenn das der Fall ist, sollten Sie Ihr Kind an einen sicheren Ort bringen, beispielsweise in sein Bettchen, das Laufställchen oder einen anderen eingegrenzten Bereich ... und sich dann etwas Zeit nehmen, um sich abzuregen und wieder zu sammeln. Wenn Sie sich so eine Zeit für sich selbst nehmen, bedeutet das nicht, dass Sie eine schlechte Mutter oder ein schlechter Vater sind – im Gegenteil! Sorgen Sie nur immer dafür, dass Ihrem Kind in der Zeit nichts passieren kann, die Sie zum Durchatmen brauchen. Mehr als 10 Minuten sollten das aber nicht sein.

DIE 1-2-3-METHODE

Ich wünschte, ich könnte von mir behaupten, die Erfinderin dieser genialen Erziehungstechnik zu sein, aber ich vertrete den Grundsatz „Ehre, wem Ehre gebührt".

Thomas Phelan ist der Verfasser des Buches *Die 1-2-3-Methode für Eltern,* das einem jede Menge Probleme ersparen kann. Wenn Sie noch nie ein Wunder erlebt haben, lesen Sie dieses Buch und wenden Sie die darin beschriebenen Techniken an! Ein großartiger Aspekt an Phelans Ansatz besteht darin, dass es sich um eine sehr „unemotionale" Erziehungsmaßnahme handelt. Außerdem ist der Ansatz außerordentlich konsequent, praktisch, bestimmt, fair und ausgewogen.

Es gibt zahlreiche Erziehungsansätze, die aus Eltern früher oder später frustrierte Kasernenhofoffiziere machen; andere Ansätze dagegen sind zu lässig und locker. Die 1-2-3-Methode sorgt für ein gutes Verhalten beim Kind, weniger gestresste Eltern und ein hohes Maß an Selbstwertgefühl bei allen Beteiligten.

Phelans Methode hat drei Komponenten: Als Erstes die „Stopp-das-negative-Verhalten"-Komponente, die einsetzt, um zunächst das unerwünschte Verhalten zu beenden. Als nächstes folgt die Technik, mit der neues Verhalten eingeführt wird. Dadurch soll das Kind ermutigt werden, das zu tun, was Sie möchten. Und schließlich gibt es noch das beziehungsbildende Handeln, das die Eltern-Kind-Bindung vor und nach der Disziplinierungsmaßnahme stärkt. Es würde zu weit führen, hier nun den Inhalt in Kurzform wiederzugeben.

Das Buch ist mit gutem Grund mehr als zwei Millionen Mal verkauft worden und eine unschätzbar wertvolle Quelle für Eltern von Kindern zwischen zwei und zwölf. Ich kann Ihnen nur ans Herz legen, sich dieses Buch anzuschaffen und die darin beschriebenen Prinzipien zu beherzigen!

ALTERNATIVEN ZUR AUSZEIT

Nicht immer ist eine Auszeit die richtige Disziplinierungsmaßnahme. Hier kommen ein paar Alternativen, wenn Ihr Kind relativ leicht zu lenken ist.

ABLENKUNG

Man kann die Aufmerksamkeit des Kindes einfach auf etwas anderes lenken, um es von einem unerwünschten Verhalten abzubringen beziehungsweise dem vorzubeugen. (Das alte „Schau mal aus dem Fenster. Was ist denn das da? Ein Traktor!?“ funktioniert bei Kleinkindern meist ganz prima. Ich benutze gern Fenster und Spiegel, um ein Kind abzulenken.) Der Vorteil ist, dass diese Technik bei Babys bis zum Krabbelalter ganz entspannt viel bringt, wenn Sie etwas an sich nehmen, das sie nicht haben sollen, wie zum Beispiel Tante Klaras Porzellannippes. Wenn Kinder noch ganz klein sind, vergessen sie ziemlich schnell, was ihnen weggenommen worden ist, vorausgesetzt, ihr Interesse wurde auf etwas anderes gelenkt.

Hier ein typisches Szenario: Ihr Baby krabbelt zum wiederholten Mal trotz Ihrer Ermahnungen, es nicht zu tun, zu einer Steckdose. Eine Auszeit wäre hier wohl kaum das Richtige. Schneiden Sie ihm einfach den Weg ab und setzen Sie sich zwischen das Kind und die Steckdose. Dann lenken Sie die Aufmerksamkeit des Kindes auf sich – wenn Sie beispielsweise einen Ball zur Hand haben, werfen sie den mitten in den Raum. Mit Sicherheit wird das Baby darauf anspringen.

Gegen diese Technik spricht, dass man dem Kind dabei nicht deutlich macht, warum sein Verhalten nicht in Ordnung ist. Man kann sagen: „Steckdosen sind gefährlich, weil man sich daran verletzen kann.“ Wenn das Kind aber noch zu klein ist, um Ursache und Wirkung zu begreifen, dann kann es auch die Logik hinter dieser Regel nicht verstehen. Deshalb ist auch Ablenkung im Allgemeinen für Babys und Krabbelkinder die geeignetste Umlenk-Methode.

NATÜRLICHE FOLGEN

Ich finde es inzwischen richtig gut, gelegentlich mit den natürlichen Folgen bestimmter Verhaltensweisen zu arbeiten, zum Beispiel wenn meine Schützlinge mitten im Winter sagen, dass sie auf gar keinen Fall eine Jacke anziehen wollen. Die zwei Sekunden, die sie dann draußen brauchen, um ihre Meinung zu ändern, sind viel effektiver als 20 Minuten Diskussion darüber, weshalb sie eine Jacke anziehen sollen.

Auch wenn Kinder bei Tisch ihr Essen auf den Boden werfen, funktioniert diese Methode hervorragend. Wenn ein Kind sein Essen auf den Boden wirft, dann bekommt es das ganz einfach nicht zurück, mit der Folge, dass es dann vielleicht hungrig vom Tisch aufsteht. „Wenn du dein Essen auf den Boden wirfst, ist es weg.“ Keine Sorge, das Ausfallen einer Mahlzeit wird Ihr Kind nicht dem Hungertod ausliefern. (Wenn Sie einem ganz kleinen Kind sein heruntergeworfenes Mittagessen nicht wiedergeben, können Sie ihm eine halbe bis eine Stunde nach dem Vorfall einen kleinen nahrhaften Snack geben. Diese Zeit genügt, um dem Kind die Erfahrung eines grummelnden Magens zu vermitteln, aber nicht, um es hungern zu lassen).

Solange es dem Kind nicht schadet, kann es hin und wieder sehr sinnvoll sein, es mit den unangenehmen Folgen seines Verhaltens zu konfrontieren. Man muss seinen gesunden Menschenverstand einsetzen, wenn man diese Methode anwendet, aber natürliche Folgen sind oft die besten Lehrmeister im Leben – für uns alle.

LOGISCHE KONSEQUENZEN

Logische Konsequenzen gehen noch einen Schritt weiter als natürliche Folgen. Beim „natürliche-Folgen-spüren-lassen" lässt man den Dingen einfach ihren Lauf (wenn man im Winter ohne Jacke ins Freie geht, wird es einem sehr schnell kalt). Eine logische Konsequenz erfordert ein bisschen mehr Nachdenken Ihrerseits.

Wenn Sie beispielsweise Ihr Kind bitten, seine Puppe vom Boden aufzuheben und es weigert sich, dann können Sie das für das Kind tun, aber die logische Konsequenz ist dann, dass es nicht mehr mit der Puppe spielen darf. Wenn ein Kind sein Frühstück auf den Boden wirft, dann kann es sein, dass es erstens nichts zu Essen bekommt und zweitens auch noch den Boden putzen muss. Sie stellen auf irgendeine Weise eine logische Verbindung zwischen dem Vergehen und der Erziehungsmaßnahme her, und zwar so unmittelbar und schnell wie möglich.

Wenn ein kleines Kind sich weigert, sich beim Essen richtig auf seinen Stuhl zu setzen und stattdessen immer wieder aufsteht, dann können Sie seinen Stuhl in eine Ecke schieben, wo es dann still und allein seine Mahlzeit fortsetzen muss. Es besteht eine logische Verbindung: *Wenn ich von meinem Stuhl aufstehe, dann kann ich nicht mit den anderen zusammen am Tisch essen.* Es hier die natürlichen Folgen seines Fehlverhaltens spüren zu lassen wäre unangebracht, denn Ihr Kind könnte aus dem Kinderstuhl fallen und sich verletzen. Betrachten Sie die logische Konsequenz als „elterlich modifizierte natürliche Folge".

Denken Sie aber auch daran, gutes Verhalten ebenso mit logischen Folgen zu belohnen. In einem höchst faszinierenden Buch mit dem Titel *Why We Do What We Do* haben Wissenschaftler herausgefunden, dass die innere Motivation von Kindern umso stärker ist, je logischer die Belohnung für gutes Verhalten ist (und nicht je teurer oder je außergewöhnlicher). Den Kindern für eine gute Note in Mathe Geld zu geben kann sich demnach als weniger motivierend erweisen, als ihm zusätzliche Zeit für Mathespiele am Computer zu erlauben.

Wenn ein Kleinkind sein Spielzeug zusammenräumt, wäre eine natürliche Belohnung, wenn Sie sich die Zeit nehmen, auf dem nun sauberen Boden zusammen mit dem Kind etwas zu spielen: „Schau mal, jetzt wo du deinen Fußboden so schön aufgeräumt hast, haben wir hier richtig viel Platz und können gemütlich zusammen ein Puzzle machen!"

IGNORIEREN

Es kann auch funktionieren, unerwünschte Verhaltensweisen wie beispielsweise Wutanfälle oder Gequengel zu ignorieren, wenn alle im Haushalt lebenden Personen sich darin einig sind. Damit diese Methode von Erfolg gekrönt ist, müssen alle wissen, welche Verhaltensweisen genau mit Nichtbeachtung zu strafen sind. Gesunde Menschen hören normalerweise recht bald auf, etwas zu tun, das offensichtlich nicht funktioniert; das gilt auch für Kinder.

ERZIEHUNGSMASSNAHMEN, VON DENEN MAN ABSEHEN SOLLTE

Es gibt einige Erziehungsmaßnahmen, die man vermeiden sollte, und zwar entweder, weil sie unangemessen sind, oder weil sie nicht effektiv sind. In meinem Beruf (das gilt auch für Erzieherinnen und Lehrer) darf eine Methode ganz einfach nicht angewendet werden, und zwar das seit eh und je kontrovers diskutierte Schlagen.

SCHLÄGE

Obwohl es auch Fachleute gibt, die Schläge für ein akzeptables Erziehungsmittel halten, äußern selbst die stärksten Befürworter dieser Methode zahlreiche Warnungen: Schlagen Sie nie im Zorn. Schlagen Sie nie, wenn Sie auch nur im Geringsten dazu neigen, die Beherrschung zu verlieren. Außerdem gibt es eine kontroverse Diskussion darüber, ob man mit der Hand oder einem Stock schlagen sollte – und welches von beiden mehr oder weniger schadet. Ich glaube, dass das Schlagen einfach zu viele Probleme mit sich bringt, von denen eines darin besteht, dass Schlagen oft eher eine Form der Demütigung ist als eine erzieherische Maßnahme.

Es gibt auch Fachleute, die sagen, dass Schlagen als Strafe meist widersprüchlich ist: *Ich schlage mein Kind, damit es lernt, keine anderen Kinder zu schlagen.* Manche Christen benutzen Verse aus dem Alten Testament, oft aus dem Zusammenhang gerissen, um zu rechtfertigen, dass sie ihre Kinder schlagen. Ich überlasse diese Debatte lieber den Theologen, aber ich persönlich glaube, dass eine der Grundaussagen des Neuen Testamentes der ist, dass Jesus immer möglichst liebevoll reagiert hat: „Lasst die Kinder zu mir kommen und hindert sie nicht daran, denn das Reich Gottes gehört denen, die sind wie die Kinder“ (Matthäus 19,14).

Im Zusammenhang betrachtet bestand der Ansatz von Jesus im Umgang mit Menschen generell in bedingungsloser Liebe, verbunden mit Unterweisung, und zwar ohne Gewalt. (Gut, da ist der Zwischenfall, als Jesus die Händler und Geldwechsler mit Hilfe einer Peitsche aus dem Tempel vertreibt. Aber hier hatte es Jesus mit erwachsenen Männern zu tun, die die Armen und Schwachen ausbeuteten und das auch noch am heiligsten Ort Gottes.)

ARGUMENTIEREN

Eine weitere Methode, die besonders bei ganz kleinen Kindern extrem wirkungslos ist, ist das Argumentieren. Versuchen Sie mal einem zweijährigen Kind, das nicht vom Spielplatz nach Hause will, weil es so viel Spaß hat, zu sagen: „So, mein Schatz, jetzt musst du aufhören und vernünftig sein. Wenn du jetzt nicht deinen Mittagsschlaf machst, dann bist du nachher müde und schlecht gelaunt. Dein kleiner Körper braucht noch ganz viel Ruhe, und das bedeutet, dass du jetzt dein Spielzeug einräumen und dann husch ins Bett und schlafen musst. Alles klar?“

Eine wunderschöne Ansprache, aber verschwendeter Atem. Alles, was über: „So, jetzt ist es Zeit für deinen Mittagsschlaf. Husch ins Bett!“ hinausgeht, ist vergebliche Liebesmüh.

UNTERSCHIEDLICHE METHODEN FÜR UNTERSCHIEDLICHE KINDER

Wir wissen ja, dass alle Kinder unterschiedlich sind, dass sie unterschiedliche Persönlichkeiten haben und in unterschiedlichen Entwicklungsstadien sind. Deshalb ist es wichtig, auch einen individuellen Erziehungsansatz für jedes einzelne Kind zu verfolgen. Für welche Methode oder „Methodenkombination“ Sie sich auch immer entscheiden, sie wird so erfolgreich sein, wie Sie sie konsequent anwenden, Ihre Emotionen dabei im Schach halten und Ihr Augenmerk darauf richten, dem Kind schlechtes Verhalten abzuerziehen – nicht, es abzuwerten oder zu entmutigen.

Hört sich das schwierig an? All diese unterschiedlichen Methoden! All die Theorien! Vertrauen Sie Ihrem Bauchgefühl, wenn Sie eine Methode aussuchen, die bei Ihnen und Ihrem Kind am besten funktioniert. Nebenbei bemerkt müssen Sie wahrscheinlich sowieso für jedes Kind wieder eine andere Methode herausfinden. Jedes

Kind hat ja ein anderes Temperament, und deshalb ist es höchst unwahrscheinlich, dass Sie alle Ihre Kinder nach der gleichen Methode erziehen können.

Szene 13, die Zweite

IM SPIELZIMMER

(Sarah wirft ihr Spielzeugauto gegen den Fernseher.)
Mutter: Sarah, Autos sind zum Fahren und nicht zum Werfen da. Hör bitte auf, das Auto gegen den Fernseher zu werfen, und spiel damit auf dem Fußboden. Das war jetzt Nummer eins.
(Sarah blickt auf und spielt weiter das Spiel „Auto gegen den Fernseher").
Mutter *hockt sich vor Sarah, schaut sie direkt an und sagt mit fester Stimme:* Sarah, ich habe gesagt, dass du aufhören sollst, mit dem Auto zu werfen. Zwei.
(Sarah schmeißt wieder das Auto)
Mutter: Sarah, das war jetzt Nummer drei. Leg das Auto hin und geh zum Auszeit-Stuhl, bis ich dir sage, dass du wiederkommen kannst. Autos sind zum Fahren und nicht zum Werfen da. *(Sie zeigt auf Sarahs Auszeit-Hocker in der Ecke des Spielzimmers.)*
Sarah: Nein, Mama, ich hör auch auf.
Mutter: Sarah, geh jetzt, oder ich bring dich hin.
(Sarah geht protestierend los, setzt sich aber auf ihren Hocker.)
Mama nach zwei Minuten: Okay, Sarah, jetzt kannst du wieder zum Spielen kommen.

ZUSAMMENFASSUNG

- ✘ *Sprechen Sie das Verhalten Ihres Kindes an, nicht seine Person.* „Ich hab dich lieb, aber was du tust, ist nicht in Ordnung."
- ✘ *Sagen Sie klar und eindeutig, was Ihr Kind falsch macht.* („Hör auf, das Auto gegen den Fernseher zu werfen.") Setzen Sie das 1-2-3-Vorwarnsystem ein. („Das war das erste Mal."). Weisen Sie das Kind klar darauf hin, welches Verhalten Sie von ihm erwarten („Stell das Auto auf den Boden.").
- ✘ Seien Sie nicht *emotional.* Kein Anschreien, Betteln oder Nörgeln.
- ✘ *Wenn Sie den Auszeit-Ablauf in Gang gesetzt haben, lassen Sie sich auch durch Bet-*

teln und Einlenken des Kindes nicht beirren, selbst dann nicht, wenn es verspricht, das unerwünschte Verhalten zu unterlassen. Das Kind muss lernen, dass nach: „... und das ist das dritte Mal“ die Konsequenz unweigerlich und sofort erfolgt – und zwar immer und ausnahmslos.

- ✘ *Setzen Sie die Auszeit durch, auch wenn Sie dem Kind körperlich helfen müssen, dort zu bleiben.* Setzen Sie es notfalls auch zehnmal sanft, aber bestimmt wieder auf den Stuhl oder den anderen festgelegten Ort.
- ✘ *Wenn die Strafe verbüßt ist, ist sie auch wirklich vorbei.* Sprechen Sie nicht mehr über das Fehlverhalten, es sei denn, das Kind wiederholt es.
- ✘ *Registrieren Sie positives Verhalten und loben Sie es.* Reagieren Sie nicht nur auf unakzeptables Verhalten. Lob motiviert!
- ✘ *Wenn Sie Folgen und Belohnungen einsetzen, (statt Auszeit oder zusätzlich) versuchen Sie diese so natürlich oder logisch wie möglich zu gestalten.*

Kapitel 14

STIMMT ETWAS NICHT MIT MEINEM KIND?

Szene 14, die Erste

IM GARTEN

Susanne: Michelle, glaubst du, dass mit Jan irgendetwas nicht stimmt?
Michelle: Nein. Wieso?
Susanne: Weil er so wild ist. Sieh doch nur mal, wie er herumrennt und wie Tarzan schreit. Er ist ständig in Bewegung und immer aktiv. Ist das normal?
Michelle: Susanne, erstens bist du Jans Mutter und kennst ihn seit sechs Jahren. Zweitens: Ich bin nur eine Nanny, und nicht mal seine. Drittens glaube ich, dass du es wüsstest, wenn wirklich etwas nicht stimmen würde. Und viertens spielen die Jungen zum ersten Mal in dieser Saison Fußball. Rennen und Schreien gehören da einfach dazu!
Susanne: Aber deine Kinder benehmen sich so vorbildlich. Ich fürchte ja, dass du uns lieber nicht zu euch nach Hause einlädst.
Michelle: Wenn du so weiter redest, dann komme ich noch auf die Idee, dass mit *dir* was nicht stimmt! Entspann dich mal! Das sind Kinder, und alle Kinder sind unterschiedlich aktiv und haben eine unterschiedliche Persönlichkeit. Du hast eben einen kleinen Tiger, und die Welt braucht auch Tiger.

Manche Eltern lassen sich leicht verunsichern. Wenn die Medien in regelmäßigen Abständen eine neue „Störung des Tages" bei Kindern präsentieren, überrascht es nicht weiter, wenn Eltern sich fragen, ob ihr Kind nur eine Phase durchmacht, eine Verhaltensauffälligkeit hat oder vielleicht doch eine schwerwiegende Störung.

Gerade heute hatten wir wieder eine Verabredung zum Spielen. Die am Anfang des Kapitels beschriebene Szene hat sich wirklich so abgespielt. Die Kinder hatten viel Spaß miteinander und tollten in der ersten warmen Frühlingssonne beim Fußballspielen im Garten herum. Weil die meisten Eltern wissen, dass ich eine Nanny bin, werden mir häufig Fragen gestellt, obwohl die Eltern wahrscheinlich über mehr Erfahrung und Wissen verfügen als ich. Ich bin sicher, dass auch die vielen Fernsehsendungen über Erziehung wie *Die Supernanny* bewirken, dass man sich unter dem Begriff „Nanny" eine Mischung aus Mary Poppins und Mrs. Doubtfire vorstellt.

Weil ich ein Mensch bin, der sich noch stetig weiterentwickelt, versetzen mich solche Erlebnisse wie das in der Szene beschriebene immer wieder in Erstaunen. Dank Austin und Fraser (und ihrer Mutter) habe ich gelernt, dass Kinder schlechte Augenblicke haben, aber nicht schlechte Tage. Ich nehme mir das zu Herzen, besonders, wenn ich ihr Verhalten und ihre Entwicklung beurteile. Ich muss an dieser Stelle sagen, dass ich von Austins und Frasers Mutter genauso viel über Kindererziehung gelernt habe wie sie von mir – wenn nicht mehr.

Im Grunde machen die meisten Mütter und Väter ihre Sache mit der Erziehung ausgezeichnet, und das schließt Sie wahrscheinlich mit ein. Es ist nicht so, dass Eltern ihre Kinder nicht lieben oder nicht ihr Bestes geben, aber manchmal verfügen sie einfach nicht über das Handwerkszeug, das sie in einer konkreten Situation gerade brauchen. Wenn mir also solche Fragen wie in der kleinen Szene gestellt werden, dann gebe ich dem Betroffenen eine ordentliche Portion Bestätigung: „Ja, Sie machen das wirklich großartig!" „Nein, Sie sind keine schlechte Mutter, weil Sie darauf bestehen, dass Ihr Kind tut, was Sie sagen!" „Ja, Ihr Kind ist wirklich toll, einzigartig und etwas ganz Besonderes ... und benimmt sich manchmal wie ein verwöhntes Gör, das Korrektur braucht! Aber das gilt doch eigentlich für die meisten Exemplare der Spezies Mensch, oder? Mich selbst eingeschlossen."

KONKURRENZDENKEN UND VERGLEICHEN

Ich glaube, einer der Gründe, weshalb Eltern ständig das Verhalten ihrer Kinder analysieren müssen, besteht darin, dass sie zu sehr damit beschäftigt sind, ihre Kinder mit anderen Kindern zu vergleichen. Jedes Kind, sogar ein eineiiger Zwilling, ist ein Individuum, das man nicht pauschal mit einem anderen vergleichen kann.

Natürlich gibt es allgemeine Entwicklungsmerkmale, Dinge, die Kinder in einem bestimmten Alter können sollten. Durch solche allgemeinen Maßstäbe lässt sich feststellen, ob Kinder sich grundsätzlich gesund und altersgemäß entwickeln; aber im ganz normalen Alltagsleben ist kein Platz für ein konkurrierendes Vergleichen von Kindern.

Was ist nun aber eigentlich konkurrierendes Vergleichen? Das ist gegeben, wenn

Sie als Eltern ständig den Kontakt mit Kindern im Alter Ihres Kindes suchen, um deren Entwicklungsstand mit dem Ihres Kindes zu vergleichen. Nehmen wir beispielsweise an, Sie sind in einem Spielkreis. Es sitzen etliche Mütter in einem Kreis, jedes mit einem Baby auf dem Schoß.

„Zahnt Ihre Kleine schon?", fragt eine etwas unsichere Mutter.

„Aber natürlich! Sie hat schon fünf Zähne!", antwortet die andere, als hätte ihre Tochter gerade den ersten Platz im Zahnrennen gewonnen.

„Ach, Annabel hat noch gar keinen. Hey, Jana, hat Kira schon Zähne?", setzt die besorgte Mutter ihre Befragung fort.

„Ihr erster Schneidezahn kommt gerade heraus!", antwortet die Mutter.

„Also, jetzt mache ich mir aber wirklich Sorgen. Meinst du, ich sollte mal mit ihr zum Kinderarzt gehen? Annabel hat noch keinen einzigen Zahn, und sie ist zwei Wochen älter als das nächstälteste Kind hier."

Kiras Mutter (die noch drei weitere Kinder hat) lacht und sagt: „Kinder bekommen ihre Zähne in ihrem ganz eigenen Tempo. Ich garantiere dir, dass Annabels Zähne kommen werden. Vielleicht sehnst du dich sogar nach den zahnlosen Zeiten zurück, wenn sie dir beim Stillen zum ersten Mal in die Brust beißt."

Die allgemein angespannte Atmosphäre löst sich in Heiterkeit auf.

Erstmütter sind besonders anfällig für die Falle des Vergleichens. Mütter mit mehr als einem Kind haben schon gelernt, alles ein wenig entspannter anzugehen. Häufig sind das Mütter, die Kinder mit sehr unterschiedlichen Persönlichkeiten und einem ganz unterschiedlichen Entwicklungstempo haben.

Als Fraser und Austin anfangs in den Kindergarten und in die Vorschule gingen (das habe ich allerdings erst später erfahren), gab es immer wieder Erzieherinnen und Lehrerinnen, die regelrecht Angst bekamen, wenn sie hörten, dass „die Zwillinge" kämen. Offenbar hatten sie vorher Erfahrungen mit ziemlich ungebändigten Zwillingen gemacht. Bevor überhaupt jemand die Jungen erlebt hatte oder gar kannte, kursierten bereits die wildesten Gerüchte über das „dynamische Duo". Die Eltern waren nervös und Lehrer schon allein bei dem Gedanken daran überfordert. Die Vorstellung, wie es werden würde mit diesem neuen „Satz Zwillinge", war beherrscht von Erfahrungen, die sie zuvor mit „wilden" Mehrlingen gemacht hatten.

Die Individualität der neuen Zwillinge wurde weder zur Kenntnis genommen, geschweige denn gewürdigt. Die Erwartungen der Lehrer basierten auf dem, was sie bei anderen Zwillingen beobachtet und erlebt hatten. Glücklicherweise hatten die Jungen eine Mutter und eine Nanny, die als ihre Fürsprecherinnen auftraten und dafür sorgten, dass sie als das beurteilt wurden, was sie waren – nämlich zwei Einzelpersonen und nicht der „Zwillingsschrecken", mit dem alle fest gerechnet hatten. Wir bekamen einen kleinen Vorgeschmack davon, was Vorurteile und falsche Vorstellungen anrichten können, und das war wirklich nicht besonders schön.

Ich kann jetzt ein bisschen besser nachfühlen, wie es Müttern seit je her und auf der ganzen Welt ergeht, die mit solchen und noch weit schlimmeren Vorurteilen fertigwerden mussten – Vorurteilen, die auf Gerüchten, falschen Überzeugungen oder einfach der Hautfarbe beruhen.

Aber es tut mir auch weh, wenn Eltern sehr viel unauffälliger ihre eigenen Kinder durch Vorurteile festlegen, indem sie ihnen Eigenschaften wie „langsam", „widerspenstig" oder ähnliches zuordnen und die Geschwister dieses Kindes fast zu Heiligen hochstilisieren. Für ein so festgelegtes Kind ist das furchtbar schmerzlich.

Wenn Sie Ihr Kind mit einem anderen vergleichen, dann ist eines von beiden automatisch „schlechter als ...". Eine solche Beurteilung Ihres Kindes beruht auf ungerechten, falschen Annahmen und Beobachtungen, und entweder wird Ihr eigenes oder das andere Kind den von Ihnen gesetzten Standards nicht gerecht.

Solange Ihr Kind die Vorsorgeuntersuchungen beim Kinderarzt problemlos absolviert und die dortigen Anforderungen erfüllt, entspannen Sie sich – Ihr Kind ist in Ordnung! Ihr Kind ist ein einzigartiger, kostbarer Mensch.

Im Durchschnitt beginnt ein Kind im Alter zwischen 7 und 10 Monaten zu krabbeln. Es gibt aber auch Kinder, die krabbeln erst mit 12 Monaten, und manche krabbeln überhaupt nicht, sondern gehen vom Sitzen sofort zum Laufen über. Wenn Ihr Kind bei den kinderärztlichen Vorsorgeuntersuchungen über oder unter den Vorgaben liegt, besteht noch lange kein Grund zur Beunruhigung. Gott hat Ihr Kind als Einzelstück geschaffen, nach einem einzigartigen Plan. Bringen Sie anhand zuverlässiger Quellen in Erfahrung, wie Sie Ihr Kind am besten fördern und unterstützen können, und dann entspannen Sie sich einfach. Wenn eine andere Mutter Sie fragt, warum Ihr Kind immer noch nicht sitzen kann, dann können Sie sagen: „Jedes Kind hat eben sein eigenes Tempo. Das kommt schon noch."

Sie sollten zwar Ihr Kind nicht mit anderen vergleichen, aber Sie können es durchaus mit *sich selbst* vergleichen, um geistige oder körperliche Fortschritte besser zu erkennen. Sie können sein Verhalten mit früheren Verhaltensweisen vergleichen und seinen Appetit mit dem bei früheren Mahlzeiten. Sie können vergleichen, wie es sich vor einem halben Jahr verhalten hat und wie es heute ist. Wenn Sie feststellen, dass Ihr Kind plötzlich keinen Appetit mehr hat oder sich ganz anders verhält als sonst (wenn beispielsweise ein sonst pflegeleichtes Baby hektisch und quengelig ist), dann werden Sie mit Ihrem Mutterinstinkt wahrscheinlich automatisch merken, dass mit dem Baby irgendetwas nicht stimmt – selbst wenn es dem Arzt nicht sofort auffällt. Früher haben Ärzte gern gesagt: „Ach, alle Babys sind hin und wieder quengelig. Machen Sie sich keine Sorgen!" Heute wird da häufiger schon etwas genauer nachgefragt, um zu einer genaueren Einschätzung zu gelangen. „Ist Ihr Baby normalerweise ruhiger? Quengelt es häufiger um diese Tageszeit?"

ANDERS IST NICHT SCHLECHTER ODER BESSER

Jedes Kind ist anders (Gott sei Dank). Kinder haben unterschiedliche Gene, eine unterschiedliche Persönlichkeit und unterschiedliche Lebenserfahrungen, durch die ihr Wesen mit geprägt wird. Aber dass Kinder so einzigartig sind, bedeutet noch lange nicht, dass sie deshalb besser oder schlechter sind als andere. Kenny beispielsweise liebt vielleicht Basketball über alles, während Kevin ein begeisterter Koch ist. Hat der eine deshalb mehr Lob und Anerkennung verdient als der andere? Nein!

Unterschiede bei Kindern sollten einfach angenommen werden. Außerdem sollten Eltern immer daran denken, dass bestimmte Fähigkeiten oder Vorlieben schon in ein paar Monaten ganz anders ausfallen können. Zwanghaftes Vergleichen kann richtig hässlich werden. Wenn Susi mit 15 Monaten schon einen Purzelbaum kann, Ihr Kind das aber mit 2 Jahren immer noch nicht schafft, könnten Sie (fälschlicherweise) annehmen, dass mit Ihrem Kind etwas nicht in Ordnung ist. Die Tatsache, dass Susi etwas besser kann als ihr Kind, verletzt das Ego unsicherer Eltern. Im Allgemeinen macht so etwas dem Kind selbst absolut nichts aus, weil es einfach noch zu klein ist, um sich über solche Dinge überhaupt Gedanken zu machen.

Aber manche Eltern leiten ihren eigenen Wert von den „Erfolgen" ihrer Kinder ab, und das fängt – ob Sie es glauben oder nicht – oft bereits im Babyalter an! Kinder spüren oft genau die unterschwelligen Anzeichen von Unsicherheit oder Rivalität ihrer Eltern.

Natürlich wollen wir alle, dass unsere Kinder supertoll sind, aber das bedeutet mehr als die Goldmedaille im Purzelbaumschlagen zu bekommen. Es bedeutet zu lernen, im Rahmen der eigenen Fähigkeiten und Talente sein Potenzial auszuschöpfen und sein Bestes zu geben. Ihr Kind wird ganz sicher nicht in allem das Beste sein, aber in irgendetwas wird es ganz bestimmt richtig gut – vielleicht ja darin, andere von der Seitenlinie aus anzufeuern und zu ermutigen.

JUNGEN SIND EBEN JUNGEN

Obwohl alle Kinder unterschiedlich sind, gibt es eine Untergruppe von Jungen, die sich von allen anderen abhebt. Sie wissen sicher, wen ich meine. In diese Gruppe gehören Jungen, die schon sehr früh laufen können, Autos und Bälle lieben, sich ständig mit anderen Jungen balgen, pausenlos in Bewegung sind und offenbar über unbegrenzte Energie verfügen. Sie sind auf dem Spielplatz diejenigen, die alles und alle im Griff haben.

Jemand, der noch keinen Jungen aus dieser Untergruppe in Aktion erlebt hat und ruhige, fügsame Kinder gewohnt ist, könnte durchaus auf den Gedanken kommen, dass mit solchen „Fegern“ irgendetwas nicht stimmt. Sie bekommen häufig das Etikett „wild“ oder „verhaltensauffällig“ verpasst, obwohl sie eigentlich nur aktive Kinder sind, die ihre Umwelt erforschen. So lange ein solcher Draufgänger nicht sein Leben gefährdet, sollte man ihm die Freiheit lassen, in seinem eigenen Tempo zu forschen und zu erkunden (das wird wahrscheinlich dann „volle Kraft voraus“ sein).

Ich erinnere mich, wie ich einmal auf einem Spielplatz war, als meine beiden Schützlinge zwei Jahre alt waren. Ich bin nicht dafür, Kinder auf Schritt und Tritt zu bewachen, sondern ich habe früh damit begonnen, die Jungen an einen geschützten Ort zu bringen, damit sie dort alles möglichst frei und selbstständig erkunden konnten. Sicher, sie sind hingefallen und haben sich auch die eine oder andere Beule geholt, aber das gehört zum Großwerden nun mal dazu.

Als Nanny wusste ich, dass ich den richtigen Beruf gewählt hatte, als meine Arbeitgeberin eines Tages zu mir sagte: „Hey, wir haben Zwillingsjungen. Wenn wir nur einmal pro Jahr in die Notaufnahme müssen, werte ich das als Erfolg.“ Vielleicht hat sie dabei ein bisschen übertrieben, aber wahr ist, dass man Kinder nur bedingt vor Schrammen und Beulen schützen kann, wenn man sie nicht in Watte packen oder im Kinderzimmer einsperren will. (Eine Anmerkung für Zwillingseltern: Einmal pro Jahr in die Notaufnahme war wirklich nicht besonders übertrieben!).

Heutzutage ist sehr viel getan worden, was die Sicherheit von Spielplätzen betrifft, und alle Eltern wissen das zu schätzen (ganz zu schweigen von den Ärzten in den Notaufnahmen). Der Umstand, dass wir nicht mit den kleinen Rennmäusen mithalten können, bedeutet nicht, dass mit ihnen etwas nicht stimmt. Ich habe einmal gehört, wenn ein Durchschnittserwachsener sich so viel bewegen würde wie ein durchschnittlicher Zweijähriger, wäre er olympiaverdächtig. Das glaube ich sofort!

Lassen Sie also Ihre kleinen wilden Kerle aktiv sein, und auch die Mädchen, die viel Energie haben, müssen die Möglichkeit haben, sich richtig auszutoben. Gott hat sie nun mal so gemacht.

WEG MIT DEN ETIKETTEN

Weil ich fest davon überzeugt bin, dass Kinder sich so verhalten, wie es von ihnen erwartet wird, glaube ich auch, dass man ein Kind schon früh auf ein negatives Verhalten festlegen kann, indem man es in eine Schublade steckt und beschließt, dass es „ängstlich“, „rebellisch“ oder „introvertiert“ ist. Das Kind wird dann auch unweigerlich genau so werden, und zwar mit allem, was es bedeutet.

Es gibt eine ebenso berühmte wie erschütternde Studie mit Kindern, die normal intelligent waren und sich gut benahmen. Man sagte allerdings den an dem Versuch beteiligten Lehrern, bevor sie den Klassenraum betraten, dass es sich um minderbegabte und verhaltensauffällige Kinder handele. Das Ergebnis war, dass sich die Kinder den Erwartungen ihrer Lehrer anpassten.

Auch die umgekehrte Variante funktionierte genauso: Den Lehrern wurde gesagt, sie kämen in eine Klasse hochbegabter Kinder, in Wirklichkeit aber handelte es sich um verhaltensauffällige Kinder, deren IQ deutlich unter dem Durchschnitt lag. Die Leistungen der Kinder verbesserten sich deutlich und entsprachen den Erwartungen der Lehrer.

Wenn es ein Herzensanliegen gibt, das ich allen Eltern vermitteln möchte, dann ist es Folgendes: *Legen Sie Ihre Kinder nicht fest.* Es sei denn, das Etikett, das Sie ihnen verpassen, lautet: „einzigartig und geliebt" – in dem Fall mache ich eine Ausnahme.

Dieses Etikettieren geschieht ja meist gar nicht direkt und bewusst, sondern es kann schon passieren, wenn man einem kleinen Kind sagt, dass es nicht gut Bildchen im Malbuch ausmalen kann, selbst wenn das nur scherzhaft gemeint ist. Auf jeden Fall wird das Kind dadurch in seinem Selbstwertgefühl verletzt. Es verliert nicht nur sein Vertrauen in jegliche künstlerische Fähigkeit, die es hat, sondern bastelt oder malt künftig wahrscheinlich gar nicht mehr oder nur noch ungern.

Ich kenne einen Mann von Mitte 40, der sich noch genau daran erinnert, wie seine Mutter einmal in sein Zimmer kam, als er gerade mit Begeisterung dabei war, ein Bild zu malen. Er blickte von seinem Kunstwerk auf , sah seine Mutter strahlend an und sagte: „Malen macht Spaß! Ich will Kunstmaler werden, wenn ich groß bin!" Und sie sagte: „Dann sorge mal lieber dafür, dass du auch einen anständigen Beruf lernst, denn mit Malen kann man kein Geld verdienen, es sei denn, man heißt Picasso – und so gut bist du nicht." Mein Bekannter sagt, dass in diesem Augenblick etwas in ihm erstarb. Er legte den Pinsel aus der Hand und hat seitdem nie wieder gemalt.

Erinnern Sie sich noch, dass ich Kevin und Kenny erwähnt habe? Der eine kochte mit Begeisterung und der andere liebte Basketball, und zwar im zarten Alter von 4 bzw. 6 Jahren. Wenn man Kenny das Etikett „zukünftiger Basketballstar" anheftet und Kevin ständig vor anderen als „unseren kleinen Chefkoch" tituliert, dann schränkt man dadurch all das ein, was sie vielleicht sonst noch ausprobieren und wofür sie sich vielleicht im nächsten Jahr interessieren würden. Wer sagt denn, dass sie nicht schon morgen eine ganz andere Leidenschaft entwickeln?

Etiketten wirken sich auch auf das Verhalten aus. Wenn Sie einem Kind sagen, dass es eine freche Göre ist, dann wird es – Überraschung! – genau das auch werden. Kinder suchen Orientierung bei ihren Eltern, und außerdem versuchen sie grundsätzlich, zu gefallen und es den Eltern recht zu machen. Wenn Sie zu Ihrem Kind sagen: „Du bist eine freche Göre", dann Achtung! Ihr Kind wird unterbewusst denken: *Ich bin also eine freche Göre, aber dann bin ich auch eine richtig gute.*

Es gibt noch einen Grund, weshalb ich Etiketten wirklich hasse. Sie kleben an einem – besonders wenn sie von Autoritätspersonen vergeben werden. Wenn ein Kind einmal auf eine Rolle festgelegt ist, dann geht diese mit ihm, wo immer es auch auftaucht ... es sei denn, Sie entfernen es völlig aus dem Umfeld, durch das es festgelegt worden ist. Wenn man beispielsweise einem Vorschulkind das Etikett „hyperaktiv“ verpasst, dann wird dieses Etikett auch höchstwahrscheinlich in der Grundschule weiter an ihm haften, oft ohne dass das Ganze durch Fachleute bestätigt oder ordentlich diagnostiziert worden ist. (Klatsch und Tratsch unter Lehrern können solche Informationen erstaunlich schnell verbreiten – egal, ob sie richtig oder falsch sind.) Dabei ist es in Wahrheit vielleicht nur so, dass Ihr Kind viel Energie hat und sehr lebhaft ist oder dass es gerade eine Phase durchmacht, in der es besonders aufgedreht ist. Bevor Sie zulassen, dass jemand Ihr Kind mit einem solchen Begriff prägt, sorgen Sie wenigstens dafür, dass ein dafür ausgebildeter Fachmann sich dazu äußert – und holen Sie außerdem möglichst noch eine zweite Meinung ein.

Und noch ein wichtiger Punkt: Ich habe schon von so vielen Eltern gehört, die sich Sorgen darüber machen, dass ihr Kind rebellisch wird und vielleicht irgendwann als Jugendstraftäter endet. Wenn ich dann nachfrage, wie alt denn das Kind ist, bekomme ich fast immer als Antwort, dass es zwischen 2 und 3 Jahren alt ist. Dann lache ich und sage: „Fast alle Zwei- und Dreijährigen sind rebellisch und trotzig. Deshalb wird diese Zeit von Fachleuten auch oft als ´erste Pubertät´ bezeichnet.“

Lassen Sie Ihrem Kind Raum, sich zu entwickeln. Viele Eltern berichteten mir, dass ihr trotzigstes Kleinkind später das unkomplizierteste war. Es ist erst vorbei, wenn es vorbei ist. Und vorbei ist es erst, wenn wir vorm Himmelstor stehen. Genau wie unsere Kinder entwickeln auch wir uns ständig weiter, lernen ständig dazu und werden hoffentlich auch immer echter. Wäre es nicht frustrierend für Sie, alle Bemühungen um persönliche Veränderungen aufzugeben, nur damit Ihre Angehörigen bei dem Etikett bleiben können, das sie Ihnen irgendwann einmal aufgedrückt haben? Das wäre so, als würden Sie mit einem Klotz am Bein an einem Wettrennen teilnehmen. Wenn aber Ihre Freunde und Lieben Sie dazu ermuntern würden, sich zu verändern und immer besser zu werden, dann verleiht Ihnen das Flügel.

Etiketten gehören an Dinge, nicht an Menschen.
– Michelle LaRowe –

Verleihen Sie Ihren Kindern Flügel, damit sie sich etwas zutrauen und das Beste aus sich herausholen können. So groß die Versuchung auch sein mag, vermeiden Sie es, Ihrem Kind ein Etikett anzuheften, durch das es dann vielleicht für den Rest seines Lebens gehemmt wird.

MIT 3 ZUM THERAPEUTEN?

Die meisten Kinderärzte, die ich kenne, möchten lieber gar nicht daran denken, bei einem Kind eine geistige Behinderung oder eine Lernstörung zu diagnostizieren, bevor es nicht mindestens 6 Jahre alt ist (auf Ausnahmen wird im Weiteren noch eingegangen). Bei jüngeren Kindern können Auffälligkeiten, die mit solchen Behinderungen in Verbindung gebracht werden, auch ganz andere Ursachen haben.

Vielleicht hat ein Kind einfach Angst, beim Babyturnen die Leiter hinaufzuklettern, und klammert sich deshalb besonders heftig an Sie. Vielleicht findet es auch nur das Kind, das neben ihm sitzt, unsympathisch. Bevor Sie sich also allzu viel Sorgen machen, dass Ihr Kind irgendeine Klammerstörung oder übersteigerte Verlust- oder Trennungsängste haben könnte, sollten Sie sich erst einmal entspannen. Danach rekapitulieren Sie dann die Einzelheiten im Zusammenhang mit dem Verhalten und informieren sich darüber, was bei einem Kind in dem Alter „normal" ist.

Im Allgemeinen geht man davon aus, dass der größte Teil des menschlichen Lernens zwischen der Geburt und dem 5. Geburtstag stattfindet. Diese 5 Jahre sind für die Entwicklung eines Menschen die Allerwichtigsten. Ich bin keine Ärztin und möchte mich auch nicht als solche aufspielen, aber ich möchte alle Eltern, denen man gesagt hat, dass mit ihrem unter 5-jährigen Kind „etwas nicht in Ordnung ist", dringend raten, eine zweite und dritte Meinung einzuholen. Bevor ein Kind gar Medikamente bekommt, um Verhaltensauffälligkeiten zu therapieren, würde ich mich genauestens vergewissern, dass sich die eingeschalteten Fachleute in der Diagnose ganz sicher und einig sind.

Wir hatten kürzlich ein Problem mit einem meiner Schützlinge. Er wollte einfach nicht sein „großes Geschäft" machen. Bei der jährlichen Vorsorgeuntersuchung erwähnten wir das dem Arzt gegenüber, der ihn ruckzuck mit dem Etikett „schwere Verstopfung" versah und ihm ein entsprechendes Medikament verschrieb, worüber ich nicht gerade glücklich war. Als wir wieder zu Hause waren, setzte ich mich mit der Mutter der Zwillinge zusammen und sagte: „Ich garantiere Ihnen, dass er nicht zur Toilette will, weil er Angst hat, in der Zeit etwas zu verpassen – und nicht, weil er unter Verstopfung leidet. Wir sollten auf eine ballaststoffreiche Ernährung achten und ihn zweimal am Tag zur Toilette schicken."

Sie gab mir eine Woche Zeit, es so zu versuchen, bevor wir ihm das Abführmittel gaben. Ich nahm ihn mit zum Einkaufen, wo er sich Lebensmittel mit hohem Ballaststoffgehalt selbst aussuchen durfte (ihn an der Auswahl zu beteiligen gab ihm ein gutes Gefühl), und das Problem war bald von allein erledigt. Ich war sehr froh, dass wir unseren Kopf benutzt haben, statt sofort zu Medikamenten zu greifen. Sie kennen Ihre Kinder selbst am besten!

Wie immer gibt es aber auch hier Ausnahmen, und in manchen Fällen sind Medikamente für alle Beteiligten lebenswichtig. Ich möchte Sie allerdings dennoch eindringlich bitten, alle Bedenken oder Sorgen, die Sie wegen Ihres Kindes haben, erst einmal mit einem Arzt Ihres Vertrauens durchzusprechen, vorzugsweise mit einem Facharzt auf dem betreffenden Gebiet. Es gibt bei Problemen mit ADS und ADHS (zwei der am häufigsten diagnostizierten Störungen bei Kindern) inzwischen viele neue nicht-medikamentöse Therapieansätze. Vielleicht funktionieren sie ja auch in Ihrer Familie. Was auch immer zutrifft, ich bin überzeugt, dass man nur sehr schwer unterscheiden kann, ob bestimmte „auffällige" Verhaltensweisen durch Umwelteinflüsse ausgelöst werden oder psychische Ursachen haben – oder ob es schlicht und einfach am Alter und an der Entwicklungsphase des betreffenden Kindes liegt. Am Ende kennen Sie Ihr Kind selbst immer noch am besten, vergessen Sie das nicht!

Heute gehört es besonders in wohlhabenden Kreisen beinahe schon zum guten Ton, sein Kind zum Therapeuten zu schicken – das ist fast wie eine Art Initiationsritus. Manche Eltern sprechen davon, „auf das richtige Alter zu warten", um ihr Kind in die Therapie zu schicken, so wie man andernorts darüber diskutiert, in welchem Alter man sein Kind am besten für den Kindergarten oder im Sportverein anmeldet.

Ich sage das nicht, um gute Therapieformen und Angebote zu verunglimpfen, die sehr sinnvoll und hilfreich sind, wenn ein Kind traumatisiert oder ernsthaft verhaltensauffällig ist. Wenn Sie jedoch engagierte Eltern sind, die ihrem Kind zuhören und es in allem Aufs und Abs lieben, dann sind wahrscheinlich Sie selbst die besten Therapeuten für Ihr Kind. Ich habe einmal ein Buch von einem Therapeuten für Erwachsene gelesen, in dem er schrieb, dass er wahrscheinlich arbeitslos wäre, wenn seine Klienten nur einen einzigen einfühlsamen Freund hätten, der ihnen wirklich zuhören würde, wenn sie über ihren tiefsten inneren Schmerz reden, und der ihnen zur Seite stehen würde.

Sie kennen Ihr Kind am allerbesten. Sie haben die Möglichkeit, es praktisch rund um die Uhr zu beobachten. Kein noch so guter Therapeut kann das leisten!

Ich erinnere mich noch, dass ich einmal gebeten wurde, eine Familie zu beraten, die Zwillinge im Alter von etwas über einem Jahr hatte. Die Kinder sprachen noch kein Wort und nahmen keine feste Nahrung zu sich. Die Schnuller waren praktisch an ihrem Mund festgewachsen, und sie bekamen ihre Nahrung immer noch ausschließlich aus dem Fläschchen. In den ersten paar Tagen, in denen ich dort war, kamen mindestens vier Spezialisten ins Haus: Eine Logopädin, ein Beschäftigungstherapeut, ein Therapeut, der auf das Schlucken spezialisiert war ... praktisch eine komplette Boxencrew für Babys!

Als Erstes klärte ich mit der Mutter ab, wieso all diese Spezialisten ins Haus kamen. Nachdem ich ihre Gründe erfahren hatte, bat ich sie, die Fachleute erstmal alle wegzuschicken. Ich war zutiefst davon überzeugt, dass diese Mutter sich so unfähig fühlte, so ohne jedes Vertrauen in ihre Fähigkeit war, ihre Kinder zu erziehen, dass sie aus lauter Verzweiflung darüber dieses Heer von Profis aufmarschieren ließ.

Ich ermutigte sie deshalb und gab ihr ein paar grundsätzliche Erziehungsprinzipien weiter. Nach und nach half ich ihr dabei, die Mutterrolle wirklich mit Selbstvertrauen einzunehmen und an sich selbst zu glauben. Ich zeigte ihr, wie man Mahlzeiten ohne Druck gestalten kann und nicht jeden Bissen, der in den Mund des Kindes wandert, unter Beobachtung stellt. Ich zeigte ihr, wie man Babys langsam vom Fläschchen entwöhnt und dass es ganz normal (und kein Zeichen für schlechte Mutterschaft) ist, wenn Kinder hin und wieder schreien. Ich versuchte ihr zu vermitteln, wie man ungestresst an die Mutterrolle herangeht, und wissen Sie was? Es wurde besser!

Als ich diese Familie wieder verließ, hatte die Frau das Gefühl, eine gute Mutter zu sein, und die Kinder aßen gut und nahmen zu. Ich besuche die Familie immer noch hin und wieder und bin froh, sagen zu können, dass die Kinder prima gedeihen – mit ganz normalen Mitteln bei ganz normalen Eltern und ohne die Hilfe von Spezialisten.

Szene 14, die Zweite

IM GARTEN

Susanne: Michelle, glaubst du, dass mit Jan etwas nicht in Ordnung ist?
Michelle: Nein, wie kommst du denn darauf?
Susanne: Weil er so wild ist. Ist das normal?
Michelle: Also, nun mal langsam. Er und die anderen benehmen sich einfach wie Jungen, die die erste Frühlingssonne in vollen Zügen genießen. Ich wünschte, du könntest aufhören, Jan mit anderen Kindern zu vergleichen, und ihn so nehmen und wertschätzen, wie er ist. Sieh es doch positiv – er hat eben total viel Energie! Denk doch nur mal, was er später alles erreichen kann, wenn er die sinnvoll zu nutzen lernt.
Susanne: So habe ich das noch gar nicht gesehen.
Michelle: Kinder sind Individuen. Und das ist doch gerade das Tolle!

ZUSAMMENFASSUNG

- ✘ *Tappen Sie nicht in die Falle, Ihr Kind mit anderen zu vergleichen.* Machen Sie sich klar, dass Ihr Kind ein einzigartiges, einmaliges Individuum ist – und lieben Sie es so, wie es ist.
- ✘ *Verpassen Sie einem Kind niemals ein Etikett.* Kinder werden so, wie Sie sie einordnen oder festlegen.
- ✘ *Zum Therapeuten zu gehen ist kein Entwicklungsmerkmal.* Seien Sie vorsichtig beim Aufsuchen von Spezialisten für Ihr Kind und sorgen Sie dafür, dass Sie es nicht nur tun, weil alle um Sie herum das machen oder weil jemand Ihnen das empfohlen hat. Meistens können Sie sich auch erst mit Hilfe von Büchern oder dem Internet über die Probleme informieren, die Sie beobachten, und dem Kind selbst helfen, indem Sie ihm zuhören, es beobachten und vielleicht auch mit ihm beten.
- ✘ *Sie kennen Ihr Kind am besten.* Unterschätzen Sie nicht die Kraft Ihres Mutterinstinktes! Bevor Sie irgendwelche Maßnahmen ergreifen, hören Sie auf das, was Ihr Bauchgefühl Ihnen sagt. Sie können auch Gott um seinen Beistand bitten – die Bibel ist voller hilfreicher Ratschläge für Eltern und tröstlicher Aussagen über Gottes Vaterrolle in unserem Leben.
- ✘ *Es ist völlig in Ordnung, einfach nur in Ordnung zu sein.* Perfektion ist nicht nötig – nicht bei Ihnen und auch nicht bei Ihrem Kind. Suchen Sie nicht nach Fehlern und Problemen bei Ihrem Kind. Es ist wie bei allem: Wenn Sie lange genug suchen, werden Sie auch etwas finden. Üben Sie sich darin zu bemerken, was richtig, gut und in Ordnung ist, und dann freuen Sie sich einfach darüber.

Kapitel 15

ABGEBEN UND TEILEN LERNEN

Szene 15, die Erste

BEIM SPIELEN IM PARK

(Die zweijährige Kathi spielt im Sandkasten mit dem zweijährigen Max.)
Kathi: Das ist meiner! Gib ihn wieder her!
Kathis Mutter: Ja, mein Schatz, das ist deiner. Nimm ihn dir wieder. Das ist okay.
Max' Mutter: Kathi hat drei Eimer; kann sie Max nicht einen abgeben?
Kathis Mutter: Nein, es sind ihre, und sie spielt damit.
Max' Mutter *während die Kinder schreien und an dem Eimer zerren*: Aber sie spielt doch gar nicht mit allen dreien!
Kathis Mutter: Sie hätten ja Ihre eigenen Sachen mitbringen können ... Die hier gehören Kathi, und sie muss nicht teilen, wenn sie nicht will.
Max' Mutter *nimmt Max hoch*: Ist ja gut, mein Schatz. Nächstes Mal nehmen wir deinen Sandeimer mit. Komm, wir gehen schaukeln.

Wenn Sie selbst noch nie eine solche Szene miterlebt haben, dann könnte es durchaus sein, dass das noch passiert. Wenn es um Ihre Kinder geht, dann kann es schon einmal heiß her gehen, weil der Wunsch, das eigene Kind in Schutz zu nehmen, dann häufig über den Verstand siegt.

Ist es nicht merkwürdig, dass wir Menschen uns oft so verhalten, als würde Mangelgefahr bestehen, statt großzügig zu sein und davon auszugehen, dass für alle genug da ist? Wie viele Kriege wurden von landhungrigen Erwachsenen mittleren Alters angefangen, die sich wie Kleinkinder benahmen. Weil das Teilen eine wichtige Lektion fürs Leben ist, ist es ratsam, Kinder von Anfang zu lehren, dass Abgeben selbstverständlich ist. Aber wie geht das ganz praktisch?

Realistisch gesehen haben Kinder bis zum Alter von etwa 3 Jahren keine Vorstellung davon, was Teilen eigentlich ist. Man kann bis dahin allerdings schon immer wieder einmal vorsichtig kleine Anstöße geben, um sie sanft aus der „Haben-haben"-Haltung hinauszustupsen und ihnen das Prinzip des Teilens nahezubringen, damit es ihnen schon vertraut ist, wenn sie das entsprechende Alter erreicht haben. Auch hier wirkt es sich ungemein positiv auf das Verständnis und Mitgefühl von Kindern aus, wenn sie, auf diesem Gebiet an einem bestimmten Vorbild orientieren können, das ihnen ein bestimmtes Verhalten vorlebt („Mama und Papa machen das auch so").

VORBILD SEIN

Von Geburt an lernen Kinder durch Nachahmung. Haben Sie schon einmal einem vier Monate alten Baby die Zunge herausgestreckt? Was passiert? Das Baby imitiert Sie und streckt ebenfalls die Zunge heraus. Und eh Sie sich's versehen, sind Sie und Ihr Baby mitten in einem Zunge-Rausstreck-Wettstreit. Babys beobachten, und dann ahmen sie das Beobachtete nach.

Dieses Prinzip lässt sich wunderbar auch für das Teilen nutzen. Folgendes Alltagserlebnis können Sie beispielsweise für Ihre Zwecke gebrauchen:

„Mama, ich will was von dem Wasser", sagt Ihr Kind.

„Wie fragt man?", antworten Sie.

„Mama, kann ich bitte etwas von deinem Wasser abhaben?"

„Klar, mein Schatz. Du hast nett gefragt. Hier hast du einen Schluck. Ist schön, wenn ich dir etwas abgebe, nicht?"

Sie können Ihren Kindern auch Vorbild sein, indem Sie ihnen beim Teilen helfen. Wenn eine Situation entsteht, in der geteilt werden soll, können Sie das mit Ihrem Kind durchsprechen, während Sie ihm gleichzeitig helfen, irgendetwas zu teilen.

„Gib das her", sagt Sammy zu seinem Bruder.

„Wie fragt man, mein Schatz?", unterbricht ihn der Vater.

„Kai, bitte gib mir das Auto."

„Nein!", antwortet Kai. „Das ist meins!"

Der Vater geht mit Kai auf Augenhöhe. „Kai, du spielst jetzt schon eine ganze Weile mit dem Auto. Kann Sammy es jetzt auch mal haben?" (Dann hilft der Vater, indem er Kais Hand behutsam in seine legt und das Spielzeug mit Kais Hand zu Sammy hingibt.)

„Du findest es doch auch gut, wenn Papa dir was von seinem Eis abgibt, oder?"

„Ja!"

„Siehst du, und jetzt geben wir auch Sammy etwas ab. Dann spielt er eine Weile damit und dann gibt er es dir wieder zurück. Abgemacht? Kannst du ihm das Auto jetzt selbst geben?"

(Kai gibt das Spielzeug ab.)

„Das hast du aber toll geteilt, Kai." (Vater wendet sich an Sammy.) „Sammy, jetzt solltest du dich bei Kai bedanken."

„Danke."

Die ganze Angelegenheit ist von viel Lob begleitet und kann sogar mit einem kurzen väterlichen Applaus abgeschlossen werden.

Nichts bringt ein Kind so schnell dazu, ein bereits abgeschobenes Spielzeug wieder zu lieben, wie ein anderes Kind, das damit spielt.
– Robert Scorellaro –

Sie sollten jede Möglichkeit zum Teilen auch als Chance nutzen, etwas zu vermitteln. Wenn Sie mitbekommen, wie andere Kinder oder Erwachsene miteinander teilen und etwas abgeben, dann weisen Sie Ihre Kinder darauf hin und äußern Sie sich positiv über das beobachtete Verhalten. Wenn Sie beispielsweise auf dem Spielplatz sind und mitbekommen, wie ein Kind einem anderen seine Schaufel gibt, dann machen Sie Ihr Kind darauf aufmerksam und sagen Sie, wie gut Sie das fanden. Wenn Ihr Ehepartner Ihnen in Gegenwart Ihres Kindes einen Schluck Kaffee abgibt, dann heben Sie das betont hervor: „Danke, mein Schatz, dass du mir etwas abgibst. Das ist wirklich nett von dir." Sorgen Sie dafür, dass Ihr Kind miterlebt, wie Sie mit anderen teilen und andere mit Ihnen, und sprechen Sie dann darüber. Wenn Sie Kinder ständig ermutigen, großzügig zu teilen, dann wird dieses Verhalten immer selbstverständlicher.

ERSTE FORMEN DES SPIELENS

Ganz kleine Kinder spielen eigentlich noch gar nicht miteinander, sondern eher nebeneinander her. Sie sitzen zwar nah beieinander, tun etwas ganz Ähnliches oder sogar das Gleiche, aber nicht *miteinander*. Bei dieser Art des Spielens ist es gut, wenn genügend ähnliches Spielzeug zur Verfügung steht, sodass die ersten gemeinsamen Spielerfahrungen mit anderen Kindern positiv und nicht bedrohlich sind. Wer hat es schon gern, wenn jemand anders das eigene Revier mit Beschlag belegt?

Bevor also Ihr Kleines seine erste Verabredung zum Spielen hat, ist es vielleicht sinnvoll, doppelt vorhandene Spielsachen herauszusuchen, damit Teilen zunächst gar nicht zur Debatte steht. Babys und Kleinkinder glauben, dass die Welt sich ausschließlich um sie dreht. Sie wollen, was sie wollen, und zwar sofort! Es dauert eine Weile, bis sie über die Fähigkeiten verfügen, die zum Teilen und Abgeben nötig sind, aber selbst ein Vorbild beim Teilen zu sein, ist auf jeden Fall ein guter Ausgangspunkt.

Im Alter von ungefähr 3 Jahren fangen Kinder an, das Prinzip des Teilens zu verstehen und sich auch selbstständig darüber zu einigen, wer wann mit welchem Spielzeug spielt. Sie lernen, ihre Fähigkeiten und Fertigkeiten auch sinnvoll einzusetzen, brauchen dabei allerdings noch Aufsicht und Anleitung. Mit 4 sollten Kinder dann in der Lage sein, richtig mit anderen gemeinsam zu spielen und ohne Probleme Spielsachen zu teilen.

Sie können die Fähigkeit zu teilen fördern, indem Sie immer wieder für Gelegenheiten zum Üben sorgen. Manche Eltern glauben, dass zu viele Kinder bei einer Verabredung zum Spielen eine Überforderung sein können. Meine Erfahrung mit den Zwillingen ist jedoch: Je mehr, desto fröhlicher! Man hat dann außerdem viel mehr Gelegenheiten, jede Menge soziale Fähigkeiten einzuüben. Man setzt die eigenen Kinder anderen Kindern mit ganz anderen Persönlichkeiten aus, wodurch sie wiederum lernen, auch mit ganz unterschiedlichen Charaktertypen zurechtzukommen.

Zu Hause bei den Jungen haben wir früher für solche Anlässe einen Raum hergerichtet, den wir „die Grube“ nannten. Das war ein eigener Bereich, zunächst ein großes Laufställchen, an dem Spielzeug befestigt war, später ein mit Matratzen ausgelegtes Zimmer. Manchmal mussten wir zwei Laufställchen miteinander verbinden, weil fünf Kinder gleichzeitig darin waren.

Meine Schützlinge sind immer noch befreundet mit ihren allerersten Freunden, ebenfalls einem Zwillingspärchen und einem weiteren Mädchen. In den ersten Lebensmonaten waren diese fünf Kinder fast täglich zusammen. Anfangs lagen sie nur nebeneinander auf dem Rücken herum und schauten Mobiles an, dann krabbelten sie begeistert kreuz und quer übereinander, während wir aufpassten, dass sie sich nicht gegenseitig wehtaten. Als Nächstes zogen sie sich dann an dem Umrandungsgitter hoch und lernten, daran entlangzugehen. Noch später spielten sie nebeneinander her und irgendwann dann auch zusammen. Es war eine Freude, sie so gemeinsam heranwachsen zu sehen und mitzuerleben, wie ihr Sozialverhalten sich immer weiterentwickelte und sie schon als kleine Kinder teilen lernten und Mitgefühl zeigten.

SICH ABWECHSELN

In der Welt des Kleinkindes kann man teilen auch als „sich abwechseln“ bezeichnen. Kleine Kinder verstehen konkrete, greifbare Prinzipien oft besser als abstrakte. Wenn Sie den Begriff „abwechseln“ verwenden (den Sie natürlich vorher für Ihr Kind verständlich erklärt haben, in etwa so: „Jetzt hast du eine Weile mit dem Auto gespielt, und gleich bekommt es Tino. Und wenn Tino fertiggespielt hat, kannst du es wieder haben – das nennt man abwechseln“), dann bringen Sie damit auch zum Ausdruck, dass das Teilen nicht dauerhaft ist. Denn das ist es ja, was Kinder am Abgeben so aufregt; sie denken: *Das ist meins! Wenn ich es Tino gebe, ist es weg und ich habe es nicht mehr.* Das ist so, weil sie noch keine Vorstellung von Zeit haben ... oder vom Unterschied zwischen vorübergehend und dauerhaft.

Eine Möglichkeit, Ihren Kindern deutlich zu machen, dass das Abwechseln ein zeitlich begrenzter Vorgang ist, besteht darin, eine Zeituhr mit einem Signalton zu benutzen. „So, jetzt darf Ben mit dem Auto spielen, und weißt du was? Wenn die Uhr piepst/klingelt, ist Bens Spielzeit um, und dann bist du wieder an der Reihe. Ist es nicht schön, so zu spielen und zu teilen?“ Man kann zum Zeitnehmen die Uhren von der Mikrowelle, dem Kochtimer, eine Eieruhr oder auch das Handy nehmen und so das akustische Zeichen geben, wann wieder abgewechselt wird.

Das Abwechseln sollte mit einer positiven Grundhaltung angegangen werden. „Ist es nicht schön, dass Marion ihr Spielzeug mit dir teilt? Sie findet es bestimmt auch gut, wenn du deins mit ihr teilst!“

Heben Sie hervor, dass vom Teilen alle nur profitieren.

WAS MEINS IST, IST MEINS

Obwohl es sehr wichtig ist, Kinder Abgeben zu lehren, sollten sie auch ganz besondere Schätze haben, die sie nicht zu teilen brauchen. Das kann die Lieblingspuppe sein, ein Auto, an dem das kleine Jungenherz hängt, oder ein geliebtes Kuscheltier. Bei älteren Kleinkindern können das auch die Spielsachen sein, bei denen es ihnen am schwersten fällt, sie zu teilen oder zu verleihen. Diese Spielsachen sollten vom Teilen ausgeschlossen werden. Wenn man Kindern ein paar Dinge lässt, die nur ihnen ganz allein gehören, dann lernen sie dadurch, dass sie selbst entscheiden können, was sie teilen möchten und was nicht, dass Teilen aber trotzdem etwas sehr Wichtiges und auch Schönes im Leben ist.

Diese besonderen Sachen sollten nicht an Spielverabredungen „teilnehmen“ oder anderen Kindern zur Verfügung gestellt werden. Bei älteren Kindern können Sie fragen: „Welches Spielzeug möchtest du mit den anderen teilen und welches nicht?“ Dadurch schaltet man nicht nur mögliches Konfliktpotenzial aus, sondern erlaubt dem Kind auch, dass es nach einer Phase, in der es Dinge geteilt hat, wieder etwas hat, das ihm Spaß macht, Sicherheit gibt und ihm ganz allein gehört.

Denken Sie einmal an ein paar Dinge, die Sie lieben und die nur Sie allein benutzen dürfen: Ihr Tagebuch, ein besonderer Stift oder ein Kaffeebecher, mit dem Sie bestimmte Gefühle und Erinnerungen verbinden. Für Sie ist es selbstverständlich, die meisten Dinge mit anderen zu teilen, aber es ist auch tröstlich, ein paar Dinge ganz für sich allein zu haben, auf die Sie zurückgreifen können, um Ihr persönliches Wohlbefinden zu steigern. Dasselbe gilt auch für Kinder jeden Alters.

WENN ANDERE KINDER NICHT TEILEN WOLLEN

Es kann ziemlich frustrierend sein, wenn Sie sich abmühen, Ihrem Kind gute Lebensgrundsätze zu vermitteln („Teilen ist gut und wichtig!"), und Ihr Kind muss dann erleben, dass es zu kurz kommt, weil andere Kinder genau das nicht gelernt haben. Was können Sie tun, wenn Ihr Kind mit einem anderen teilt, das andere Kind aber nicht teilen will?

Gestehen Sie beiden Kindern ihre Gefühle als berechtigt zu. „Kathi will ihr Spielzeug nicht hergeben. Vielleicht hat sie Angst, dass du es ihr dann nicht mehr zurückgibst. Erinnerst du dich noch, wie du dich gefühlt hast, als du nicht teilen wolltest?"

Sprechen Sie dabei das Verhalten und nicht das Kind an, das bewährt sich eigentlich immer. Sie erlauben auf diese Weise Ihrem Kind, traurig zu sein und gleichzeitig zu lernen, mit solchen Gefühlen umzugehen. Nicht immer das zu bekommen, was man möchte, gehört nun mal zum Leben dazu. Ebenso wie nicht korrektes Verhalten von anderen. Wichtig ist, dass Sie Ihrem Kind deutlich machen, dass Teilen eigentlich wünschenswert ist.

Praxis-Tipp

Hier ein paar Ideen, wie Sie Ihrem Kind vermitteln können, wie man großzügig und mitfühlend sein kann:

- Backen Sie mit Ihrem Kind zusammen Plätzchen und bringen Sie sie zu einem kranken oder alleinstehenden Nachbarn oder Freund.
- Ermuntern Sie Ihre Kinder, Bilder für Freunde und Angehörige zu malen, und sorgen Sie dafür, dass die Kunstwerke die Empfänger auch wirklich erreichen.
- Vermitteln Sie Ihrem Kind Einfühlungsvermögen, indem Sie es auf Nöte anderer Menschen hinweisen und ihm Vorschläge machen, wie man helfen kann. Fragen Sie Ihr Kind beispielsweise: „Hast du eine Idee, was wir machen könnten, um Tante Elisa ein bisschen aufzumuntern? Fällt dir vielleicht ein Geschenk oder eine Überraschung für sie ein?" Vielleicht bietet Ihr Kind ja an, der kranken Verwandten ein Kuscheltier zu schenken. Bringen Sie es Tante Elisa mit einer Erklärung. Das tut allen Beteiligten gut.

TEILEN BEI KINDERN ÜBER 3 JAHREN

Geben macht glücklicher als Nehmen.
– Apostelgeschichte 20,35 –

Wenn ein Kind reif genug ist, um das Prinzip des Teilens und Abwechselns zu verstehen, und wenn Sie entschieden haben, welches Spielzeug zum Teilen ist und welches nur dem Kind ganz allein gehört, können Sie das Ganze noch deutlicher machen, indem es negative Folgen hat, wenn Ihr Kind nicht teilen will.

Wenn zwei Kinder sich um dasselbe Spielzeug streiten, dann bringen Sie das Spielzeug zum Auszeit-Platz (es ist interessant, ihre Gesichter zu sehen, wenn Sie mit dem Spielzeug wegmarschieren). Wenn Ihr Kind vor dem Treffen ein Spielzeug zur Verfügung gestellt hat und sich dann aber doch weigert, es mit den anderen zu teilen, verwarnen Sie es noch zweimal und schicken es dann selbst in die Auszeit.

Szene 15: Die Zweite

BEIM SPIELEN IM PARK

(Die zweijährige Kathi spielt mit dem zweijährigen Max im Sandkasten.)
Katie: Das ist meiner. Gib her!
Katies Mutter: Wenn du Sachen mit auf den Spielplatz bringst, mein Schatz, dann musst du sie auch mit anderen Kindern teilen. Du hast doch drei Eimer. Kannst du Max bitte einen abgeben? *(Sie geht zu Max und hilft Kathi dabei, Max einen Eimer zu bringen.)*
Max' Mutter: Das ist echt mühsam, nicht wahr?
Kathis Mutter: Ja, aber besser, man zeigt es ihnen von Anfang an, als wenn es irgendwann zu spät ist. Sie weiß, dass es auch ein paar Sachen gibt, die sie nicht zu teilen braucht, aber die bleiben zu Hause, wenn wir zum Spielen weggehen. Wenn sie Spielzeug hierher mitnimmt, dann muss das mit den anderen Kindern geteilt werden.
Max' Mutter: Max, kannst dich bei Kathi dafür bedanken, dass sie dir einen Eimer abgegeben hat? Denk dran, dass man sich Spielzeug von anderen Kindern nicht einfach nimmt, sondern zuerst fragt.
Max: Danke, Kathi.

ZUSAMMENFASSUNG

Welche Praxis-Tipps haben diese Mütter angewendet, um einen Sandkastenkrieg zu verhindern?

- ✘ *Bringen Sie Ihrem Kind frühzeitig bei zu teilen.* Seien Sie Vorbild für das Verhalten, das Sie sich von Ihrem Kind wünschen, denn es imitiert Sie. Die Beobachtung gehört zu den besten Lehrern!
- ✘ *Erlauben Sie Ihrem Kind nur dann Sachen zum Spielen mitzunehmen, wenn es bereit ist, diese Sachen mit anderen Kindern zu teilen.* Stellen Sie diese klare Regel von Anfang an auf: „Wenn du Sachen mitnimmst, dürfen die anderen auch damit spielen."
- ✘ *Lassen Sie Ihrem Kind auch ein paar besondere Spielzeuge, die es nicht mit anderen zu teilen braucht.*
- ✘ *Zeigen Sie Ihrem Kind, wie es freundlich bittet und annimmt.* Erklären Sie ihm immer wieder, dass es Bitte sagen muss, wenn es etwas haben möchte, und sich bedanken, wenn andere mit ihm teilen. Wenn es das tut, loben Sie es für sein gutes Benehmen. Wenn es nicht „Bitte" sagt, sollten Sie das, was es möchte, nicht tun und ihm auch sagen, warum.
- ✘ *Helfen Sie ihm, die Aufgabe auch zu beenden.* Zeigen Sie ihm, was es sagen und tun soll, damit es teilen lernt. Helfen Sie ihm, seine Gedanken in Worte zu fassen und durch Handeln auszudrücken.
- ✘ *Loben Sie es, wenn es teilt und abgibt.* Denken Sie daran, dass ein Lob möglichst konkret sein soll. „Es war ganz toll, wie du deine Babypuppe mit Karen geteilt hast!"

Kapitel 16

PFLICHTEN UND CO.

Szene 16, die Erste

IM SPIELZIMMER

(Malte hebt seinen Spielzeuglaster auf und wirft ihn auf den Spielzeughaufen, der sich bereits auf dem Fußboden befindet.)
Mutter: Malte, wirf bitte nicht damit!
(Malte wirft noch ein Auto.)
Mutter: Malte! Leg das weg. Es wird jetzt kein Spielzeug mehr ausgeräumt!
Malte *weinend:* Ich will aber noch spielen!
Mutter: Hilf mir bitte jetzt beim Aufräumen!
(Malte spielt weiter.)
Mutter: Also gut, dann hilfst du mir eben nicht, aber dann kommen all deine Spielsachen in den Müll.
(Malte schreit hysterisch.)

Hören sich Ihre Dialoge beim Aufräumen manchmal auch so an? Wenn ja, dann lesen Sie einfach weiter. Haben Sie schon einmal miterlebt, wie ein Kleinkind seine Spielsachen selbst aufsammelt? Das ist etwas Wunderschönes. Wenn Sie möchten, dass Ihr Kind verantwortungsbewusst und ordentlich wird, dann ist das durchaus machbar! Wie das gehen soll? Indem Sie es ihm von Anfang an beibringen. Wenn Sie ein Kind von Anfang an etwas Bestimmtes lehren und konsequent dabeibleiben, dann wird es zur Gewohnheit.

Ich bin in einem Haus groß geworden, in dem es immer sauber war. In unserem Haus wurde definitiv gelebt, aber es gab keine Unordnung. Ich kannte es nicht anders, als dass es sauber und aufgeräumt ist, und deshalb war es auch bei mir immer sauber und aufgeräumt, als ich dann einen eigenen Haushalt hatte. Meine Mutter sagte nie zu mir: „Räum dein Zimmer auf, Michelle!" Ich machte das ganz automatisch von selbst, weil ich meine Umgebung eben so gewohnt war. Es war die Umgebung, in der ich mich entspannt und wohl fühlte.

Vielleicht sind manche von Ihnen in einem unordentlichen oder sogar chaotischen Zuhause groß geworden. Vielleicht sind Sie auch der Typ, der genau weiß, wo alles ist, obwohl die Haufen dem Mount Everest ähneln. Für manche Leute funktioniert Chaos und Durcheinander, aber ich glaube (und das zeigen auch die meisten Untersuchungen), dass Menschen im Allgemeinen produktiver und entspannter sind, wenn ihr Umfeld klar geordnet und gut organisiert ist.

Betrachten Sie es als Selbstfürsorge: Ein geordnetes und gut organisiertes Umfeld erleichtert viele Abläufe und sorgt für inneres Wohlbefinden. Viele sogenannte „Messies“ (von englisch *mess* = Unordnung, Chaos), die ich kenne und sehr gern habe, rebellieren mit ihrer Unordnung eigentlich lebenslang gegen überordentliche, pingelige und überkritische Eltern. Es gibt auch eine gesunde Mitte und Sie sollten sich vergewissern, dass Sie sich mit Ihrer Rebellion gegen alles Organisierte nicht nur selbst bestrafen. Versuchen Sie, ein geordnetes Umfeld als Belohnung zu betrachten, die Sie sich selbst geben, statt als einen Befehl, der befolgt werden muss.

ORGANISIEREN SIE IHR UMFELD

Schon bevor ein Baby mobil wird, können Sie die Voraussetzungen für einen geordneten Lebensstil schaffen, indem Sie sein Umfeld klar gestalten und den Spielbereich mit viel Platz zum Erforschen aufgeräumt halten. Wir wissen ja alle, dass das Umfeld die Stimmung beeinflusst. Eine friedliche, ruhige Umgebung sorgt für eine friedliche, ruhige Grundstimmung. Sind Sie gestresst, wenn Sie im Wellness-Hotel auf der Massagebank liegen? Eher nicht. Die Umgebung ist beruhigend. Eine unordentliche, unaufgeräumte, chaotische Umgebung bewirkt entsprechend eine hektische, unkonzentrierte innere Stimmung.

Was kann man nun konkret tun, um die Umgebung eines Babys möglichst friedvoll zu gestalten? Sie können sein Zimmer in zarten oder neutralen Farben gestalten. Freundliche Möbel und weiche Teppiche sind auf jeden Fall gut. Wählen Sie eine sanfte Beleuchtung, wie beispielsweise eine Lampe, die man dimmen kann oder die einen Schirm hat, der für gedämpftes Licht sorgt. Musik kann auch viel zur Gesamtstimmung beitragen. Sogar bestimmte Aromen können beruhigend wirken. Sie können bestimmte Düfte auch im Kinderzimmer einsetzen. Durch all das wird das Kinderzimmer ein Ort, an dem sich Ihr Baby wohl fühlt.

Wenn Ihre Kinder dann älter werden, können Sie auch im gesamten Haus Spielbereiche einrichten, sodass Spielzeuge einen ganz bestimmten Ort haben und für einen bestimmten Zweck bestimmt sind.

Sehr schön finde ich auch eine Leseecke mit einem Sitzsack und einer Kiste mit Bilderbüchern. Offene Kisten, Körbe oder Dosen auf dem Boden oder in Regalen eignen sich gut, um Dinge so aufzubewahren, dass sie ohne viel Aufwand aus- und auch wieder weggeräumt werden können.

Praxis-Tipp

- Mit Hilfe von Rollcontainern oder durchsichtigen Plastikboxen kann man fast alles einrichten und ordnen.
- Befestigen Sie einen Haken für Verkleidungsgegenstände an der Wand.
- Leere Kaffeedosen eignen sich hervorragend zum Aufbewahren von Stiften und Malkreiden (sogar für die dicken Malstifte für Kleinkinder). Gut sind auch Eierkartons, um Perlen und Band zum Aufziehen aufzubewahren.
- Auch in den ordentlichsten Haushalten gibt es eine Chaos-Schublade. Ich habe eine mit dem Etikett „Verschiedenes". Darin wird all das billige Schundspielzeug aufbewahrt. (Spielzeug von McDonald's und aus Überraschungseiern, Cornflakesverpackungen usw. Diese Schublade wird ziemlich regelmäßig entleert und dann wieder neu bestückt mit anderen Gegenständen, die der baldigen Entsorgung entgegenblicken.)

WER DAMIT SPIELT, RÄUMT ES AUCH WEG

Es ist ratsam, sich so bald wie möglich auch Gedanken darüber zu machen, wie Ihr Kind mit seinen Besitztümern umgehen soll. Wenn es Ihnen nichts ausmacht, dass Spielsachen irgendwo in die Ecke geworfen werden, dann sparen Sie sich die Mühe. Wenn Sie aber eher eine „Sauberfrau" sind, dann sollte alles seinen Platz haben und nach dem Spielen auch wieder dorthin geräumt werden.

Sobald „meine" beiden Jungen alt genug fürs erste Babyspielzeug waren, haben wir eine Kiste aufgestellt, in die alle Spielsachen hineinkamen. Aus Sicherheitsgründen empfehlen sich große Plastikspielzeugkisten mit leichten Deckeln, an denen sich die Kinder nicht die Finger klemmen können.

Sobald die Kinder so groß waren, dass sie jeden Tag eine Zeit lang auf dem Bauch liegend auf dem Fußboden mit ihren Sachen spielten, sang ich beim Aufräumen ihrer Sachen ein kleines „Aufräum-Lied". Es kann sich dabei um irgendetwas Selbsterfundenes oder ein Kinderlied handeln, von dem das Aufräumen immer begleitet wird. Ich habe ja an anderer Stelle bereits erwähnt, wie hilfreich es ist, bei Übergängen von einer zur anderen Aktivität mit kleinen Liedern oder Melodien zu arbeiten, deren Texte man auf die jeweilige Aktivität abstimmen kann.

Als die Zwillinge dann älter wurden, haben sie mich nachgeahmt. Wenn ich anfing, das „Aufräum-Lied" zu singen oder auch nur zu summen, fingen sie schon automatisch an, ihre Spielsachen in die Kiste zu räumen, und empfanden es in Verbindung mit dem kleinen Lied sogar noch als lustiges Spiel!

Als sie dann älter wurden, etwa mit zwei Jahren, haben wir ein Dosensystem eingerichtet. Auf jeder Dose war ein Bild, das zeigte, was in die Dose hineingehörte. Wir hatten einen Behälter für Autos, einen für Bälle, einen für Gummitiere und so weiter. Auch hier beobachteten sie wieder, wie ich die Sachen in die entsprechenden Behälter legte, während ich das „Aufräum-Lied" sang, und sie machten es einfach nach und hatten ihren Spaß dabei.

Ich kann ganz ehrlich sagen, dass ich nach dem 3. Geburtstag der Jungen nur noch ganz selten ihre Spielsachen weggeräumt habe. Sie sind wirklich mit der Philosophie aufgewachsen: „Wer damit spielt, räumt es auch weg", und haben diesen Grundsatz anscheinend mühelos verinnerlicht. Bis jetzt sieht es ganz danach aus, dass sie keine „Messies" werden. Bestimmt werden ihre künftigen Ehefrauen mir dafür irgendwann einmal dankbar sein!

VERANTWORTUNG ZUORDNEN

Die Philosophie: „Wer damit spielt, räumt es auch weg", klärt die Frage, wer zuständig ist, sehr eindeutig. Wenn Austin mit einem bestimmten Spielzeug spielt, dann räumt er es auch wieder ein – oder hilft zumindest beim Aufräumen, wenn mehrere Kinder zusammen gespielt haben. Wenn Sie klare Erwartungen formulieren, wie mit Schuhen, Spielsachen oder Kleidern umgegangen wird, verhindert das die typischen Ausreden wie: „Ich hab nicht gewusst, dass ich das machen muss." Wenn ein bestimmtes System für diese Dinge eingeführt ist, erübrigen sich dann ebenfalls Aussagen wie: „Ich wusste nicht, wohin das gehört", und das begleitende Jammern.

Sorgen Sie dafür, dass die Erwartungen an Ihre Kinder in Bezug auf Ordnung altersgemäß sind. Sie können beispielsweise von einem 2-jährigen Kind nicht erwarten, dass es seine Spielzeugautos ordentlich auf einem Regal aufreiht, aber Sie können sehr wohl erwarten, dass es alle Autos in eine Plastikkiste räumt; die mit einem Auto-Bild versehen ist. Je älter dann die Kinder werden, desto höher können Sie Ihre Erwartungen in dieser Hinsicht stecken. Denken Sie immer daran, dass Ihr Kind sich an Ihren Erwartungen orientiert und versucht, sie zu erfüllen.

Älteren Kindergartenkindern können Sie darüber hinaus auch schon mehr Verantwortung zumuten, beispielsweise in Form konkreter, genau eingegrenzter Pflichten im Haushalt. Kinder brauchen das Gefühl, dass sie etwas zum täglichen Ablauf in der Familie beitragen können. Schmutzige Klamotten in den Wäschekorb zu stecken (oder als Vorstufe vielleicht auch nur auf einen Haufen in einer Ecke ihres Zimmers zu werfen) ist dabei ein guter Anfang. Auch der Auftrag, morgens selbstständig und ohne weitere Aufforderung das Bett zu machen, ist ein guter Ausgangspunkt, um eine bestimmte Routine der Mithilfe im Haushalt herbeizuführen. Das geht am Anfang am besten mit einer ganz leichten Kinderbettsteppdecke. Natürlich wird es am Anfang nicht perfekt sein und manchmal ein gewöhnungsbedürftiger Anblick, aber loben Sie Ihr Kind jedes Mal, wenn es seine Aufgabe erledigt hat.

Diese ersten Jahre eignen sich hervorragend dafür, das Kind helfen zu lassen, weil Kinder in dieser Zeit noch das ganz natürliche Bedürfnis haben, sich wie die Großen an den alltäglichen Aufgaben zu beteiligen. Indem Sie Ihr Kind helfen lassen, geben Sie ihm das Gefühl, gebraucht zu werden, und das wiederum sorgt für ein Zugehörigkeitsgefühl. Übertragen Sie dem Kind altersgemäße Aufgaben. Dadurch bekommt es ein Gefühl der inneren Befriedigung und Bestätigung, wenn es seine Aufgabe gut bewältigt hat.

Sich um die Dinge zu kümmern, die einem gehören, und das aufzuräumen, was man benutzt hat, gehört einfach zum Leben dazu. Ebenso, wie man für das eigene Verhalten verantwortlich ist, so ist man auch für die eigene Unordnung und für die eigenen Besitztümer verantwortlich.

Wie kann man etwas, das im allgemeinen als negativ wahrgenommen wird, in etwas Positives verwandeln? Am besten, Sie gehen an Haushaltspflichten heran wie an alles andere auch: indem Sie klar und entschlossen sind und mit großer Selbstverständlichkeit handeln. Sie vermitteln Ihren Kindern: „Wir kümmern uns um unsere Sachen und achten auf sie, weil man das eben so macht!"

Und wenn die Kinder dann ihre alltäglichen Aufgaben selbstständig erledigen, gehen Sie weiter, indem Sie beispielsweise fragen: „Fühlst du dich nicht auch gut dabei, wenn du das ganz allein hinbekommst?" Das ist wirklich eine ganz selbstverständliche und sinnvolle Methode, Ihren Kindern Bestätigung zu geben.

Je älter wir werden, um desto mehr Dinge müssen wir uns kümmern. Je älter wir werden, desto mehr tragen wir zum Familienalltag bei. Das ist ganz und gar nichts Negatives, sondern der ganz normale Lauf der Dinge, der Ihr Kind auf das reale Leben vorbereitet.

Wenn Sie sich fragen, wo Ihr Kind seine Rollschuhe gelassen hat, dann versuchen Sie doch mal im Dunkeln um Ihr Haus herumzugehen.
– Leopold Fechtner –

KONKRET LOBEN

Den meisten Leuten ist ein konkretes Lob lieber als drei allgemeine. Was würden Sie persönlich lieber hören: „Du siehst heute aber hübsch aus!“ oder: „Wow, die Farbe steht dir aber gut. Die betont deine schönen Augen!“?

Dasselbe gilt auch für Kinder. Loben Sie häufig, aber loben Sie auch konkret. Das ist für ein Kind unglaublich mutmachend. Es kommt aber immer auch ein Zeitpunkt, da können Sie das Loben für bestimmte Dinge ein wenig zurückfahren. Wenn Ihr Kind beispielsweise ein paar Monate lang immer die Spielzeugautos in die Autokiste geräumt hat, dann brauchen Sie es dafür nicht mehr überschwänglich zu loben. Das Einräumen des Spielzeugs in die richtige Kiste ist inzwischen zur Selbstverständlichkeit geworden und wird deshalb von ihm erwartet (und kann auch erwartet werden). Sicher können Sie Ihr Kind gelegentlich dafür loben, dass es seine Alltagspflichten so gut erledigt, einfach um ihm zu signalisieren, dass Sie seine Bemühungen sehr wohl wahrnehmen und zu schätzen wissen, dass es Verantwortung für seine Angelegenheiten übernimmt. Aber ganz allgemein sollte das Aufräumen des eigenen Spielzeugs jetzt ebenso selbstverständlich zum Tagesablauf gehören wie Essen, Händewaschen und Zähneputzen.

Im ganz normalen Leben werden Erwachsene auch nicht jedes Mal gelobt, wenn sie ihre ganz normalen Alltagspflichten erledigen, und sie erwarten es auch gar nicht. Es ist allerdings sehr schön, wenn hin und wieder ein Familienmitglied sagt: „Danke, dass du meine Sachen gewaschen und gebügelt hast. Ich bin dir wirklich dankbar, dass du das immer übernimmst.“ Also denken Sie entsprechend daran, auch immer wieder einmal Ihr Kind für seinen Beitrag zu einem reibungslosen Familienalltag zu loben, allerdings moderat. Auf diese Weise behält ein solches Lob seine Bedeutung und Ihre Kinder bekommen nicht das Gefühl, dass es ihnen zusteht.

WAS DU KAPUTTMACHST, IST EBEN WEG

Hierbei handelt es sich um eine weitere Variante des Prinzips der natürlichen Folgen. Ich habe schon so oft miterlebt, wie ein Kind sein Lieblingsspielzeug quer durchs Zimmer geschleudert hat und es dann kaputt war. Dann kam das Kind zu seinen Eltern gerannt, um sich ein neues Spielzeug kaufen zu lassen. Gehen die Eltern darauf ein, lernt das Kind, dass Sachen ruhig kaputtgemacht werden können, denn sie werden einfach ersetzt.

Natürlich können wir ein neues Buch oder einen neuen Teddy kaufen. Aber die Tatsache, dass wir etwas ohne weiteres ersetzen *können*, bedeutet noch lange nicht, dass wir das auch tun *sollten*. Wenn Sie Ihrem Kind den Wert auch kleiner Dinge vermitteln, bereiten Sie es darauf vor, auch die großen Dinge wertzuschätzen und entsprechend gut darauf Achtzugeben.

Kleine Kinder haben noch keine Vorstellung von Geld, Wert oder Kosten. Für sie ist es wie Zauberei, wenn plötzlich etwas Neues da ist. Wenn also ein Kleinkind anfängt, mit seinen Spielsachen herumzuwerfen, dann können wir ihm sagen: „Mit Spielsachen wird nicht geworfen!“ Wir können dann noch das Spielzeug, mit dem geworfen wurde, aus dem Verkehr ziehen und seine Aufmerksamkeit auf etwas anderes lenken. Dem Kind das schlecht behandelte Spielzeug sofort zurückzugeben würde signalisieren, dass es egal ist, wie man mit Sachen umgeht, und man will ja eigentlich vermitteln, dass es Folgen hat, wenn man Dinge schlecht behandelt.

Wenn ein Kind im Kindergarten- oder Vorschulalter Dinge schlecht behandelt, die ihm gehören, dann kann man darauf auch Konsequenzen folgen lassen. Es ist wichtig zu vermitteln, dass Gegenstände einen Wert haben und dass man mit Sachen respektvoll umgeht. Wenn ein Kind nicht lernt, das zu achten, was ihm selbst oder seiner Familie gehört, wie soll es dann den Wert anderer Dinge erkennen und respektieren lernen? Wie wird es dann beispielsweise mit Büchern aus der Bibliothek umgehen? Wie soll es lernen, das Eigentum anderer zu achten?

„Wenn du es kaputt machst, ist es weg“, ist deshalb auch für ältere Kinder eine äußerst effektive Lektion. Sie können einem Kind beibringen, dass es nur eine einzige Möglichkeit gibt, ein Spielzeug zu ersetzen, das kaputt oder verloren gegangen ist. Je nach Alter des Kindes können Sie dem Kind anbieten, sich durch bestimmte Arbeiten in Haus und Garten hin und wieder ein paar Cent zu verdienen, die Sie in einem Glas oder einer Dose sammeln. Wenn genug Geld zusammengekommen ist, kann es sich von diesem Geld dann ein neues Buch oder einen neuen Teddy kaufen.

Es ist sinnvoll und liebevoll, wenn Sie Ihr Kind diese Lektion möglichst früh in einer entspannten Umgebung und an kleinen Dingen lernen lassen. So ist die Wahrscheinlichkeit groß, dass ihm dieses Verhalten in Fleisch und Blut übergeht und es den Wert eigenen und fremden Besitzes zu schätzen lernt.

Eine Freundin erzählte mir, dass ihre Friseurin einen Sohn im Teenageralter hat, der einfach mutwillig das Eigentum eines Nachbarn zerstört hatte und dabei erwischt worden war. Der junge Mann hatte dabei auch noch einen Komplizen gehabt. Die Friseurin bestand darauf, dass ihr Sohn sich bei dem Nachbarn für sein rücksichtsloses Verhalten entschuldigte und dann zwei Wochen lang morgens sehr früh aufstand, um als Wiedergutmachung für den Schaden, den er angerichtet hatte, bei dem Nachbarn zu arbeiten. Die Friseurin sagte dazu: „Leider haben die Eltern des anderen Jungen keinerlei Wiedergutmachung von ihrem Sohn verlangt. Mein Sohn hat seine Lektion gelernt und sich danach nie wieder am Eigentum anderer vergriffen. Der andere Junge sitzt mittlerweile im Gefängnis, weil seine Vergehen am Eigentum anderer immer schwerwiegender geworden sind.“

Szene 16, die Zweite

IM SPIELZIMMER

(Malte wirft sein Spielzeugauto durchs Zimmer.)
Mutter: Malte, bitte wirf nicht mit dem Auto. Noch zwei Minuten, dann wird aufgeräumt.
(Malte hebt sein Auto auf und wirft es noch einmal quer durchs Zimmer auf den ohnehin schon großen Spielzeughaufen.)
Mutter *geht mit Malte auf Augenhöhe und nimmt Blickkontakt auf:* So, Malte, jetzt ist es Zeit zum Aufräumen. Bitte tu das Auto in die Autokiste. Autos sind zum Fahren und nicht zum Werfen da.
Malte *weinend:* Ich will aber spielen!
Mutter: Ich weiß, dass du noch spielen möchtest, aber die Spielzeit ist jetzt zu Ende. Wenn du mit Sachen gespielt hast, räumst du sie auch auf. Komm, lass uns das „Aufräum-Lied" singen!
(*Malte zieht einen Flunsch.*)
Mutter: Also los! *(Fängt an zu singen und im Rhythmus Dinge aufzusammeln und einzuräumen.)*
(Malte fängt an mitzumachen und auch mitzusingen.)
Mutter: Toll kannst du mir schon helfen. Guck mal, wie viel Platz jetzt hier wieder ist! Da können wir ja nachher noch ein Puzzle zusammen machen.
(Malte strahlt, der Raum ist aufgeräumt und er und seine Mutter wechseln ohne weiteres Gequengel zur nächsten Aktivität.)

ZUSAMMENFASSUNG

Wie hat es diese Mutter geschafft, das Aufräumen zu „entschärfen" ?

- ✘ *Formulieren Sie Ihre Erwartungen klar und eindeutig.* „Wenn du mit Sachen spielst, räumst du sie hinterher auch wieder auf!"
- ✘ *Kündigen Sie das Ende der Spielzeit an.* „Noch zwei Minuten."
- ✘ *Sorgen Sie für ein Ordnungssystem.* „Autos gehören in die Auto-Kiste."
- ✘ *Bleiben Sie positiv.* „Aufgeräumt werden muss auf jeden Fall, deshalb können wir dabei auch ruhig fröhlich sein." Ein fröhliches Lied unterstützt das Anliegen und zeigt, dass es möglich ist, seine Pflichten gut gelaunt zu erledigen.

- ✘ *Seien Sie selbst Vorbild für das gewünschte Verhalten.* Wenn Sie mit gutem Beispiel vorangehen, wird Ihr Kind folgen.
- ✘ *Machen Sie keine Vorwürfe, sondern ordnen Sie Verantwortung zu.* Das Prinzip: „Wer spielt, räumt hinterher auch wieder auf", lehrt Verantwortlichkeit, ohne das Kind zu beschämen. Harsche Worte wie: „Du hast dieses Durcheinander angerichtet, also sorge dafür, dass es auch wieder verschwindet", können kreatives Spielen verhindern und die Botschaft vermitteln, dass ein gewisses Chaos beim Spielen nicht in Ordnung ist. Durcheinander gehört aber zu kreativem Spiel dazu – nur muss es eben hinterher auch wieder beseitigt werden.

Kapitel 17

GESCHWISTER-RIVALITÄT

Szene 17, die Erste

IM WOHNZIMMER

Cara: Hör auf! Ich habe sie zuerst gehabt!
Millie *schubst Cara:* Nein, meine. Gib her!
Cara *schubst Millie zu Boden und schnappt sich die Puppe:* Meine Puppe!
(Die Mutter kommt aus dem Bad ins Wohnzimmer.)
Millie *weinend zur Mutter:* Cara hat mich geschubst.
Cara *weinend zur Mutter:* Sie hat mich aber zuerst geschubst!
Mutter: Wer hat angefangen? Ihr seid wirklich schlimm, Mädels!
Millie und Cara *deuten aufeinander:* Sie hat angefangen!
Mutter: Wieso musst du eigentlich immer anfangen zu zanken, Cara? Geh sofort auf dein Zimmer!
Cara: Immer bist du auf ihrer Seite.

Wenn Sie noch keine zwei oder mehr Kinder haben, wissen Sie wahrscheinlich nicht, dass die Begriffe *Geschwister* und *Rivalität* sozusagen untrennbar miteinander verbunden sind. Ganz sicher stehen sie in einer Ursache-Wirkung-Beziehung.

Wie können Sie nun diese Geschwisterrivalität überleben? Ganz klar: Sie müssen die Rollen tauschen! Erinnern Sie sich noch an die Sache mit dem Elternteam? Also: Ihr Team hat sich eine Beförderung verdient und ist inzwischen zur „Schiedsrichter"-Position avanciert. Glücklicherweise sind Sie immer noch ein Team. Der Vater ist vielleicht Schiedsrichter, Mutter Linienrichterin, beide zusammen pfeifen gemeinsam das Familienspiel. Dazu passt, dass eine andere Dynamik ins Spiel kommt, je mehr Kinder dazu kommen.

Willkommen in der Welt der Mehrkindfamilien!

„MAMA HAT DICH SCHON IMMER BEVORZUGT!"

Geschwisterrivalität ist ein unvermeidlicher Teil des Familienlebens, wenn in der Familie mehrere Kinder leben. In den 60er-Jahren gab es in Amerika eine Fernsehserie mit dem Titel *The Smother Brothers*, in der es um die Rivalität zwischen den beiden Brüdern Tom und Dick Smothers ging. „Mama hat dich schon immer bevorzugt" war damals ein stehender Begriff, den man überall hörte.

Die Rivalität zwischen den beiden Brüdern war zwar für den Lacheffekt stark übertrieben dargestellt, aber vielleicht gehören Sie ja auch zu den Eltern, die gerade jede Form von Geschwisterkämpfen ausgesprochen leid sind und sie kein bisschen komisch finden. Anscheinend fühlt sich immer eine oder einer benachteiligt, weniger geliebt als die anderen, und ein anderer glaubt ständig zu kurz zu kommen und findet das Leben schreiend ungerecht. Die Heftigkeit und Kompliziertheit von Geschwisterstreitigkeiten erreicht noch einmal eine andere Dimension, wenn die Kinder größer werden, aber die Rivalität setzt meist in dem Augenblick ein, in dem das neue Baby im Hoheitsgebiet des bisher einzigen Kindes auftaucht.

JEDES KIND IST ETWAS GANZ BESONDERES

Welche Grundregeln können Sie aufstellen, um die Geschwisterrivalität so stark einzudämmen wie nur möglich? Am wichtigsten ist, von Anfang an den Grundgedanken zu verfolgen und zu vermitteln, dass Ihre Familie ein Team ist. Zwar hat jedes Mitglied eine andere Rolle und Aufgabe, aber alle gehören gleichermaßen dazu.

Geschwisterrivalität hängt von dem Augenblick an in der Luft, in dem das neue Baby ins Haus kommt. Eine Möglichkeit, für einen guten Anfang der neuen Geschwisterbeziehung zu sorgen, besteht darin, Ihr erstes Kind schon lange vor der Geburt gut darauf vorzubereiten, dass es jetzt bald ein großer Bruder oder eine große Schwester sein wird. Erklären Sie ihm, dass es etwas ganz Besonderes ist, der/die „Älteste" zu sein, und dass nur es ganz allein diese Rolle hat und sonst niemand in der Familie. Geben Sie Besuchern, die den neuen Erdenbürger besichtigen möchten, die Anregung, dem neuen „Ältesten" auch eine Kleinigkeit mitzubringen. Wenn Freunde oder Angehörige zu Besuch kommen, ist es außerdem eine großartige Gelegenheit, sich als Mutter ein wenig Extra-Kuschelzeit mit dem älteren Kind zu nehmen, während ein Besucher sich um das Baby kümmert.

Welche Rolle spielen nun eigentlich Geschwister im Familienteam? Sie sind Cheerleader füreinander. Ihre Aufgabe besteht darin, sich gegenseitig liebzuhaben, sich zu ermutigen, für die anderen einzustehen und zu ihnen zu halten, die anderen zu achten und mit ihnen zu teilen.

Zeigen Sie dem großen Bruder ein paar kernige Anfeuerungsrufe, wenn die kleine Schwester etwas Neues gelernt hat, und bringen Sie der Babyschwester möglichst schnell bei, in die Hände zu klatschen, damit sie das tun kann, wenn der große Bruder seinen ersten Purzelbaum schlägt oder ohne Stützräder Fahrrad fahren kann. Sorgen Sie so kreativ wie möglich für eine Stimmung, in der die Geschwister begeisterte Fans voneinander sind.

Als Eltern können Sie sogar noch mehr tun, um die Teamfähigkeit und -bereitschaft Ihrer Kinder zu fördern. Sie können mit den einzelnen Kindern qualitativ wertvolle Zeit allein verbringen (das braucht gar nicht besonders lange zu sein), sodass jedes Kind sich seines persönlichen Wertes ganz sicher ist und sich dadurch auch in der Familie sicher und wertgeschätzt fühlt. Ob es eine gemeinsame Einkaufstour, ein Spaziergang um den Block, eine vorgelesene Geschichte oder eine Runde Memory ist – Mama und Papa müssen einzeln mit jedem Kind etwas unternehmen, damit es als Einzelperson genügend Aufmerksamkeit bekommt.

Liebe wird für kleine Kinder meistens Z-E-I-T buchstabiert. Wirklich konzentrierte Aufmerksamkeit, bei der das Kind das Gefühl hat, als Einzelperson wahrgenommen zu werden, kann sich ungeheuer positiv auswirken und die Eifersucht auf das neue Geschwisterchen eindämmen, um das sich sonst alles zu drehen scheint. Das ältere Geschwisterkind wird auf diese Weise daran erinnert, dass es etwas ganz Besonderes und Einzigartiges in das Familienteam einbringt und von ihnen als Individuum geliebt wird.

Nur weil zwei Kinder Geschwister sind, heißt das noch lange nicht, dass sie ein Herz und eine Seele sein müssen. Kinder sollten lernen, die Privatsphäre ihrer Geschwister zu respektieren, und es sollte nicht von ihnen erwartet werden, dass sie ständig und ausschließlich miteinander spielen. Jedes Kind sollte auch eigene Freunde haben und sich ohne seine Geschwister zum Spielen mit anderen Kindern verabreden. Es ist wichtig, die Kinder für ihre ganz speziellen Beiträge, guten Taten und Erfolge zu loben, anzuerkennen und zu ermutigen. Vermitteln Sie Ihrem Kind, wie toll sie es finden, dass es anders ist als seine Geschwister. Es ist etwas ganz Besonderes, und wenn es das weiß, kann es auch sicher sein, dass niemand anders seinen Platz einnehmen kann.

Genauso wie ein Kind mitbekommen sollte, dass sich die Familie nicht ausschließlich um sein Geschwisterchen dreht, muss es verstehen, dass die Familie sich auch nicht ausschließlich um es selbst dreht, dass es manchmal auch Opfer erfordert, zu einem Team zu gehören. Wenn Ihr Kind sportbegeistert ist und sich Sportereignisse gern live oder im Fernsehen anschaut, dann können Sie anhand der jeweiligen Sportart den Teamgedanken noch genauer erklären und dem Kind seine Rolle in der Familie auf diese Weise anschaulich machen.

Auch wenn wirkliche Gewalt nicht erlaubt werden darf, muss mit Raufereien unter Geschwistern gerechnet werden. Jede Familie hat dabei ihre eigenen Grenzen dafür, wo das harmlose Raufen aufhört und die Gewalt beginnt. Achten Sie genau darauf, dass diese Grenze eingehalten wird. Kleinere Kinder, die noch nicht über die nötigen sprachlichen Fähigkeiten verfügen, um sich mitzuteilen, drücken sich oft körperlich aus, auch indem sie raubeinig mit Gleichaltrigen umgehen, aber diese Art der Kommunikation nimmt meist in dem Maß ab, in dem sich die sprachlichen Fähigkeiten weiterentwickeln.

Wenn Sie nicht verstehen können, wie eine Frau ihre Schwester gleichzeitig heiß und innig lieben und ihr den Hals umdrehen könnte, dann sind Sie wahrscheinlich ein Einzelkind.
– Linda Sunshine –

Sie sollten aber dennoch eingreifen und Ihre Kinder ermuntern, sich mit Worten statt mit Fäusten verständlich zu machen. Jungen neigen besonders zum Raufen und Rangeln, und das ist auch in einem gewissen Maß in Ordnung. Dabei sollte allerdings immer eine Regel gelten: Wenn einer der Beteiligten „Stopp!" ruft, weil für ihn der Spaß vorbei ist und die Sache ernst wird, muss das Geraufe sofort abgebrochen werden, so spielerisch es auch begonnen haben mag.

JE ÄLTER, DESTO MEHR VORRECHTE

Jede Form von Disziplin muss altersgerecht sein. Kinder müssen sich an Regeln halten, aber die Erwartungen sollten ihrem Alter angemessen sein. Ihr Vierjähriger weiß inzwischen, dass Schlagen verboten ist. Wenn er also ein anderes Kind haut, geht er sofort in die Auszeit. So weit ist ein Anderthalbjähriger noch nicht. Er braucht vielleicht vor der Konsequenz noch eine weitere Verwarnung.

Wenn Kinder gegen Regeln verstoßen, muss das immer und unweigerlich Folgen haben, allerdings auch dies nach Alter gestaffelt. So geht beispielsweise der Anderthalbjährige für anderthalb Minuten in die Auszeit, der Fünfjährige für 5 Minuten. Durchaus möglich, dass der Fünfjährige dann schreit: „Das ist unfair!" – also bereiten Sie sich darauf vor, dass Sie sagen müssen: „Du bist schon älter und das heißt, dass du schon mehr darfst. Es heißt aber auch, dass deine Auszeiten länger sind, weil du schon besser als dein kleiner Bruder weißt, wann du gegen Regeln verstoßen hast."

Sorgen Sie dafür, dass Ihr älteres Kind abends ein bisschen länger aufbleiben darf als das jüngere. Oder überlegen Sie sich irgendein anderes Privileg für das älteste Kind, um einen Ausgleich zu schaffen, wenn es den Anschein hat, dass die Kleinen alle Aufmerksamkeit und alle Vorteile bekommen.

Mit Kindern unterschiedlicher Altersgruppen umzugehen kann sehr anstrengend sein. Auf jeden Fall braucht man dazu viel Liebe und Geduld. Es ist einfach mühsam und anstrengend, Geschwisterkindern immer wieder zu erklären, warum das Leben einfach nicht fair ist.

Wenn der größere Bruder des Kindes ständig mehr Freiheiten hat, schon zur Schule geht oder auch schon mit anderen Kindern ohne Aufsicht etwas unternehmen darf, dann ist es wichtig, dem jüngeren Geschwisterkind zu versichern, dass seine Zeit für solche Freiheiten auch kommt. Wenn es dann älter wird, bekommt es ebenfalls mehr Verantwortung, mehr Freiheiten, darf abends länger aufbleiben ... also all das, worum es jetzt so angstvoll besorgt ist.

Ich hab einmal von einem zweijährigen Mädchen gelesen, das mitbekam, wie sein Papa mit dem großen Bruder auf eine Angeltour ging. Die Kleine sagte: „Ich will auch mit!“ Da ging Papa mit ihr auf Augenhöhe und sagte: „Du kannst mit uns angeln gehen, wenn du größer bist“, und ging zum Auto. Das kleine Mädchen überlegte, zog dann die Cowboystiefel ihres Bruders an, klapperte unbeholfen in den viel zu großen Stiefeln hinter Vater und Bruder her zum Auto und rief ihnen in freudiger Erwartung zu: „Jetzt bin ich schon größer!“

Es gibt bestimmt kein einziges jüngeres Geschwisterkind, das sich nicht an eine Situation erinnert, in der es sich ausgeschlossen und benachteiligt gefühlt hat. Aber es gibt wohl auch kein älteres Geschwisterkind, das nicht den Schmerz kennt, von einem kleineren Geschwisterkind „entthront“ zu werden. Das Leben ist nicht fair, und man kann Kindern nicht allen Kummer und Schmerz ersparen. Man kann ihnen jedoch ein großes Geschenk machen, indem man ihnen zeigt, dass sie als Individuen geliebt sind – und auch, wie sie sich selbst beruhigen, ihren Kummer überwinden und trotz der Ungerechtigkeiten des Lebens wieder fröhlich werden können.

Wenn ein neues Baby in die Familie hineingeboren wird, ist das ältere Geschwisterkind normalerweise neugierig darauf, wie seine Rolle als großer Bruder oder große Schwester wohl aussehen wird. Vielleicht können Sie dem größeren Kind ja schon vor dem bevorstehenden Ereignis ein bisschen den Mund wässrig machen, wie toll es ist, eine große Schwester zu sein, und was man dann schon alles darf (zehn Minuten länger aufbleiben, das Baby vorsichtig halten, das neue Baby zum Lachen bringen und ihm vielleicht sogar das Fläschchen geben, Mamas große Helferin sein und so weiter). Normalerweise wird das größere Kind sich an Ihnen als Vorbild orientieren und versuchen, Ihr Verhalten dem Baby gegenüber zu kopieren. Es wird versuchen, eine kleine Mama zu sein. Schenken Sie dem, was es anbietet und beiträgt, viel Beachtung und loben Sie es für seine Bemühungen zu helfen.

„ER HAT ABER ANGEFANGEN!“

Bei Streitereien meiner Schützlinge habe ich es mir abgewöhnt zu fragen, wer angefangen hat. Wenn Geschwister älter werden, sollten sie lernen, ihre Angelegenheiten selbst zu regeln. Wenn Sie keine Erstickungslaute oder markerschütternden Schreie hören, dann lassen Sie die Kinder ihre Konflikte selbst lösen. Warum das am besten ist? Weil Sie in aller Regel nicht mitbekommen haben, wie es angefangen hat. Wenn Sie zu hören bekommen: „Er hat aber angefangen!", dann haben Sie zwei Möglichkeiten: Entweder Sie lassen die Kinder die Sache allein austragen, oder Sie bestrafen alle Beteiligten. Kluge Eltern vermeiden es tunlichst, sich auf eine Seite zu schlagen, und das lässt sich am besten umsetzen, indem sie die Geschwister ermutigen, ihre Konflikte selbstständig auszutragen und keinem von beiden die Schuld zu geben, wenn Sie nicht zweifelsfrei wissen, wer was wann getan hat.

Ein weiterer wichtiger Punkt, wenn Sie sich in Kinderkonflikte einmischen: Stellen Sie keine Vermutungen an. Wenn Sie nicht wissen, was passiert ist oder wie es genau angefangen hat, dann wissen Sie es eben nicht. Es ist besser, auf der sicheren Seite zu sein, als irgendwelche Vermutungen anzustellen.

Sobald Geschwisterkinder sprechen können, eignen sie sich meist eine ausgesprochen lästige Fertigkeit an – das Petzen. Wenn „meine" Jungen spielen und ich höre die Worte: „Michelle, soll ich dir mal was sagen?", antworte ich ausnahmslos immer: „Okay, aber erst noch eine Frage: Willst du was petzen?" Wenn sie dann – was der Normalfall ist – sagen, dass sie es nicht wissen, frage ich weiter: „Also gut, ist jemandem wehgetan worden? Braucht jemand meine Hilfe? Habt ihr schon versucht, die Sache mit Worten zu regeln? Ist es etwas, das ich unbedingt wissen muss?" Eine dieser Fragen beantwortet der Betreffende in aller Regel mit Nein. Dann sage ich: „Danke, dass du dir Gedanken machst, aber sag mir nur Bescheid, wenn es etwas ist, das ich wirklich wissen muss und wobei ich helfen kann."

Wenn in der Schule gepetzt wird, versuchen die Lehrer immer erst herauszubekommen, ob die Situation *gefährlich* oder *zerstörerisch* ist. Wenn das nicht der Fall ist, dann möchten sie es nicht hören, und daran sollten auch Sie sich im Umgang mit Ihren Kindern halten!

Ich ermutige die Jungen immer, mir alles zu sagen, und ich bedanke mich auch dafür, wenn sie sich mir mitteilen. Ich signalisiere ihnen, dass ich da bin, um ihnen zuzuhören, aber ich muss nicht jede Kleinigkeit und Einzelheit wissen. Außerdem stärke ich auch ihr Selbstvertrauen, wenn ich sage: „Ich traue euch beiden zu, dass ihr eure Probleme allein lösen könnt, denn ihr seid beide vernünftige und gescheite Jungen. Ich bin immer da, um euch bei den großen und schwierigen Sachen zu helfen, aber die meisten kleinen Streitigkeiten könnt ihr schon selbst regeln."

Wenn Schwestern die Freiheit hätten auszudrücken, was sie wirklich empfinden, dann würden Eltern Folgendes hören: „Gebt alle Aufmerksamkeit und alles Spielzeug mir und lasst Rebecca bei Oma wohnen."
– Linda Sunshine –

Wenn es bei Ihnen bereits schwerwiegendere Probleme gibt, die Rivalität zwischen den Geschwistern bereits in einem fortgeschrittenen Stadium ist und die Gefahr besteht, dass die Lage außer Kontrolle gerät, dann kann ich Ihnen den

Klassiker von Adele Faber und Elaine Mazlish: *Geschwister – ein Herz und eine Seele* empfehlen.

Szene 17, die Zweite

IM WOHNZIMMER

Cara: Hör auf! Ich hab sie zuerst gehabt!
Millie *schubst Cara*: Nein! Meine. Gib her!
Cara *schubst Millie zu Boden und schnappt sich die Puppe*: Meine Puppe!
Millie *nach Mama weinend:* Mama! Cara hat mich geschubst!
Cara *weinend zu Mama:* Sie hat mich aber zuerst geschubst!
Mama: Mädchen, ich weiß nicht, wer angefangen hat, und es ist mir auch egal. Ich gebe euch jetzt zwei Minuten, um euch zu einigen, und wenn ihr nicht entscheiden könnt, wer jetzt an der Reihe ist, mit der Puppe zu spielen, dann kommt die Puppe in die Auszeit.
Cara und Millie: Na gut.
Millie: Tut mir leid, dass ich dich geschubst habe. Kann ich sie haben, wenn du fertiggespielt hast?
Cara: Ja.
Mutter: Das habt ihr jetzt richtig gut geregelt. Super! Ich bin stolz auf euch! Schön, dass ihr euch die Puppe teilt.

ZUSAMMENFASSUNG

Welche Praxis-Tipps hat die Mutter in dieser Szene angewendet, um die Streiterei zu entschärfen?

- ✘ *Sprechen Sie die Situation an und nicht das Kind.* Kinder sind wunderbar – nur ihr Benehmen ist manchmal nicht gut.
- ✘ *Fragen Sie nicht; kümmern Sie sich nicht.* Es ist egal, wer angefangen hat. Entscheidend ist, dass es weitergeht.
- ✘ *Keine Mutmaßungen über etwas, das Sie nicht wissen.* Ergreifen Sie nicht Partei für ein Kind.
- ✘ *Ermutigen Sie Geschwisterkinder, sich selbst zu einigen.* Formulieren Sie klar, was Sie

von ihnen erwarten: „Einigt euch und entscheidet, wer als Nächster an der Reihe ist."

- ✘ *Wenn keine Einigung zustande kommt, bieten Sie eine gerechte Lösung an.* Entfernen Sie das Spielzeug, um das gestritten wird, machen Sie Zeitvorgaben (Eieruhr).
- ✘ *Loben Sie konstruktives und positives Verhalten!* Sagen Sie Ihren Kindern: „Das habt ihr wirklich toll gemeinsam geregelt."

Kapitel 18

DAS „ICH-MONSTER“ ZÄHMEN

Szene 18, die Erste

VOR DER SCHWIMMSTUNDE

John: Beeil dich, Mama! Schnell, hilf mir doch endlich, Mama! Wir dürfen gleich raus!
Mutter: Du brauchst nicht zu hetzen! Wir haben noch ein paar Minuten Zeit.
John: Schneller, Mama! Ich will als Erster rein!
Mutter: Jetzt hör auf zu zappeln und zieh deine Badehose an. Dann können wir gehen und du kannst als Erster in der Reihe stehen.
(Mutter und John verlassen den Umkleideraum und haben jetzt Sicht auf die Tür zum Hallenbadbereich.)
John: Siehst du, jetzt sind schon alle da! Ich will aber Erster sein! *(Er drängelt sich zwischen Müttern und Kindern hindurch ganz nach vorn, um als Erster an der Tür zu stehen.)*
Mutter: Entschuldigung. Johnny hat zurzeit einfach diesen Tick, immer Erster sein zu wollen. Aber Jungs sind eben Jungs.

„Die Welt dreht sich nicht nur um dich“, bekomme ich auch heute noch manchmal zu hören, entweder von einer guten Freundin oder (schluck!) sogar von meiner Mutter. Das ist so, weil unser Ego eben zu unserem tiefsten inneren Wesen gehört, und obwohl wir versuchen, es zu beschwichtigen, verschwindet diese Ich-Lastigkeit nie so ganz.

Unser Ziel soll sein, unseren Kindern ein ausgewogenes Maß zwischen Selbstliebe und Selbstlosigkeit zu vermitteln. Natürlich wollen wir unseren kleinen Draufgänger oder die künftige Schauspielerin nicht in ihren Träumen ausbremsen. Wir möchten, dass unsere Kinder Selbstwertgefühl und auch Selbstvertrauen haben, möchten ihnen das Gefühl geben, etwas Besonderes zu sein – gleichzeitig möchten wir aber natürlich auch deutlich machen, dass auch andere begabt und einzigartig sind. Wir wünschen uns, dass unsere Kinder selbstsicher ins Leben hinausgehen, dass sie aber auch zurücktreten und anderen Beifall klatschen können, wenn diese gerade Erfolge feiern. Anders ausgedrückt, wir möchten unseren Kindern Selbstvertrauen geben, ohne dabei das „Ich-Monster“ in ihnen zu füttern. Egoisten haben es im Leben nämlich ganz schön schwer, und niemand möchte mit ihnen zusammen sein.

Kinder sind von Natur aus egozentrisch. Sie sind wie die Sonne, um die alle Planeten (und Eltern) kreisen. Die ersten Wörter, die sie sagen können, dokumentieren diese Egozentrik sehr schön, denn es sind meist (neben „Mama“) „Ich“ und „Mein“. Zunächst ist das natürlich auch völlig normal und in Ordnung. Wenn Kinder dann größer werden und sich entwickeln, sollte sich ihr Blickfeld jedoch weiten. Langsam sollte ihnen immer ein bisschen klarer werden, dass es auf dieser Welt noch mehr gibt als „ICH, ICH, ICH“.

Ich bin mittlerweile überzeugt davon, dass Gott uns Familien gibt, damit wir lernen, die Bedürfnisse der anderen ebenso zu beachten wie unsere eigenen. Vom Umgang mit Geschwistern über alternde Großeltern und verschrobene Tanten bis hin zu seltsamen Onkeln sind Familien ein perfektes Übungsfeld, um sich auf die Vielfalt verschiedener Persönlichkeiten einzustellen, die unseren Planeten bevölkern, und die Grundlagen von gegenseitigem Respekt zu lernen.

> *Eine egozentrische Person betritt einen Raum und sagt: „Da bin ich!“ Eine auf andere bezogene Person betritt einen Raum und sagt: „Da seid ihr ja!“*
> – Becky Freeman Johnson –

Wir wollen im Folgenden ein paar praktische Möglichkeiten anschauen, wie man Kinder ganz sanft aus der anfänglichen absoluten Egozentrik heraus in Richtung einer mitfühlenden, verständnisvollen, von Achtung bestimmten, ausgewogenen Sichtweise von sich selbst und anderen führen kann.

ACHTUNG LEHREN

Eines der Paradoxe des Lebens besteht darin, dass man Achtung vor anderen Menschen haben muss, um selbst geachtet zu werden. Wenn es darum geht, Achtung vor anderen zu vermitteln, dann geschieht das sicher eher durch das, was die Kinder sehen, als durch das, was man ihnen sagt. Kinder lernen durch Vorbilder und Beispiele. Wenn Sie also Ihren Kindern Respekt vor Ihnen und anderen Autoritätspersonen vermitteln wollen, dann geschieht das zuallererst durch Ihren eigenen Umgang mit den Kindern. Die Mutter einer Freundin von mir pflegte zu sagen: „Die Welt wäre sicher besser, wenn wir unsere Mitmenschen ein bisschen mehr wie Familienangehörige und Familienangehörige ein bisschen mehr wie Mitmenschen behandeln würden."

Eine andere großartige Möglichkeit, Kindern Respekt beizubringen, besteht darin, sich selbst anderen Menschen gegenüber gut zu benehmen, also auf die eigenen Manieren zu achten. Das ist mit Sicherheit eines der größten Geschenke, die Sie Ihrem Kind machen können. Respektvolles Benehmen gegenüber anderen Menschen wird ihm Türen öffnen und es ihm leicht machen, Freundschaften aufzubauen. Bringen Sie ihm so früh wie irgend möglich bei, Bitte und Danke zu sagen. Nutzen Sie jede sich bietende Gelegenheit innerhalb der Familie, ihm gute Manieren zu vermitteln.

BLEIBEN SIE AUCH IN KONFLIKTSITUATIONEN RESPEKTVOLL

Wenn Ihr Kindergartenkind Sie in einem Frustanfall anschreit und sagt: „Du bist so blöd, Mama!", dann bekämpfen Sie bitte unbedingt den inneren Drang, zurückzuschreien: „Wie kannst du es wagen, so mit deiner Mutter zu reden!" Versuchen Sie es stattdessen mit: „Anna, in diesem Haus ist niemand blöd, und ich möchte nicht, dass du so etwas sagst, weil es verletzend ist. Wenn du mich freundlich bittest, dir die Schuhe zuzubinden, dann helfe ich dir gerne."

Sie können für Ihr Kind auch ein Vorbild darin sein, wie man positiv mit Meinungsverschiedenheiten umgeht. Konflikte gehören ganz einfach zum Leben dazu, also statten Sie Ihre Kinder mit dem Handwerkszeug aus, das nötig ist, um mit anderen Meinungen, anderen Überzeugungen, anderen Vorlieben und auch mit Menschen umzugehen, die sich über sie aufregen. Sorgen Sie als Erstes dafür, dass Sie selbst ein Vorbild in respektvollem Umgang mit anderen sind, beispielsweise mit Ihrem Ehepartner oder anderen Erwachsenen. Und dann gehen Sie ebenso respektvoll bei Meinungsverschiedenheiten mit Ihren Kindern vor.

Wenn beispielsweise Ihr Dreijähriger sagt: „Ich hasse Erbsen! Die schmecken wie grüne Dreckkugeln", dann könnten Sie etwa so reagieren: „Hmm – so kann man das natürlich auch sagen. Du magst keine Erbsen, und das ist völlig in Ordnung. Aber weißt du was, ich finde Erbsen superlecker, besonders in Kartoffelbrei. Was dem einen gar nicht schmeckt, kann für den anderen ganz lecker sein. Sag mir doch mal, was dein Lieblingsgemüse ist."

ERST AN DIE ANDEREN DENKEN

Es ist für Kinder von entscheidender Bedeutung, dass sie lernen, anderen Menschen Achtung zu erweisen, indem sie höfliche Worte benutzen. Dazu müssen wir sie ermutigen, sich in andere Menschen hineinzuversetzen, sobald sie dazu emotional in der Lage sind. Das ist ein weiterer Baustein in Richtung Einfühlungsvermögen, das wiederum einer der wichtigsten Grundbausteine für emotionale Intelligenz ist.

Bevor Ihr Kind in ein neues Umfeld hineinkommt, in dem ganz neue Erfahrungen auf es zukommen – beispielsweise der Kindergarten oder die Vorschule –, können Sie es folgendermaßen vorbereiten: „Achte darauf, ob vielleicht ein anderes Kind dort ängstlich oder schüchtern oder ganz allein ist und frag es, ob es mit dir spielen möchte. Dadurch wird es vielleicht fröhlicher, denn es ist bestimmt schön, dich zum Freund zu haben." Das steigert zudem das Selbstwertgefühl Ihres Kindes, weil Sie ihm vermitteln, dass es in der Lage ist, Dinge selbst in die Hand zu nehmen und sich um die Bedürfnisse anderer zu kümmern.

Ein großes Paradox des Lebens besteht auch darin, dass unser Selbstwertgefühl oft dann am stärksten ist, wenn wir uns aktiv um die Bedürfnisse anderer kümmern und die Ärmel hochkrempeln, um ihnen zu helfen.

Praxis-Tipp

Hier sind ein paar Ideen, wie Sie Ihren Kindern gute Manieren beibringen können:

- Leben Sie Ihren Kindern gute Manieren vor. Sagen Sie immer Bitte und Danke. Kinder lernen am besten durch Nachahmung.
- Gutes Benehmen soll zum ganz normalen Familienalltag völlig selbstverständlich dazugehören. Ermutigen Sie Ihre Kinder, höflich zu sein, indem Sie selbst anderen die Tür aufhalten, in ruhigem Ton und angemessener Lautstärke miteinander reden, freundlich grüßen (das kann man üben), Menschen in die Augen schauen, wenn Sie mit ihnen reden oder ihnen zur Begrüßung die Hand geben usw.
- Weisen Sie Ihre Kinder auf andere Kinder hin, die besonders gute Manieren haben. „Guck mal, das Kind hat sich aber gut benommen! Es hat sich von sich aus hinten an der Schlange angestellt und kein bisschen gedrängelt."

- Zeigen Sie Ihren Kindern auch, wie man sich am Telefon höflich meldet. Das kann man gut mit einem Spielzeugtelefon üben. Dazu gehört auch die Klärung, welche Informationen das Kind am Telefon weitergeben sollte und welche nicht.
- Geben Sie Ihren Kindern unauffällig Hinweise, wenn sie noch nicht so weit sind, von sich aus gutes Benehmen an den Tag zu legen: „Oh, Tante Sandra hat dir ein Geschenk mitgebracht? Was kannst du dann zu ihr sagen?"
- Bedanken Sie sich gemeinsam mit Ihren Kindern schriftlich für Geschenke. Seit meine beiden Schützlinge zum Geburtstag und zu Weihnachten Geschenke geschickt bekommen, wird von ihnen erwartet, dass sie sich dafür persönlich und schriftlich bedanken. In den ersten Jahren in Form einer Karte mit dem Handabdruck des jeweiligen Kindes und einer kurzen Notiz, die ich dazuschrieb. Später haben sie dann etwas gezeichnet oder ein Bild gemalt und mir diktiert, was ich dazu schreiben sollte. Inzwischen schreiben sie ihre Dankeschön-Karten selbst, und man braucht sie weder daran zu erinnern noch sie mehrfach aufzufordern.
- Üben Sie zu Hause gute Tischmanieren ein. Das kann beispielsweise in Form unterschiedlicher Themenabende geschehen. Bei einem Grillabend können die Kinder zum Beispiel lernen, welche Speisen man mit den Fingern essen darf und welche nicht. Man kann ein nachmittägliches Kaffeetrinken und auch ein festliches Essen an einer richtigen Tafel üben. Mit Kindern zu üben, wie man sich in einem Restaurant benimmt, enthält viele wichtige Teillektionen: Sich von einer Speisekarte etwas auszusuchen und es zu bestellen, geduldig auf das Essen zu warten, sich beim Kellner zu bedanken, wenn er etwas bringt, sitzen zu bleiben, bis alle mit dem Essen fertig sind. Die meisten Kinder können mit 3 Jahren verstehen, welches Benehmen bei Tisch angemessen ist und welches nicht.
- Bringen Sie hin und wieder die goldene Regel ins Spiel! Lassen Sie Ihre Kinder die einfache und wundervolle Ermahnung aus dem Neuen Testament auswendig lernen, in der es heißt: „So wie ihr von den Menschen behandelt werden möchtet, so behandelt sie auch" (Matthäus 7,12).

Grenzen zu setzen ist eine weitere Möglichkeit, Ihrem Kind Achtung vor anderen Menschen nahezubringen. Indem Sie freundlich, aber bestimmt mit Ihrem Kind umgehen, signalisieren Sie ihm, dass Wutanfälle bei Ihnen einfach nicht zum erwünschten Ziel führen und deshalb genauso gut auch unterbleiben können. Wenn Lukas also im Spielzeuggeschäft einen Wutanfall bekommt, dann bitten Sie ihn freundlich, aber bestimmt, sofort damit aufzuhören. Wenn er sich wieder einkriegt, geben Sie ihm noch eine Chance und loben ihn dafür, dass er sich selbst wieder beruhigt hat.

Folgende Methode hat sich für mich gut bewährt, wenn ich meinen Schützlingen zeigen will, wie man seine Emotionen in den Griff bekommt, um sich respektvoller benehmen zu können. Wenn ich zu ihnen sage: „Nimm dich bitte zusammen", dann wissen sie, dass sie das, was sie gerade tun, sofort unterlassen, die Augen schließen und bis zehn zählen sollen. In dieser kurzen Zeitspanne kann sich ganz viel verändern.

Eine weitere Methode, die ich einsetze, wenn wir in eine völlig unbekannte Umgebung kommen und sie deshalb aufgeregt sind, besteht darin, ihnen zu sagen: „Lasst uns kurz darüber reden, wie wir uns heute bei Frau Müller zu Hause benehmen." Lassen Sie Ihre Kinder wiederholen, was sie tun und was sie lassen sollen. Auf diese Weise sind sie innerlich vorbereitet, auf ihr Benehmen zu achten.

Man kann die Verwendung respektvoller Worte und Verhaltenweisen noch verstärken, indem man beides sehr bewusst lobt. Dadurch motiviert man die Kinder, sich auch weiterhin gut zu benehmen. Seien Sie aufmerksam und achten Sie darauf, wenn Ihr Kind etwas gut und richtig gemacht hat. Loben Sie es dafür dann ausgiebig: „Das war wirklich nett von dir, dass du der Dame die Tür aufgehalten hast!"

UMGANG MIT EINER STÄNDIG FORDERNDEN GRUNDHALTUNG

Wenn ich mir das Verhalten und die unterschiedlichen Persönlichkeitstypen von Kindern (und Erwachsenen) so anschaue, dann gibt es bestimmte Wesenszüge, mit denen ich noch ganz gut zurechtkomme, aber auch einige, die ich nicht ausstehen kann. Zum Beispiel, wenn sich jemand so benimmt, als würden ihm alle möglichen Dinge, Dienste oder Vorrechte ganz selbstverständlich zustehen. Ich meine damit Menschen, die einfach erwarten, diese Dinge zu bekommen – ja, sie erwecken sogar manchmal den Eindruck, dass man ihnen bestimmte Vorrechte und Vergünstigungen *schuldig ist.*

Wie kommt es eigentlich zu einer solchen fordernden Grundhaltung? Manche Kinder sind dafür anfälliger als andere, deshalb glaube ich persönlich, dass es sich dabei teilweise auch um eine angeborene Haltung handelt. Meist liegt es aber daran, dass wir in einer Kultur leben, in der alles sofort verfügbar ist und man kaum noch abzuwarten und sich zu gedulden braucht. Wir gehen zum Beispiel bei der Bank zum Geldautomaten, stecken unsere Karte hinein und bekommen umgehend Bargeld. Wir können fast alles sofort und schnell haben. Fertignahrung, Fertighäuser, etc. Es ist völlig normal geworden, alles sofort und ohne Wartezeit oder eigene Anstrengung zu bekommen.

Das Problem dabei ist, dass wir dadurch die Dinge nicht mehr so sehr zu schätzen wissen – uns ist nicht mehr präsent, wie viel Zeit und Arbeit es kostet, all diese Dinge herzustellen. Früher halfen Kinder im Garten beim Säen, beim Unkrautjäten und Gießen, sie zogen die Möhren aus dem Boden, wuschen sie und schauten zu, wie ihre Mutter sie kochte. Wenn ein Kind Möhren aß, dann wusste es, wie viel Zeit und Mühe es machte, Möhren auf den Tisch zu bringen. Es ist nicht weiter verwunderlich, dass heutzutage viele Kinder glauben, Möhren würden in Plastiktüten wachsen, und dass sie keine Ahnung haben, wie die kleinen orangen Dinger in den Supermarkt gekommen sind.

Ganz ähnlich können Kinder nicht mehr schätzen, was es bedeutet, dass jemand extra für sie in einen Laden gegangen ist, um ihnen ein Geschenk zu kaufen, und zwar mit Geld, das sich diese Person durch Arbeit verdient hat. Ein Kind weiß nur, dass es Geburtstag hat und deshalb Geschenke bekommt. Und an dieser Stelle können Sie ansetzen. Sie können Ihrem Kind erklären: „Opa hat ganz doll gearbeitet, und dafür hat er von seinem Chef Geld bekommen. Und dann hat er daran gedacht, wie lieb er dich hat, und mit einem Teil von dem Geld, das er für seine Arbeit bekommen hat, ist er ins Spielzeuggeschäft gegangen und hat dir das Feuerwehrauto gekauft. Ist das nicht nett von ihm? Du kannst ja vielleicht für Opa ein Bild malen, wie du mit dem neuen Feuerwehrauto spielst, und ich schreibe ein Dankeschön dazu und dann schicken wir es ihm, ja?“

Oder Sie können ein kleines Gemüsebeet anlegen, um das Sie sich dann gemeinsam kümmern. Sie erleben dann auch gemeinsam, wie viel Freude es macht, die Entstehung guter Nahrung von der Saat bis zur Ernte mitzuerleben. Eine solche Wertschätzung für einen Prozess ist die Vorstufe von Respekt.

Eine weitere gute Möglichkeit, einem Kind zu vermitteln, dass es sich lohnt zu warten und Mühe einzusetzen, um etwas zu bekommen, besteht darin, ihm Aufgaben aufzutragen und es zu belohnen, wenn es diese Aufgaben erfüllt hat. Wenn ein Kind beispielsweise gern ein bestimmtes Spielzeug haben möchte, dann können Sie zusammen mit dem Kind einen Plan erarbeiten, wie es sich das Geld verdienen kann. Sagen wir zum Beispiel, Jannick bekommt jeden Abend, wenn er selbstständig und ohne Extraaufforderung sein Zimmer aufgeräumt, sich umgezogen und die Zähne geputzt hat, 20 Cent, die in eine spezielle Spardose wandern. Wenn Jannick älter wird, kann er vielleicht einen wöchentlichen Betrag dafür bekommen, wenn er all seine Aufgaben selbstständig und ohne zu nörgeln erledigt.

Wie auch immer wir dieses Abwarten und Einsetzen von Energie und Entschlossenheit einüben, entscheidend ist, dass das Kind sich besondere Privilegien oder Spielsachen selbst verdient und nicht einfach erwartet, dass ihm alles auf dem Silbertablett serviert wird.

FREIGIEBIGKEIT UND MITGEFÜHL LEHREN

Freigiebigkeit und Mitgefühl sind Gaben, die weitergeschenkt werden. Ich fühle mich enorm in meiner Erziehungsarbeit bestätigt, wenn einer der Jungen sagt: „Michelle, mir tut der Mann da im Rollstuhl so leid, weil er nicht laufen kann. Ich geh mal vor und halte ihm die Tür auf." Wäre es nicht wundervoll, wenn Erwachsene auch so sensibel wären und so wenige Vorurteile hätten wie Kinder?

Kleine Kinder sehen zwar Unterschiede zwischen Menschen, aber sie bewerten und urteilen nicht. Sie sehen ein Problem und versuchen zu helfen. Wenn sie darin ermutigt werden, dann können sie sich wirklich auch schon sehr früh in den Schmerz oder die Not anderer Menschen hineinversetzen und sich Gedanken darüber machen, wie man Abhilfe schaffen könnte.

Bei meiner Arbeit mit Zwillingen konnte ich eine extrem frühe Entwicklung eines gewissen Einfühlungsvermögens erleben. Weil Zwillinge sich von Anfang an aufeinander beziehen, lernen sie sehr viel früher als andere Geschwisterkinder, dass da außer ihnen selbst noch jemand ist, dessen Bedürfnisse gestillt werden wollen. Deshalb können Zwillingskinder sich auch meist schon früher als andere Kinder in andere Menschen hineinversetzen. Wenn Fraser früher ein weinendes Kind sah, rannte er hin und umarmte das Kind tröstend, weil das auch die Brüder untereinander so machten, wenn einer von ihnen traurig war.

Wie kann man nun einem Kind vermitteln, wie wertvoll und wichtig Freigiebigkeit und Mitgefühl sind? Seien Sie selbst großzügig mit dem, was Sie haben, und zwar egal, ob das viel oder wenig ist. Sie könnten beispielsweise jedes Mal, wenn Sie irgendwo einen Cent finden, diesen in eine bestimmte Spardose stecken und den Inhalt dann irgendwann für einen wohltätigen Zweck spenden. Sie können Ihr Kind ermutigen, Spielsachen oder gute Kleider, aus denen es herausgewachsen ist, an ein Frauenhaus oder eine Kinderhilfsorganisation zu spenden. Achten Sie in der Weihnachtszeit darauf, dass Ihr Kind auch anderen eine Weihnachtsfreude bereitet.

Großzügigkeit kann man schon als ganz kleines Kind lernen. Ein Mensch kann gar nicht früh genug merken, dass man vom Geben nicht ärmer, sondern reicher wird! Und Sie sollten auch nicht nur dafür beten, dass Ihr Kind beschützt und unter dem Segen Gottes aufwächst, sondern auch, *dass es anderen zum Segen wird.*

SPORTSGEIST

Sportliches Verhalten ist ein hervorragendes Training fürs Leben, also ermuntern Sie Ihr Kind, eine Mannschaftssportart zu betreiben, denn da lernt es viel Wichtiges: die Grundregeln der Zusammenarbeit mit anderen, verlieren, sich einsetzen und sein

Bestes geben. Statt zu fragen: „Und, habt ihr gewonnen?“, wenn Ihr Kind nach dem Fußballspiel nach Hause kommt, bei dem Sie nicht dabei sein konnten, versuchen Sie es mal mit einer oder mehreren der folgenden Fragen:

- Wie hast du gespielt?
- Warst du fair?
- Hast du nach dem Spiel den Gegnern die Hand gegeben?
- Hast du dein Team angefeuert, als du auf der Auswechselbank gesessen hast?
- Hast du den Ball abgespielt?
- Hast du auf den Trainer gehört?
- Hat es dir Spaß gemacht?
- Hast du die Entscheidungen des Schiedsrichters akzeptiert?
- Hast du versucht, nicht mit dem Sieg zu prahlen?

Wenn Sie Ihr Kind so weit bringen können, dass es diese Fragen ehrlich mit Ja beantworten kann, dann hat es einen guten Sportsgeist entwickelt, und das gehört zur Zähmung des „Ich-Monsters“ dazu!

Wenn ich mit den Zwillingen Brettspiele spielte und Fraser dabei in Führung lag, hatte er eine Zeit lang die Angewohnheit, dabei vor sich hin zu singen: „Ich gewinne, ich gewinne, ich gewinne, gewinne, gewinne, gewinne!“ Ich bat ihn, das zu lassen, denn für mein Empfinden signalisierte es, dass er zu wenig Respekt vor den Gefühlen und auch den Bemühungen der anderen Mitspieler hatte. Deshalb sagte ich: „Fraser, wir müssen aufhören mit diesem Spiel, wenn du die Angeberei nicht lässt. Ich finde es wirklich nicht nett, was du da machst. Nimm dich zusammen, dann können wir weiterspielen.“

Ich bin auch fest davon überzeugt, dass Erwachsene Kinder nicht ständig gewinnen lassen dürfen, wenn sie zusammen spielen. Erstens durchschauen Kinder das sowieso ziemlich schnell, und der Sieg ist viel weniger befriedigend, wenn er nicht wirklich selbst verdient ist. Und zweitens: Wie sollen Kinder lernen zu verlieren, wenn wir sie nie verlieren lassen? Auch ein einfaches Brettspiel kann ein Übungsfeld für den Umgang mit dem wahren Leben sein.

Szene 18, die Zweite

VOR DER SCHWIMMSTUNDE

John: Los, Mama. Hilf mir doch mal! Gleich geht die Tür zur Schwimmhalle auf!
Mutter: So bittet man aber nicht um Hilfe, Johnny. Wir brauchen gar nicht zu hetzen, wir haben noch ein paar Minuten Zeit.
John: Ich will aber Erster sein, Mama!
Mutter: Jetzt hör auf zu zappeln und zieh dir die Badehose an. Danach kannst du dich dann zu den anderen in die Schlange stellen.
(Mutter und John verlassen die Umkleidekabine und gehen zur Tür, die zum Beckenbereich führt).
John: Menno! Siehst du? Jetzt sind schon alle vor mir da! Ich will aber Erster sein! *(Er drängelt sich zwischen den Kindern und Müttern hindurch nach vorn.)*
Mutter: John! *(Sie zieht ihn sanft, aber bestimmt zurück ans Ende der Schlange.)* Die anderen Kinder warten schon länger, dass die Tür aufgemacht wird. Es ist nicht fair und auch nicht höflich, wenn du dich vordrängelst. Wie würdest du dich wohl fühlen, wenn jemand das bei dir macht?
John: Das würde mir nicht gefallen. Aber ich will Erster sein, Mama!
Mutter: Ich verstehe ja, dass du aufgeregt bist und als Erster ins Wasser möchtest, aber es kommt doch sowieso jeder von euch an die Reihe. Irgendjemand ist immer der Erste, irgendjemand ist in der Mitte und irgendjemand ist auch als Letzter im Wasser. Und heute bist eben du mal Letzter. Bitte entschuldige dich jetzt bei den anderen, dass du dich vorgedrängelt hast.
John *zu den Kindern:* Tut mir leid.
Mutter: Dass ich ...
John: ... mich vorgedrängelt habe.
Mutter: Das hast du gut gemacht, John. Ich bin stolz, dass du dich so höflich verhalten hast.

ZUSAMMENFASSUNG

Welche Praxis-Tipps hat diese Mutter angewendet, um ihrem Kind zu zeigen, welches Verhalten gut und richtig ist?

- ✘ *Sie besteht auf respektvollem Verhalten.* Achtung vor anderen ist ein Grundpfeiler der menschlichen Zivilisation und absolut lebenswichtig.
- ✘ *Sie legt die Betonung nicht aufs Gewinnen oder Erster-sein.* Betonen Sie lieber, dass es Spaß macht, sich anzustrengen, um etwas zu erreichen.
- ✘ *Jeder muss auch mal „verlieren".* Jemand muss gewinnen und jemand muss verlieren. Wenn du heute mit Verlieren an der Reihe bist, dann tu das mit Würde. Dann bist du Sieger im guten Verlieren.
- ✘ *Sie sagt ihrem Kind, dass seine Gefühle berechtigt sind.* Helfen Sie Ihrem Kind, seine Gefühle auszudrücken, wenn es das selbst noch nicht kann.
- ✘ *Sie macht deutlich, dass sich nicht alles nur um die Kinder dreht.* Das ist zwar oft für die Kinder schwer zu akzeptieren, aber in der realen Welt ist es so. Je früher ein Kind das lernt, desto besser.
- ✘ *Sie vermittelt ihrem Kind, dass Niederlagen vorbeigehen.* Es gibt immer ein nächstes Mal.

TEIL 3

DIE FREUDEN DES ELTERNSEINS GENIESSEN

Kapitel 19

GROSSE FRAGEN VON KLEINEN LEUTEN

Szene 19, die Erste

IM SPIELZIMMER

Stella: Woher kommen die Babys?
Vater: Von den Mamas.
Stella: Aber wie kriegen die Mamas sie denn?
Vater: Sie bekommen sie, wenn sie heiraten.
Stella: Und wer gibt sie ihnen dann?
Vater: Die Babys werden ihnen nicht gegeben, sondern sie wachsen im Bauch von der Mama.
Stella: Und wie kommen sie da rein? Essen die Mamas sie?
Vater *ist die Fragen leid:* Frag einfach später die Mama, ja?

Wenn Kinder Fragen stellen, dann wollen sie Antworten ... und zwar sofort. Dadurch kommt man als Eltern öfters in schwierige Situationen. Ihr Kind erwartet von Ihnen, dass Sie auf praktisch jede Frage sofort eine Antwort parat haben.

„Wie werden Wolken gemacht?"

„Wie viele Sterne passen ins Meer?"

Oder meine persönliche Lieblingskinderfrage, die mir eine Freundin erzählt hat: „Hat Gott auch Haare in der Nase?"

Es ist wirklich faszinierend, wie neugierig und wissensdurstig Kinder in Bezug auf diese Welt und weit darüber hinaus sind. Ich finde es immer wieder erstaunlich, wie sehr Eltern sich wünschen, dass ihr Baby endlich anfängt zu sprechen, aber wenn dann der kleine Wonneproppen pausenlos redet und im Maschinengewehrsalventempo Fragen abfeuert, die er auf der Stelle beantwortet haben möchte, während Sie

Es kommt der Zeitpunkt, da müssen Sie Ihren Kindern erklären, weshalb sie geboren wurden, und es ist etwas ganz Großartiges, wenn Sie selbst es bis dahin wissen.
– Hazel Scott –

das Mittagessen kochen – dann wünschen sich Eltern (und Nannys manchmal auch), dass es einen Knopf zum Abschalten gäbe.

Wenn man dann noch bedenkt, dass manche Fragen der Kinder wirklich gut sind – Fragen, über die man eigentlich nachdenken müsste, bevor man sie beantwortet –, dann kann es wirklich schwierig werden, besonders, wenn Sie gar keine Antwort wissen oder keine Ahnung haben, wie Sie sie kindgerecht formulieren sollen.

Wie soll man mit solchen Situationen umgehen? Am besten, indem man sich darauf vorbereitet und sich überlegt, wie man reagiert, wenn die wirklich kniffligen Fragen gestellt werden. („Woher kommen die Babys?" „Gibt es Gott und wo wohnt er eigentlich?" „Wohin kommen die Menschen, wenn sie tot sind?")

BEREITEN SIE SICH AUF FRAGEN VOR

Verstehen Sie mich nicht falsch. Selbst die besten Eltern können weder im Voraus die Antwort auf jede Frage wissen, die ihnen ihr Kind vielleicht stellen wird, noch auf jede Idee reagieren, die ihnen von ihrem Kind präsentiert wird, weil manche dieser Fragen und Ideen Ihres Kindes Sie einfach nur verblüffen werden (oder Ihnen vielleicht auch peinlich sind. Wenn Ihre fünfjährige Tochter beispielsweise eine Frau anspricht, die eindeutig die Wechseljahre hinter sich hat, und ganz aufgeregt sagt: „Ich weiß, warum dein Bauch so dick ist! Da ist ein Baby drin!")

Der Treibstoff für die Fantasie eines Kleinkindes ist Neugier. Sie weckt in Kindern den Wunsch, die Welt zu erforschen, und setzt die nötige Energie frei. Um sich in die Lage eines kleinen Kindes versetzen zu können, stellen Sie sich doch einfach einmal vor, Sie wären von Außerirdischen auf der Erde abgesetzt worden, und alles um Sie her wäre völlig neu und spannend. Sie wären die wandelnde Neugier!

Falls jemand von euch nicht weiß, was der Wille Gottes in einer bestimmten Sache ist, soll er um Weisheit bitten. Ihr wisst doch, wie reich Gott jeden beschenkt und wie gern er allen hilft. Also wird er auch euer Gebet erhören.
– Jakobus 1,5 –

Ein kleines Kind durch diese ersten Lebenserfahrungen zu begleiten gehört mit zu den größten Freuden des Elternseins. Das erste Weihnachten gemeinsam zu erleben, den ersten Schnee oder einen Zoobesuch aus der Perspektive eines kleinen Kindes, das ist einfach unbeschreiblich. Wenn allerdings die Neugier Ihres Kindes nicht von Ihnen gelenkt und begleitet wird, dann kann es durchaus sein, dass die Schlussfolgerungen über diese Welt, zu denen Ihr Kind gelangt, Ihnen nicht gefallen. Von irgendwoher wird es seine Antworten bekommen! Deshalb sollten Sie möglichst dafür sorgen, dass Ihre Kleinen liebevolle, ehrliche und altersgemäße Antworten von vertrauenswürdigen Menschen bekommen, wenn sie in dieser Phase der größten Neugier sind.

WENN IHR KIND EINE HEIKLE FRAGE STELLT

Jessica Dunn und Judith A. Myers-Walls haben einen Ablauf entwickelt, nach dem man mit einem Kind über Fragen zur Sexualität sprechen kann. Ich habe diesen Ablauf ein bisschen modifiziert und versucht, ihn etwas allgemeiner zu fassen.

Folgendermaßen können Sie vorgehen, wenn Ihr Kind Ihnen eine knifflige oder heikle Frage stellt:

- *Finden Sie heraus, was Ihr Kind bereits weiß.* Fragen Sie, wie es die Frage selbst beantworten würde. Wenn ein Kind also fragt: „Warum können Jungen eigentlich im Stehen pinkeln und Mädchen nicht?“, dann könnten Sie darauf entgegnen: „Was meinst du denn, warum das so ist, mein Schatz?“ Finden Sie heraus, was Ihr Kind schon weiß, und geben Sie ihm, wenn nötig, noch zusätzliche altersgemäße Informationen. Ihr Kind antwortet dann vielleicht: „Ich glaube, das liegt daran, dass sie unterschiedlich sind.“ Und Sie können dann sagen: „Richtig. Jungen und Mädchen haben einen unterschiedlichen Körper.“
- *Klären Sie genau, was eigentlich gefragt ist.* Finden Sie heraus, weshalb Ihr Kind die Frage stellt. Vergewissern Sie sich, dass Sie die Frage auch wirklich verstanden haben, bevor Sie eine Antwort geben. Ein Kind kann beispielsweise fragen: „Woher komme ich eigentlich?“ Dann gilt zu klären, ob es wissen möchte, woher generell die Babys kommen, oder vielleicht auch nur, in welchem Ort oder welchem Krankenhaus es geboren wurde.
- *Beantworten Sie die Frage möglichst einfach.* Halten Sie Ihre Antworten möglichst kurz. Kinder fragen normalerweise ziemlich präzise, was sie wissen wollen. Oft wollen sie auch nur eine einfache Antwort und keine lange Erklärung. Wenn Ihr Kind mit der ersten Antwort nicht zufrieden ist, fragt es weiter –verlassen Sie sich darauf! Rechnen Sie also mit mehr Fragen und antworten Sie weiterhin kurz und knapp.
- *Seien Sie ehrlich.* Sagen Sie Ihren Kindern, was Sie zu der gestellten Frage wissen. Wenn es um Fragen über Sex geht, dann vermeiden Sie es, über Blümchen und Bienen oder über den Klapperstorch zu sprechen. Es ist auch nicht besonders hilfreich zu sagen, dass Babys als „Geschenk“ kommen, so verlockend dieser Fluchtweg auch scheinen mag. Für ein Kind ist dieses Bild nur verwirrend (in seinem sehr konkreten Denken hat es dann vielleicht die Vorstellung, der kleine Bruder

wird wirklich in Geschenkpapier eingewickelt und mit einer großen Schleife versehen geliefert). Sagen Sie stattdessen lieber ehrlich, dass eine Mama und ein Papa nötig sind, damit ein Baby entsteht, und dass das Baby in Mamas Bauch wächst, bis es so groß ist, dass es geboren werden kann. Wenn Sie auf eine Frage, die Ihr Kind stellt, keine Antwort wissen, dann geben Sie das einfach zu, aber versprechen Sie ihm, sich schlauzumachen und die Frage später zu beantworten.

- *Benutzen Sie die korrekte Terminologie.* Benennen Sie Körperteile mit ihren normalen Bezeichnungen. Kinder sollten die korrekten Bezeichnungen für die einzelnen Körperteile kennen. Nennen Sie einen Penis Penis oder Glied und nicht „Schniedel", „Pipimann" oder sonst irgendwie verniedlichend.
- *Lassen Sie auch diese Themen ganz normaler Teil des Lebens sein.* Flüstern Sie nicht oder ändern ihr Verhalten oder Ihre Mimik, wenn Sie über „heiße" Themen sprechen. Halten Sie die Kommunikation offen und ermutigen Sie Ihre Kinder, mit Ihnen zu reden. Sie möchten doch sicher, dass Ihre Kinder über alles mit Ihnen sprechen können. Wenn Ihnen solche Themen peinlich sind, dann fassen Sie sich ein Herz und reden Sie trotzdem möglichst normal mit Ihrem Kind, so peinlich berührt Sie dabei auch innerlich sein mögen.
- *Seien Sie vorbereitet.* Überlegen Sie, welche Fragen kommen könnten, und überlegen Sie sich schon im Voraus Antworten. Auf die Frage: „Warum ist meine Haut so hell?", haben Sie vielleicht eine ganz einfache Antwort über Hautpigmente zur Hand. Aber wenn die Frage beispielsweise lautet: „Gibt es Gott wirklich?", eine Frage, in deren Beantwortung Sie auch über Ihre eigenen Werte und Überzeugungen sprechen müssen, dann sollte das ganz natürlich und eindeutig geschehen. Dann gibt es noch die Fragen zum Thema Sexualität. Das sind wahrscheinlich die Fragen, bei denen immer noch viele Eltern rot werden oder ins Stottern geraten.

Hier ein Beispiel, wie sich ein solches Gespräch abspielen könnte. Der dreijährige Tim könnte beispielsweise fragen: „Woher kommen eigentlich die Babys?"

Sie antworten: „Was meinst du denn, woher sie kommen?"

Er antwortet: „Aus Mamas Bauch." Das ist eine altersgemäße Antwort für einen Dreijährigen.

Ein anderes Kind glaubt vielleicht, dass Kinder durch den Mund der Mutter auf die Welt kommen (wie einer meiner Schützlinge!) oder dass der Storch sie bringt. Wenn das der Fall ist, können Sie sagen: „Es gibt im Bauch der Mutter einen Platz, die Gebärmutter, wo Babys wachsen können." Das ist eine ehrliche Antwort, ohne dass komplizierte Informationen gegeben werden, die das Kind noch gar nicht verlangt.

Praxis-Tipp

- Halten Sie die Kommunikationswege offen. Je früher Sie damit anfangen, auch über die heiklen Themen zu sprechen, desto einfacher wird es später.
- Nutzen Sie die Augenblicke, in denen die Kinder offen sind. Wenn Ihr Vorschulkind beispielsweise in der Badewanne sitzt, können Sie mit ihm über seine Körperteile sprechen. Solche Gelegenheiten können Sie auch nutzen, um zu erklären, dass sein Körper ihm gehört und von anderen nur berührt werden darf, wenn es damit einverstanden ist.

ANGEMESSENE ANTWORTEN AUF DIE „FAQ" VON KINDERN

An irgendeinem Punkt wird Ihr Kind mit Sicherheit die folgenden Fragen stellen. Wie wir ja alle wissen, sind Kinder sehr unterschiedlich und verlangen daher mehr oder weniger ausführliche Antworten auf ihre Fragen, je nachdem, wie weit sie bereits sind. Sie kennen Ihr Kind am besten. Geben Sie ihm so viel Information, dass es etwas zu kauen hat, aber nicht so viel, dass es sich daran verschluckt! Ich habe im Folgenden ein paar altersgemäße Antworten aufgeführt, die eigentlich die Grundfragen bis zum Alter von sechs Jahren abdecken sollten.

„WOHER KOMMEN DIE BABYS?"

Diese Frage wird meist schon ziemlich früh gestellt, besonders, wenn in der Familie ein Kind erwartet wird. Kindergartenkinder möchten zwar generell wissen, wie sie auf die Welt gekommen sind, haben aber meist noch kein Interesse an Details. Nachdem Sie sich also durch Nachfragen noch einmal vergewissert haben, dass Ihr Kind wirklich wissen will, an welcher Stelle in Ihrem Körper die Babys wachsen, und nicht nur danach fragt, woher man sie überhaupt bekommt, könnten Sie etwa Folgendes sagen: „Im Körper von Frauen gibt es einen Platz, an dem Babys wachsen können, der heißt Gebärmutter."

> *Dass Kinder größer werden, merkt man daran, dass sie anfangen, Fragen zu stellen, auf die es Antworten gibt.*
> – John Plomp –

Wenn Ihr Kind dann weiterfragt, was genau die Gebärmutter ist und wie sie aussieht, können Sie sagen, dass das eine Art Hohlraum im Bauch ist, der wie ein kleiner Beutel aussieht und in dem ganz schön warm und kuschelig ein Baby wachsen kann. Das ist eine einfache Antwort, mit Hilfe derer Ihr Kind eine Vorstellung davon bekommen kann, was im Verborgenen und für uns nicht sichtbar geschieht.

„WARUM HAT ER/SIE EINE ANDERE HAUTFARBE?"

Phyllis Katz, Leiterin des *Institute on Social Problems* in Denver, hat sich mit der Frage beschäftigt, wie sich bei Kindern die Einstellung zu ethnischen Merkmalen entwickelt, und sie hat dabei festgestellt, dass die Hälfte der 200 befragten Kinder schon im Alter von 6 Jahren Rassenvorurteile hatten.

Kinder sind nicht farbenblind. Im Alter von 5 Jahren haben die meisten Kinder bemerkt, dass es Menschen mit unterschiedlichen Hautfarben gibt. Wenn sie Fragen zur Hautfarbe stellen, liegt das daran, dass sie den Unterschied sehen und wissen möchten, was er zu bedeuten hat (wenn er denn überhaupt etwas zu bedeuten hat). Wie Ihr Kind in Zukunft das Aussehen von Menschen bewertet und damit umgeht, hängt sehr stark davon ab, wie sie auf seine ersten Fragen zu diesem Thema reagieren.

Für Kindergartenkinder altersgemäße Antworten auf die Frage, warum Menschen unterschiedliche Hautfarben haben, wären unter anderem, dass die Hautfarbe von den Eltern an die Kinder weitergegeben wird oder dass alle Menschen in dem Teil der Welt, aus dem die Familie ursprünglich stammt, so aussehen. Nehmen Sie die Beobachtungen Ihres Kindes zur Kenntnis und bestätigen Sie es in dieser Beobachtung. „Da hast du ganz recht. Sammy hat braune Haut, genau wie seine Mama."

Vermitteln Sie Ihrem Kind von Anfang an, dass Unterschiedlichkeit etwas Schönes ist und dass es spannend ist, andere Sitten und Gebräuche kennenzulernen. Bringen Sie es mit verschiedenen Kulturkreisen und deren Gebräuchen in Kontakt, damit es früh ganz selbstverständlich mit Menschen anderer Hautfarbe und anderem kulturellen und ethnischem Hintergrund umgeht. Schauen Sie sich Bilderbücher an oder lesen Sie Geschichten vor, in denen es um Kinder aus aller Welt geht. In fast allen Städten gibt es Restaurants mit Spezialitäten verschiedenster Länder, wo Ihre Kinder lernen können, was und wie die Menschen in anderen Ländern essen. Vielleicht hat das Restaurant einen netten Besitzer, der bereit ist, Auskunft zu geben über sein Land und die Sitten und Gebräuche dort.

Wir leben in einer so bunten Welt, in der es so viele unterschiedliche Speisen gibt, die man probieren kann, so viele interessante Menschen, die man kennenlernen kann, und so viele unterschiedliche Kulturen, die man erkunden kann. Das ist die

Grundeinstellung, die wir weitervermitteln möchten. Diese Einstellung ignoriert nicht die Unterschiede zwischen den verschiedenen Kulturen, sondern lässt sie stehen, freut sich daran und lässt sich darauf ein.

„WARUM IST DIE SO DICK?"

Ich bin wirklich stolz auf meine neuen Ernährungsgewohnheiten, durch die ich langsam, aber stetig abnehme. Eigentlich hatte ich mich an meine XXXL-Figur gewöhnt – und dann geschah es: Als ich 26 Jahre alt war, hatte ich mein Höchstgewicht erreicht, 152 Kilo bei einer Größe von 1,70 Meter. Zu diesem Zeitpunkt waren meine beiden Schützlinge 3 Jahre alt. Eines Tages gingen wir vom Schwimmunterricht nach Hause, als ein etwa 6 Jahre alter Junge auf mich zeigte und sagte: „Guck mal, da ist Ursula, die Meerhexe!" Ich wäre am liebsten im Boden versunken. Kinder sind wirklich brutal ehrlich, aber ich muss einräumen, dass dieser Augenblick für mich der Wendepunkt war. Ich nutzte die Beobachtung dieses Kindes als persönlichen Weckruf, um ernsthaft abzunehmen. Es ist aber durchaus auch möglich, dass eine andere übergewichtige Person durch einen solchen gar nicht böse gemeinten Kommentar eines Kindes noch weiter in die Verzweiflung gestürzt wird. Wie können wir also unseren Kindern beibringen, mit übergewichtigen Menschen sensibel umzugehen?

Ganz kleine Kinder äußern einfach das, was sie beobachten, ohne es zu werten. Sie stellen keinen Zusammenhang her zwischen dem Umstand, dass eine Person dick oder dünn ist, und ihrem Wert. Diese Art zu werten lernen wir erst später durch die Medien, durch Gleichaltrige und manchmal (leider) auch durch unser Zuhause.

Wenn Ihr Kind Sie also fragt, wieso eine bestimmte Person so dick ist, dann bestätigen Sie zunächst einmal seine Beobachtung und vermitteln ihm, wie wichtig es ist, solche Beobachtungen nicht mit beleidigenden Worten auszudrücken, sondern es in einer angemessenen Sprache zu tun. Ich sage meinen Schützlingen immer, dass es wirklich verletzend ist, wenn sie einen Menschen als „fett" bezeichnen. Ich habe ihnen eine Reihe von alternativen Ausdrucksweisen genannt, und wir haben uns dann auf übergewichtig geeinigt.

Also haben meine Schützlinge mich gefragt: „Und warum bist du so übergewichtig, Michelle?" Ich habe ihnen daraufhin erklärt, dass Menschen ganz unterschiedlich sind in ihrer Hautfarbe, Größe, Haarfarbe und auch in ihrer Figur. Und ich habe ihnen auch ein paar Erklärungen dafür gegeben, weshalb Menschen manchmal übergewichtig sind: Manchmal essen Menschen zu viel und verkehrt, oder sie bewegen sich zu wenig, und manchmal liegt es auch daran, dass sie krank sind, manchmal kommen sie aus Familien, in denen alle etwas kräftiger sind, und manchmal weiß man auch einfach nicht, weshalb sie übergewichtig sind.

Denken Sie daran, dass Ihre Einstellung und Reaktion großen Einfluss darauf hat, welche Verbindung Ihr Kind zwischen dem Aussehen und dem Wert einer Person herstellt. Seien Sie ehrlich und bestätigen Sie Ihr Kind in dem, was es beobachtet, aber achten Sie darauf, dass Sie den Wert eines Menschen nicht danach beurteilen, ob er dick oder dünn ist.

„WARUM HAT ER/SIE KEINEN PAPA (KEINE MAMA)?“

Auf diese Frage gibt es sicher eine Menge Antworten, von denen manche mittlerweile fast allzu normal geworden sind. In den Vereinigten Staaten wird zurzeit jede zweite Ehe geschieden (in Deutschland ist es jede dritte, Anm. d. Übers.), was dazu führt, dass sehr viele Kinder mit nur einem Elternteil aufwachsen und häufig auch keinen Kontakt zum anderen Elternteil haben. Manche Kinder lernen ihren Vater überhaupt nie kennen, andere erleben den Verlust eines Elternteils durch Scheidung, Verlassenwerden oder Tod. Aus welchem Grund auch immer, Ihr Kind wird mit großer Wahrscheinlichkeit irgendwann auf ein Kind treffen, das mit nur einem Elternteil lebt (oder ist vielleicht sogar selbst eines), und es wird die Frage nach dem Grund dafür stellen.

Klären Sie als erstes ab, wieso Ihr Kind meint, dass das besagte Kind keinen Papa (oder keine Mama) hat. Vielleicht hat es den anderen Elternteil nur nie gesehen, weil der Papa des Freundes häufig beruflich unterwegs ist oder abends erst sehr spät von der Arbeit nach Hause kommt.

Als ich neulich Austin von der Schule abholte, sagte er: „Weißt du was, Michelle? Ich bin gar nicht der Einzige in der Klasse, der keine Mutter hat!“ Ich wusste gar nicht, was er meinte, denn Austin hat ja eine Mutter und weiß das natürlich auch. Deshalb fragte ich nach und fand heraus, dass er meinte, er sei nicht das einzige Kind mit einer berufstätigen Mutter. Ihm war nur klar geworden, dass ein anderes Kind auch von seiner Nanny abgeholt wurde. Bisher hatte er diese Nanny immer für die Mutter des Kindes gehalten.

Wenn Sie also mit der Frage konfrontiert werden, weshalb ein bestimmtes Kind nur einen Elternteil hat und andere Kinder eine Mama *und* einen Papa, dann können Sie erklären, dass ein Papa und eine Mama nötig sind, um überhaupt ein Baby zu bekommen, dass manchmal aber nur ein Elternteil für das Kind sorgt. Sagen Sie dazu auch gleich, dass in solchen Fällen oft andere Familienmitglieder dabei helfen, das Baby zu versorgen, und zwar Großeltern, Tanten und Onkel, Freunde, Pflegeeltern oder eben Nannys. Das Wichtigste ist nicht, wie viele Menschen ein Kind großziehen, sondern dass es bei Menschen aufwächst, die es ganz doll liebhaben.

Wenn Ihr Kind fragt, wieso ein bestimmtes Kind nur mit einem Elternteil aufwächst, dann können Sie beispielsweise sagen: „Seine Eltern sind geschieden, mein

Schatz", oder: „Seine Mama hat schon immer allein gelebt." Wenn Ihr Kind weiter fragt (zum Beispiel: „Was ist *geschieden*, Mama?") dann beantworten Sie auch diese Fragen einfach, ehrlich und nicht urteilend („Geschieden bedeutet, dass zwei Eltern nicht mehr zusammen wohnen"). Wenn Ihr Kind dann immer noch weiter fragt, kann es daran liegen, dass es sich Sorgen darüber macht, dass bei Ihnen dasselbe passieren könnte. Versichern Sie ihm, dass Sie es lieben, und versichern Sie ihm (natürlich nur, wenn es auch stimmt!), dass Ihre Familie zusammenbleibt. Ist das nicht der Fall (vielleicht, weil eine Trennung bevorsteht), dann sagen Sie: „Du wirst immer geliebt und versorgt sein! Ich bin immer für dich da, und dann gibt es ja auch noch ganz viele andere Leute, die uns liebhaben und uns bestimmt helfen würden, wenn wir sie brauchen." Dann zählen Sie möglichst viele dieser Menschen auf. Großeltern, Freunde der Familie und erwachsene Personen im Leben Ihres Kindes, bei denen es Geborgenheit und Sicherheit erlebt.

„WARUM HAT ER/SIE ZWEI MAMAS (ODER ZWEI PAPAS)?"

So groß die Versuchung auch sein mag, über diese Frage einfach hinwegzugehen – atmen Sie tief durch und machen Sie sich bereit, sie zu beantworten. Wichtig ist, dass Sie dabei möglichst feinfühlig vorgehen. Ihr Kind möchte eine Antwort auf seine Frage, und wenn Sie beschließen, auf seine Frage nicht zu antworten, dann wird es sie *einer anderen Person* stellen – und vielleicht ist Ihnen die Antwort, die es dann bekommt, ganz und gar nicht recht.

Denken Sie immer daran, dass es möglich ist, Ihre eigenen Überzeugungen zu äußern und auch dazu zu stehen, ohne die Überzeugungen anderer Leute abzuwerten oder darüber zu urteilen. Eine Möglichkeit, Ihre Sicht von Homosexualität auf nicht abwertende Weise zu vermitteln, besteht darin, auf die entsprechende Frage ungefähr so zu antworten: „Ich finde, dass es nicht richtig ist, wenn Frauen Frauen heiraten, aber manche Menschen sind da anderer Meinung. Wichtig ist aber, dass wir jeden Menschen freundlich und respektvoll behandeln, auch wenn er anders denkt als wir selbst." Auf diese Weise teilen Sie Ihre Überzeugung mit, ohne über die Person zu urteilen oder deren Überzeugungen abzuwerten.

Ihnen ist vermutlich klar, dass Ihr Kind Sie für allwissend hält. Sie sind seine oberste Informationsinstanz. Nutzen Sie dieses Privileg, solange Sie es haben!

Auf alle Fragen, die ich hier nicht konkret erwähnt habe (beispielsweise Fragen über behinderte Menschen, über den Tod oder darüber, wie aus einer Raupe ein Schmetterling wird), können Sie im Grunde nach demselben Prinzip antworten. Hier noch einmal kurz die einzelnen Schritte:

- Klären Sie die Hintergründe der Frage.
- Antworten Sie nur auf das, was gefragt ist.
- Halten Sie die Antwort möglichst einfach.
- Antworten Sie ehrlich.
- Geben Sie zu, wenn Sie keine Antwort wissen.

VERMITTELN SIE IHRE WERTE

Es gibt nichts, was Ihnen so viel Klarheit über Ihre eigenen Überzeugungen gibt wie der Versuch, sie einem fragenden Kind zu erklären.
– Frank A. Clark –

Es ist heutzutage leider so, dass Eltern nur ungern die Fragen ihrer Kinder nach Werten beantworten, weil sie fürchten, dadurch jemanden vor den Kopf zu stoßen und das Kind zu beeinflussen, statt es seinen Glauben und seine Überzeugungen selbst finden zu lassen. Sie beruhigen sich dann damit, dass ihr Kind schon selbst Antworten auf die kniffligen Glaubensfragen finden wird, wenn es alt genug ist.

Aber da gibt es ein Problem: Wenn nicht Sie die heiklen Fragen Ihres Kindes beantworten, dann tut es jemand anderes! Stellen Sie sich Ihr Kind einmal als einen Klumpen Ton vor. Wenn Sie nicht dabei helfen, ihn zu formen, dann werden es andere tun. Vielleicht die Medien, vielleicht die Schule, vielleicht Gleichaltrige, vielleicht ein Lehrer – das weiß ich nicht, aber eines garantiere ich Ihnen: Irgendwie wird Ihr Kind geformt und geprägt, und auf irgendeiner Grundlage wird es seinen Kern von Werten und Überzeugungen entwickeln.

Deshalb ist es so wichtig, dass Sie selbst wissen, welche Überzeugungen Sie in Bezug auf die wirklich wichtigen Dinge wie Gott und den Sinn des Lebens vertreten. Elternsein hat von Natur aus viel damit zu tun, zu erkunden und dann auch zu definieren, was wir glauben, damit wir eine solide Grundlage an unsere Kinder weitergeben können. Das gehört mit zu den größten Segnungen und auch zur größten Verantwortung, die wir für die kommende Generation haben.

GIBT ES EINEN GOTT?

Bevor wir unserem Kind diese Frage beantworten können, müssen wir darauf erst einmal selbst eine Antwort haben. Glauben Sie an Gott? Wenn Sie auf der Suche nach Gott sind, dann glaube ich, dass Sie ihn auch finden werden, denn er sehnt sich genauso sehr danach, uns zu begegnen, wie wir uns danach sehnen, unsere Kinder zu lieben und zu fördern.

Im Laufe des Buches ist schon deutlich geworden, dass ich an Gott glaube. Vielleicht meinen Sie, das liegt daran, dass ich bei perfekten Eltern mit einem netten, geregelten Leben in einem perfekten Zuhause aufgewachsen bin. Ganz falsch.

Rein statistisch gesehen müsste ich eigentlich komplett gescheitert sein. Ich erfülle nämlich sämtliche Punkte auf der „Wird-nichts-draus"-Skala: Ich komme aus einer zerrütteten Familie. Mein Vater war Alkoholiker. Aufgewachsen bin ich bei einer alleinerziehenden Mutter in wirtschaftlich ärmlichen Verhältnissen. Ich hatte starkes Übergewicht. Ich habe in einer Beziehung mit schwerer Misshandlung gelebt. Ich bin geschieden. Ich musste private Insolvenz anmelden. So, und jetzt sehen Sie sich einmal diese Tatsachen an – bereits eine einzige davon würde genügen, um mich abzustempeln.

Jedenfalls bin ich absolut nicht prädestiniert für die Auszeichnung „Nanny des Jahres" – und trotzdem bin ich genau das geworden! Wie bin ich nun dahin gekommen, wo ich heute bin? Wie habe ich die Statistik für mich persönlich widerlegt? Die Antwort lautet: Durch Gottes liebevolle Gegenwart in meinem Leben und durch seine Führung. Das ist größer und stärker als all das Gepäck aus der Vergangenheit und Gegenwart, das ich mit mir herumgeschleppt habe.

Von meiner Ausbildung her bin ich eigentlich Naturwissenschaftlerin. Ich habe Chemie studiert und auch einen Abschluss in diesem Fach gemacht. Vielleicht fragen Sie sich jetzt, wie ich als Naturwissenschaftlerin an etwas glauben kann, was ich nicht sehe. Darauf antworte ich meistens: „Ich kann auch den Wind nicht sehen, spüre aber trotzdem genau seine Auswirkungen" (auch wenn diese Antwort der Güte und dem Wirken Gottes nicht annähernd gerecht wird).

Ich kann Ihnen nicht sagen, was Sie glauben sollen; ich kann Ihnen nur berichten, wie sich meine Entscheidung für ein Leben mit Gott auf mein Leben ausgewirkt hat. An einen Gott zu glauben, der einen rettenden, heilenden, wunderbaren Plan für mein Leben hat, gibt mir einen inneren Frieden, wie ich ihn vorher nicht gekannt habe. Ich habe dadurch jemanden, an den ich mich wenden kann, wenn es schlecht läuft, und jemanden, dem ich danken kann, wenn es gut läuft. Das hat mir geholfen, über meine Lebensumstände zu siegen. Es gibt mir die Fähigkeit, die Gaben zu entdecken, die Gott mir geschenkt hat, und sie zum Wohle anderer einzusetzen.

Wenn man Gott kennenlernt, dann kommt es einem so vor, als ob alle anderen Dinge nicht mehr so wichtig sind, und man erkennt, was wirklich Bedeutung hat (Liebe zu anderen, Liebe zu sich selbst, Respekt vor anderen und Respekt vor sich selbst). Ich lebe schon länger im Umfeld von Menschen, die scheinbar alles haben – Geld, Prestige und Erfolg –, aber ich erkenne auch immer mehr, dass Glück kein Preisschild hat. Es ist an einen Sinn gebunden, der über uns selbst hinausweist – an die Überzeugung, dass unser Leben nicht nur für andere Menschen hier auf der Erde wichtig ist, sondern auch für Gott.

Ich glaube, dass genau darin auch der Grund für den Erfolg von Rick Warrens Buch *Leben mit Vision* liegt. Wir sehnen uns nach dem Wissen, dass unser Leben einen Zweck und ein Ziel hat, dass es auch auf uns und unser Leben ankommt und dass es einen Ausweg gibt aus dem Schlamassel, in dem wir stecken. Deshalb fühle ich mich besonders zur Botschaft von Jesus Christus hingezogen.

Wenn Sie Mel Gibsons Film *Die Passion Christi* gesehen haben, dann hat es Sie vielleicht auch berührt, wie die Liebe zu den Menschen im Blick Jesu zu erkennen war – sogar noch, als er die unbeschreiblichen Qualen erlitt, die ihm von den Menschen zugefügt wurden. Es ist der leidenschaftliche Blick der Liebe Gottes, der wirklich mit menschlichen Worten nicht zu beschreiben ist. Darin erkenne ich meinen Wert vor Gott. Ich kann dadurch immer wieder ganz neu anfangen und es drängt mich, andere Menschen jeden Tag ein bisschen mehr zu lieben und jeden Tag ein bisschen mehr so zu werden, wie Jesus hier auf der Erde war.

WARUM STERBEN MENSCHEN?

Irgendwann wird Ihnen Ihr Kind auch Fragen über den Tod stellen, und an dieser Stelle müssen Sie sehr sensibel sein mit Ihrer Antwort. Häufig kommen Fragen zu diesem Thema, wenn jemand aus Ihrem Umfeld stirbt (eventuell auch ein Haustier). Normalerweise wollen Kinder dann wissen, was genau beim Sterben passiert und weshalb. Sie als Eltern können sich diesem Thema nur mit Ehrlichkeit, Verständnis und viel Einfühlungsvermögen nähern.

Jeder stirbt irgendwann, und einem kleinen Kind möchte man am liebsten sagen, dass Menschen erst sterben, wenn sie schon ganz, ganz alt sind und schon sehr lange gelebt haben. Dann ist ihr Körper meistens auch schon müde und gebrechlich, und sie brauchen einen neuen Körper, mit dem sie an einem anderen Ort leben können, nämlich bei Gott im Himmel. Der Himmel ist ein Ort, wo die Menschen keine Schmerzen mehr haben, wo sie wieder rennen und spielen können, so wie in ihrer Kindheit, nur noch viel, viel schöner. Man kann einem Kind jedoch nicht erzählen, dass Menschen *immer* nur sterben, wenn sie schon alt sind. So ist es nun mal leider nicht. Und dann hat man keine Antwort, wenn das Kind eines Tages sagt: „Mama, du hast doch gesagt, dass nur ganz alte Menschen sterben, aber warum ist dann das Baby von xy gestorben?“

Es ist ein schmaler Grat, einerseits ehrlich zu sein, aber andererseits dem Kind keine Angst zu machen. Beantworten Sie die Fragen so, wie sie kommen. Wenn Sie auf eine Frage keine Antwort wissen, geben Sie es ehrlich zu. Wenn Ihr Kind zum Beispiel fragt: „Wann und wie werde ich sterben?“, dann antworten Sie: „Kein Mensch weiß, wann und wie er stirbt. Was wir aber wissen ist, dass wir unser Leben jetzt und hier so gut leben sollen, wie wir können, denn diese Aufgabe hat Gott uns für unsere Zeit hier auf der Erde gegeben. Und das ist eine Aufgabe, die Spaß macht, oder? Wenn es dann Zeit für uns ist zu sterben, hilft Gott uns, und dann ist das Sterben eher so, als ob man in einer neuen und noch viel schöneren Welt wieder aufwacht. Für uns hier sieht der Tod so aus, als ob jemand für immer eingeschlafen ist. Aber das, was wir nicht sehen können, ist der beste Teil: wenn man im Himmel wieder lebendig wird, und zwar mit einem nagelneuen Körper."

Wichtig ist außerdem, dem Kind zu vermitteln, dass der Tod einerseits der Eintritt in den Himmel ist, gleichzeitig aber auch bedeutet, dass der Mensch, der gestorben ist, nicht wieder zurückkommt. (Es könnte sonst sein, dass ein Kind ständig nach Opas Rückkehr Ausschau hält.) Sagen Sie dem Kind, es soll die Erinnerungen an den geliebten verstorbenen Menschen wie einen Schatz hüten und bewahren. Je nachdem, wie viel das Kind schon versteht, können Sie auch davon reden, die Erinnerung an den betreffenden Menschen im Herzen lebendig zu halten oder Sie können sagen, dass der Opa vielleicht vom Himmel herunterschaut (allerdings nur, wenn Sie das selbst auch wirklich glauben).

Der Tod und was danach kommt, ist selbst für Menschen mit einem sehr starken Glauben immer noch ein großes Geheimnis, aber Bilder wie die beschriebenen trösten uns, wenn wir einen geliebten Menschen verloren haben und ihn schmerzlich vermissen. Vermitteln Sie auch, dass man natürlich traurig ist, weil man den Menschen, der gestorben ist, so sehr vermisst. Wenn Ihr Kind fragt: „Warum weint Oma denn so?", dann können Sie beispielsweise antworten: „Weil Opa gestorben ist und Oma ihn so sehr vermisst, denn er kommt ja nicht wieder ... aber sie weiß auch, dass sie und Opa eines Tages im Himmel wieder zusammen sein werden."

Kinder äußern das selten direkt, aber es kommt auch vor, dass sie sich fragen, ob sie vielleicht am Tod des geliebten Menschen oder eines Haustieres Schuld sind. Zweijährige beispielsweise sind noch in der Phase, wo sie glauben, dass alles sich um sie dreht und sie eigentlich auch allmächtig sind, dass also ihr Denken und Handeln alles um sie her beeinflusst.

Wenn das Thema Tod aktuell ist, dann versichern Sie Ihrem Kind auf jeden Fall, auch wenn es nicht danach fragt, dass es keine Schuld hat am Tod eines Menschen oder Haustieres.

Gehen Sie auch hier den bereits beschriebenen Ablauf durch, mit Hilfe dessen man am besten die schwierigen Fragen beantworten kann: Was genau fragt das Kind? Warum stellt es diese Frage? Antworten Sie kurz und einfach. Seien Sie ehrlich. Sein Sie vorbereitet. Kleine Kinder haben auf die großen Fragen, die sie stellen, die bestmöglichen Antworten verdient.

Szene 19, die Zweite

IM SPIELZIMMER

Stella: Wo kommen eigentlich die Babys her, Papa?
Vater: Das ist eine gute Frage, mein Schatz. Babys kommen aus dem Bauch ihrer Mama.
Stella: Da, wo auch das Essen hinkommt, wenn man es runterschluckt?
Vater: Nein, im Bauch von der Mama gibt es extra einen schönen, kuscheligen Platz für die Babys. Das ist die Gebärmutter.
Stella: Und wie kommen sie da rein? Essen die Mamas sie?
Vater: Nein, mein Schatz. Der Papa legt einen winzig kleinen Samen in den Bauch der Mama, und daraus wächst dann das Baby. So wie bei den Bohnen, die wir neulich gepflanzt haben, weißt du noch?
Stella: Ach so.

ZUSAMMENFASSUNG

Welche Praxis-Tipps hat dieser Vater angewendet, um seiner Tochter die kniffligen Fragen zu beantworten, ohne sie zu erschrecken?

- ✘ Er hat nur die Fragen beantwortet, die auch gestellt wurden.
- ✘ Er hat einfache Antworten gegeben.
- ✘ Er hat ehrlich geantwortet.
- ✘ Er hat seine Tochter ermutigt, zu reden und Fragen zu stellen.
- ✘ Er hat in einer altersgemäßen Sprache geredet.
- ✘ Er hat korrekte Begriffe benutzt.

Kapitel 20

EIN LEBEN LANG LERNEN

Szene 20, die Erste

AUF DEM WEG ZUM LADEN

Henry: Was ist das, Papa?
Vater: Sieht aus wie ein Insekt.
Henry *geht hin, um es sich genauer anzuschauen:* Huch, das bewegt sich ja! Was ist das?
Vater: Nun komm schon, es ist eben ein Krabbelviech. Lass es in Ruhe.
Henry: Was für ein Viech? Wie ist das denn da hingekommen?
Vater: Nun mach schon und trödel nicht herum. Wir müssen weiter. Ein Insekt ist eben ein Insekt. Komm endlich!

„Was ist das, Papa?" „Mama, wie geht das hier?" Vielleicht möchten Sie am liebsten schreien, während Ihr zwergengroßer Naturwissenschaftler Sie tagein, tagaus löchert und Ihnen endlos Fragen stellt. Alle Eltern von Kindern im Kindergarten- und Vorschulalter erleben das. Noch eine einzige Frage, und Sie können sich durchaus vorstellen, sich mit dem Kopf zuerst aus dem Fenster zu stürzen, weil das weniger schmerzhaft scheint, als immer und immer wieder das Offensichtliche und Selbstverständliche zu erklären und Fragen zu beantworten.

Manchmal,
wenn du auf einer
Brücke stehst und dich
über das Geländer beugst
und beobachtest, wie der Fluss
unter dir langsam fließt,
dann weißt du plötzlich alles,
was es zu wissen gibt.
– Winnie Puh –

Auch wenn es Ihnen vielleicht so vorkommt, als ob Ihr Kind Sie in den Wahnsinn treiben will, möchte es eigentlich nur die Welt verstehen, in der es lebt. Die Schule des Lebens beginnt bei Ihnen zu Hause, und die Liebe zum Lernen kann schon in jungen Jahren gefördert ... oder abgewürgt werden.

LERNEN MACHT SPASS

So groß die Versuchung auch sein mag, sich einfach zu entziehen und nicht die 10.000 Fragen täglich zu beantworten – es ist wichtig, unseren Kindern die Einstellung zu vermitteln, dass Lernen Freude macht. Fragen zu stellen ist die beste Möglichkeit, etwas über das Leben zu lernen und herauszufinden, wie die Welt funktioniert. Hier ein paar Ideen, wie Sie die Vorstellung fördern können, dass Lernen Spaß macht, Ideen, die Sie ganz einfach in Ihrem ganz normalen Alltag umsetzen können.

- *Lesen Sie Ihrem Kind täglich vor.* Lesen Sie Ihrem Kind von Anfang an, also auch schon als Baby, regelmäßig etwas vor. Ob es die Zeitung ist, Ihr aktueller Lieblingsroman oder Kindergeschichten, lesen Sie einfach alles laut vor! Es gefällt Ihrem Baby immer, Ihre Stimme zu hören und die unterschiedlichen Laute in unterschiedlichem Tonfall wahrzunehmen. Wenn das Lesen schon zum ganz normalen Alltag gehört, seit es denken kann, dann ist es sicher relativ einfach, diese Gewohnheit auch weiter beizubehalten, wenn es größer wird.
- *Richten Sie eine kleine Bibliothek für Ihr Kind ein.* Beginnen Sie mit ein paar Kinderbuchklassikern und lassen Sie die Bibliothek dann gemeinsam mit dem Kind wachsen. Es muss nicht teuer sein, eine solche Bibliothek einzurichten und dann weiter auszubauen. Auf Flohmärkten und in Antiquariaten gibt es günstige Bücher. Viele Kindergärten oder Schulen veranstalten regelmäßig Kinderbasare, bei denen jede Menge Kinderbücher im Angebot sind. Sie können auch Freunde und Verwandte mit älteren Kindern nach „ausgemusterten" Büchern fragen – und dann gibt es ja auch noch Internet-Marktplätze wie *ebay* und *amazon.*
- *Benennen Sie Dinge.* Gewöhnen Sie es sich an, auf Dinge zu zeigen und sie beim Namen zu nennen. Dadurch entwickelt Ihr Kind seinen Wortschatz. Auch wenn Ihr Kind noch ein Baby ist, sagen Sie „Baum", wenn Sie bei Ihrem Morgenspaziergang auf die Eichen am Straßenrand zeigen. Rufen Sie „Flugzeug" und zeigen Sie in den Himmel; und dann beobachten Sie, wie Ihr Kind ebenfalls nach oben schaut und es dort fliegen sieht.
- *Sprechen Sie mit Ihrem Baby.* Sprechen Sie auch dann viel mit Ihrem Kind, wenn es selbst noch nichts sagen kann. „Schmecken dir die Pfirsiche? Sind die lecker?" Beobachten Sie dabei den Ausdruck und die Reaktion Ihres Kindes. Wenn das Kind lächelt, sagen Sie: „Es sieht ja ganz so aus, als ob sie dir schmecken." Wenn das Kind das Gesicht verzieht, sagen Sie: „Nicht gerade dein Lieblingsessen, was? Dann probieren wir es eben ein anderes Mal noch einmal." Auf diese Weise können Sie Ihr Kind schon ganz früh ermutigen, seine Gefühle auszudrücken. Das Kind hat zwar noch keine Worte zur Verfügung, aber Gefühle schon! Helfen Sie Ihrem Kind, einen großen Wortschatz aufzubauen und sich Gesprächsfertigkeiten anzueignen.

- *Nutzen Sie den Alltag als Lernerfahrung!* Für ältere Kleinkinder können die gemeinsamen Mahlzeiten Anlass für fröhliches Miteinander sein, voller spannender Entdeckungen. Welche Farbe hat welches Nahrungsmittel, was gehört zu welcher Gruppe, was schmeckt süß, sauer, scharf? Welche Nahrungsmittel wachsen aus dem Boden, welche stammen von Tieren, welche müssen erst hergestellt werden (wie zum Beispiel Nudeln). Hier können auch wieder die Lebensmittelfarben zum Einsatz kommen.
  Lassen Sie jedes Familienmitglied beim Essen die beiden besten Dinge erzählen, die es an diesem Tag erlebt hat, und das Interessanteste, was es gesehen hat.
- *Erleben Sie ein Abenteuer pro Woche.* Gehen Sie in den Zoo, besuchen Sie ein Kindermuseum oder machen Sie einfach eine Wanderung auf einem Naturlehrpfad. Erkunden Sie Ihre Welt! In den meisten Großstädten gibt es in der Touristeninformation auch Infos für Familien. Fügen Sie so ein Infoheft Ihrer Bibliothek hinzu. Sie werden staunen, wie viele verborgene Kleinode sich in Ihrer unmittelbaren Umgebung befinden. Vielleicht gibt es einen Kinderbauernhof, wo Kinder Kühe melken dürfen, eine Apfelplantage zum Selberpflücken, vielleicht gibt es einen Waldspielplatz oder eine schöne Picknickwiese, von der Sie noch gar nichts wussten. Wenn Sie selbst abenteuerlustig sind, werden Sie Ihre Kinder ganz bestimmt anstecken. Bevor meine Schützlinge in den Kindergarten kamen, gab es bei uns die Einrichtung des „fabelhaften Freitags". Das war eine Art „Abenteuertag", den wir zusammen mit anderen Nannys und deren Schützlingen veranstalteten. Jede Woche machten wir einen Ausflug, immer mit einem anderen Ziel. Das ist eine regelmäßige Aktion, die jede Elterngruppe auf die Beine stellen kann, egal, ob es sich um eine offizielle oder eher lockere Gruppe handelt. Wir haben unter anderem einen Kinderbauernhof besucht, haben einen Tag am Strand verbracht, waren im Stadtpark von Boston und sind dort mit den berühmten Schwanenbooten gefahren. Manche dieser Ausflüge sind sogar zu einer alljährlichen Tradition geworden. Seit dem Jahr 2000 gehen wir beispielsweise jedes Jahr im September alle zusammen Äpfel pflücken. Im Juli besuchen wir immer einen Vergnügungspark, in dem man noch mit alten Dampflokomotiven und mit historischen Karussells fahren kann, es gibt dort auch Tretboote und vieles mehr. Als die Kinder noch kleiner waren, hat die besagte Nanny-Brigade auch ganz einfach Ausflüge unternommen, die wenig oder gar nichts kosteten und von denen trotzdem alle Beteiligten begeistert waren.

Hier ein paar Vorschläge für Ausflugsziele für alle Altersgruppen:

- Kindermuseum
- Naturwissenschaftliches Museum

- Naturlehrpfade
- Äpfel- oder Beerenpflücken
- Bauernhof
- Aquarium
- Historische Stätten
- Museumsdorf
- Park
- Seen oder Teiche
- Zoo/Streichelzoo/Ponyhof
- Kinderrestaurant

Manchmal sind wir einfach nur zwei Stationen mit der Bahn gefahren, haben irgendwo gepicknickt und sind wieder zurückgefahren. Wir sind zusammen auf Märkte oder in große Einkaufszentren gegangen, wo wir Leute beim Einkaufen oder Bummeln beobachteten. Es hat einen Riesenspaß gemacht, den Kindern all diese unterschiedlichen Umgebungen zu zeigen, und sie haben dadurch einen Eindruck von der Vielfalt des Lebens bekommen. Besorgen Sie sich ein Buch über lohnende Ausflugsziele für Familien – und dann nichts wie los!

- *Suchen Sie sich eine Freundin, die ein Kind im gleichen Alter hat.* Verabreden Sie sich einmal in der Woche, um gemeinsam etwas mit Ihren Kindern zu unternehmen. Das hilft Ihnen bestimmt auch dabei, in der „heißen Kleinkindphase" bei Verstand zu bleiben. Außerdem ist es schön, jemanden dabei zu haben, der/die sich um den Buggy und das Kind kümmern kann, wenn Sie unterwegs mal zur Toilette müssen.
- *Machen Sie Ihre Besorgungen und Einkäufe zusammen mit den Kindern.* Warten Sie zusammen in der Schlange am Bankschalter, gehen Sie gemeinsam zur Post, in den Supermarkt, gehen Sie Ihrem ganz normalen Alltag nach – zusammen mit den Kindern. Erklären Sie dabei alles, was Sie tun. Was für Sie ganz alltägliche Besorgungen sind, bietet Ihrem Kind reichlich Gelegenheit, Eindrücke zu bekommen und etwas zu lernen. Stellen Sie sich vor, Sie sind eine Kindergartenerzieherin und erklären Ihren Kindern die faszinierenden Tatsachen des täglichen Lebens.

Praxis-Tipp

Hier ein paar Anregungen, wie Sie bei Ihrem Kind die Lust am Lernen wecken und lebendig halten können.

- Richten Sie eine Dose oder einen Kasten mit der „Frage des Tages“ ein und füllen Sie den Behälter mit unterschiedlichsten Fragen, über die Sie ins Gespräch kommen können.
- Schließen Sie sich einer „Ausfahrgruppe“ an. Wenn Ihr Baby noch im Buggy sitzt, tun Sie sich mit ein paar anderen Müttern zusammen und machen Sie Spaziergänge mit unterschiedlichen Zielen – einfach in Ihrer Wohngegend, auf einen Markt, in ein großes Einkaufszentrum, auf den Spielplatz, in den botanischen Garten. Geben Sie Ihrem Kind Anregungen, indem Sie es mit unterschiedlichen Eindrücken und Umgebungen bekannt machen.
- Geben Sie Ihrem Kind Freispielzeiten – also Zeiten, in dem Sie Ihrem Kind kein Programm bieten und es auch nicht „bespielen“. Freispielzeit ist ein erstaunliches Lernwerkzeug. Kinder lernen dabei, sich selbst zu beschäftigen und finden die unterschiedlichsten Methoden, sich selbst zu unterhalten. Dabei erforschen sie die Welt in ihrem eigenen Tempo. Richten Sie in der Küche einen „Kinderschrank“ ein mit Töpfen und Plastikgefäßen, sodass nichts kaputtgehen und sich das Kind nicht verletzen kann. So kann sich Ihr Kind beschäftigen, während Sie kochen.
- Nutzen Sie die öffentliche Bibliothek in Ihrer Nähe, wenn dort Kinderveranstaltungen stattfinden.
- Gehen Sie zu Lesungen für Kinder, die häufig in Buchhandlungen oder Bibliotheken für Kinder unterschiedlicher Altersgruppen stattfinden.

PRAKTIZIEREN SIE EINEN LERNENDEN LEBENSSTIL

Hier ein paar Ideen, wie Sie erreichen können, dass das Lernen ganz selbstverständlich in den Alltag Ihres Kindes integriert ist:

- *Lassen Sie Ihr Kind einen Kurs besuchen.* Es gibt eine Menge Musik- und Kunstschulen für Kinder – auch schon für kleine Kinder – mit einem breit gefächerten

Angebot. Sportvereine bieten Kinderturnen und andere Kurse für kleinere Kinder an, es gibt Tanzschulen, Schwimmvereine und rhythmische Früherziehung – unzählige Möglichkeiten, durch die Ihr Kind spielerisch lernt und die meist nicht viel kosten. Durch die Teilnahme an solchen Kursen kommen Sie mit Ihrem Kind unter Leute, Ihnen fällt zu Hause nicht die Decke auf den Kopf und Ihr Kind kann sich austoben und Kontakt mit anderen Kindern aufbauen. Besonders wichtig ist das in der kalten Jahreszeit, wenn die Kinder nicht so viel im Freien spielen können.

- *Essen Sie auswärts.* Auch wenn Sie finanziell nicht so besonders gut gestellt sind, könnten Sie ab und zu den Italiener um die Ecke besuchen. Die Kinder lernen Tischmanieren und sich zu gedulden, während sie in einer anderen Umgebung sind und unterschiedliche Arten von Essen kennenlernen. Sie können Ihr Kind mit den unterschiedlichen Kulturen und deren Küche bekannt machen und außerdem ist es ja auch ganz nett, wenn Sie einmal nicht selbst zu kochen brauchen.
- *Essen Sie abwechselnd zusammen mit anderen Familien in den unterschiedlichen Häusern.* Dabei kann man auch Themen festsetzen. In der einen Woche gibt es chinesisches Essen, in der nächsten italienisches, dann mexikanisches etc. Gekocht wird abwechselnd, sodass jede Familie nur alle paar Wochen an der Reihe ist. Sie können die Kinder beteiligen, indem Sie sie den Tisch decken oder die Tischdekoration gestalten lassen, sie können das Menü zusammenstellen und am nächsten Tag eine Dankeschön-Karte schreiben. Ältere Kinder können beim Kochen und Servieren helfen.
- *Schließen Sie sich einer Kirchengemeinde an.* Gemeinden bieten oft Aktivitäten für Mütter und Kinder verschiedener Altersgruppen an, die allen Beteiligten Spaß machen. Vom Mutter-Kind-Frühstück über Spielkreise bis hin zu Vorträgen und Kursen gibt es oft ein schönes, vielseitiges Angebot.

MACHEN SIE IHR ZUHAUSE ZU EINER LERNZONE

Machen Sie aus Ihrem Zuhause ein Abenteuerland! Rüsten Sie sich mit unterschiedlichen Bastelmaterialien, Stiften und Malfarben aus, da können schon ganz kleine Kinder mitmachen.

Praxis-Tipp

Rezept für Modelliermasse:
400 g Mehl mit
200 g Salz und
10 g Alaun (Apotheke) mischen
500 ml Wasser (kochen)
3 Esslöffel Öl
3 Esslöffel Lebensmittelfarbe

Das Wasser langsam über das Mehlgemisch geben und gut rühren, bis die Mischung lauwarm ist. Teig gut durchkneten. Wenn der Teig trocken ist, noch etwas Öl dazu geben. In verschlossenem Gefäß aufbewahren, da die Masse sonst trocken wird.

Richten Sie einen Materialschrank ein, sodass Sie immer wieder aus Ihrem Fundus schöpfen können. Meine Lieblingsmaterialien sind:

- Stifte – in allen Farben und Größen
- Papier – alle Farben und Arten
- Zellstoff
- Klebestifte
- Farben
- Wattebäusche
- Kaffeefiltertüten
- Wäscheklammern
- Schaumstoffbuchstaben, -zahlen und -formen
- Stempel und Stempelkissen mit abwaschbarer Stempelfarbe
- Kinderscheren

VERHELFEN SIE IHREM KNOSPENDEN NATURWISSENSCHAFTLER ZUR BLÜTE

Ermutigen Sie Ihr Kind, sich selbst Antworten auf seine Fragen zu erarbeiten. Leiten Sie es an, kleine (ungefährliche!) Experimente durchzuführen und begleiten Sie es dabei. „Was ist das, Mama?", fragt Ihr Kind vielleicht und zeigt dabei auf einen Regenwurm. „Lass uns den mal ansehen", antworten Sie. Sie betrachten den Wurm ausführlich und sagen: „Das ist ja interessant. Der hat gar keine Beine, aber er kann sich trotzdem fortbewegen. Wie macht er das, schau mal? Welche Farbe hat er eigentlich? Vielleicht finden wir ja noch mehr über ihn heraus, wenn wir zu Hause in einem Buch oder im Internet nachschauen!"

Ihre Kinder sind nie zu jung, um zu lernen, wo sie Antworten auf ihre Fragen finden können. Zeigen Sie Ihren Kindern so früh wie möglich, wie viel Spaß eine solche Informationsbeschaffung zu den eigenen Fragen machen kann.

Informieren Sie sich in der Bücherei, wie man kindgerechte Experimente machen kann, und haben Sie bei Spaziergängen immer eine Lupe dabei, damit sie alles ganz genau betrachten können, was Sie in der Natur finden.

Ein „Experiment" kann so simpel sein wie eine Rosine oder ein Gummibärchen in ein Glas Limo bzw. Wasser zu werfen und dann zu schauen, was passiert (Die Rosine zieht kleine Bläschen an und steigt zur Oberfläche auf, die Bläschen zerplatzen und die Rosine ... geht wieder unter ... und dann beginnt dasselbe von vorn. Das Gummibärchen saugt sich voll Flüssigkeit und wird riesengroß).

Kindern macht es großen Spaß, so etwas zu beobachten, und Sie haben eine interessante Naturkundestunde an Ihrem Küchentisch (es gibt sehr viele Bücher mit solchen kleinen „Experimenten" für Kinder). Führen Sie eine Art Experimente-Tagebuch mit Aufzeichnungen der Beobachtungen Ihres Kindes, und richten Sie eine „Schatzkiste" ein, in der Ihr Kind seine in der Natur gefundenen Schätze aufbewahren kann. Mit ganz kleinen Kindern kann man in einem Wassereimer oder einer Wanne probieren, welche Gegenstände schwimmen und welche untergehen.

Lassen Sie Ihr Kind in einem Becher mit Erde etwas säen, oder lassen Sie einen Avocadokern keimen, indem Sie ihn mit Zahnstochern fixieren und auf ein Glas mit Wasser setzen. Für die ganz Abenteuerlustigen gibt es fertig zusammengestellte Pakete, in denen alles enthalten ist, was man braucht, um ein eigenes Kinderbeet im Garten einzurichten, zum Beispiel Sonnenblumensamen, Radieschen- und Möhrensaat und vieles mehr.

Gehen Sie so oft wie möglich mit Ihrem Kind nach draußen ins Freie, besonders wenn Sie einen eigenen Garten haben. Sorgen Sie für eine gut montierte Schaukel, ein Klettergerüst und einen Sandkasten. Wenn das nicht möglich ist, können Sie kostengünstige transportable Alternativen im Baumarkt kaufen. Beschaffen Sie für den

Sandkasten jede Menge Sandspielzeug. Es ist gut, wenn Ihre Kinder bei ganz unterschiedlichem Wetter im Freien sind, auch bei Regen oder Schnee! Selbst wenn sie dann nicht so lange draußen bleiben können, erfahren sie etwas über unterschiedliche Temperaturen, Niederschläge und die Auswirkungen des Wetters auf Gras, Bäume und Blumen.

ENTDECKE DIE MÖGLICHKEITEN ...

Im Folgenden ein paar Vorschläge, wie Sie dazu beitragen können, dass Ihr Kind neugierig bleibt oder es immer mehr wird.

- *Abonnieren Sie ein lokales Wochenblatt.* Häufig gibt es solche Blättchen sogar kostenlos. Oder nutzen Sie das Internet, um sich über Aktivitäten für Familien oder spezielle Veranstaltungen in Ihrer Gegend zu informieren. Es gibt viele Websites, die über spezielle Kinderveranstaltungen und -angebote informieren, oder auch Seiten mit lokalen Veranstaltungshinweisen für Kinder und Familien. Auch in Tageszeitungen gibt es vor dem Wochenende häufig Seiten mit einem Veranstaltungskalender für die Gegend.
- *Informieren Sie sich über Weiterbildungsangebote in Ihrem Wohnort.* Volkshochschulen, Vereine und andere Bildungseinrichtungen haben häufig ein breit gefächertes Angebot an Kursen und Workshops. Dabei gibt es auch immer häufiger Angebote für Familien, wie beispielsweise Straßenfeste, Puppentheater, Erziehungsseminare, Laternenfeste, Kinderbasare und vieles mehr. In der Stadt, in der ich arbeite, gibt es eine Veranstaltungsreihe, die sich „Kunst im Park" nennt, mit kostenlosen Angeboten während des gesamten Sommers. Die Zwillinge und ich haben schon die tollsten Vorstellungen von Jongleuren gesehen, Clowns, Marionettentheater, Musik – und das alles kostenlos! Solche Ereignisse sind auch eine großartige Möglichkeit, gleichaltrige Kinder aus der Gegend kennenzulernen, mit denen Ihre Kinder spielen können und vielleicht irgendwann dieselbe Schule besuchen.
- *Abonnieren Sie mindestens eine Zeitschrift zum Thema Erziehung (zum Beispiel „Eltern" oder „family").* Wenn Sie gefragt werden, was Sie sich beispielsweise zum Geburtstag oder sonstigen Anlässen wünschen, dann wäre das eine gute Möglichkeit.
- *Schließen Sie sich einem Spielkreis an.* Spielkreise eignen sich hervorragend, um Kinder miteinander in Kontakt zu bringen, aber sie sind auch großartig für Mütter, denn ein Gespräch mit einem vernünftigen Erwachsenen kann einem als Elternteil mit Kleinkindern schon mal den Tag retten. Man kann sich gegenseitig

Anregungen für Ausflüge geben, Kinderkleider tauschen, sich gegenseitig Erziehungstipps geben und einfach die Erfahrung machen, dass man mit den täglichen Freuden und Mühen des Elternseins nicht allein ist. Viele Spielgruppen entstehen auch online. Über Websites zum Thema Erziehung oder Schwarze Bretter in Schule, Kindergarten und Gemeinde lassen sich solche Kontakte relativ einfach herstellen.

- *Lesen Sie Infotafeln und „Schwarze Bretter".* Sie können sich gar nicht vorstellen, über wie viele neue Orte, neue Spielkreise und kinderfreundliche Veranstaltungen ich durch Anschlagbretter in der Bücherei, in Supermärkten und Cafés erfahren habe. Es lohnt sich auf jeden Fall, solche Anschlagbretter etwas genauer anzuschauen. Werden Sie aktiv! Auch Sie können dort Veranstaltungen bekannt geben. Wenn Sie einen neuen Spielkreis gründen, irgendeine andere kinderfreundliche Veranstaltung einrichten möchten, dann fragen Sie doch einfach nach, ob sie einen Zettel aufhängen dürfen.

Ich wünsche Ihnen viel Spaß bei der Umsetzung dieser praktischen Vorschläge in Ihrem ganz normalen Alltag. Denken Sie daran, dass Sie der Reiseführer Ihres Kindes durchs Leben sind. Zeigen Sie Ihren Kindern, was es da draußen alles gibt, und dann vermitteln Sie ihnen, wie sie all die Hilfs- und Lernmittel um sie her nutzen können. Was für Sie vielleicht schon Routine ist, ist für Ihr Kind ganz neu, spannend und abenteuerlich. Wenn Sie rechtzeitig beginnen, wird Ihr Kind eine lebenslang anhaltende Liebe zum Lernen entwickeln. Das ist eines der kostbarsten Geschenke, die Sie Ihrem Kind machen können!

Szene 20, die Zweite

UNTERWEGS ZUM LADEN

Henry: Was ist das, Papa?
Vater *geht näher dran:* Hmm ... komm doch mal ein bisschen näher und schau selbst; was glaubst du, was das ist?
Henry *geht hin und schaut genau:* Huch! Das bewegt sich ja! Was ist das?
Vater: Schau mal ganz genau, dann siehst du es selbst.
Henry: Ist das ein Insekt, Papa?
Vater: Sieht ganz so aus. Was glaubst du, was für ein Insekt das sein könnte?
Henry: Weiß ich nicht.

Vater: Und wie würdest du es beschreiben?
Henry: Na ja, es ist schwarz, es ist klein und es bewegt sich.
Vater: Toll beobachtet. Was könnte es denn wohl sein?
Henry *aufgeregt:* Eine Ameise, Papa. Das ist eine Ameise!
Vater: Genau! So, jetzt lass uns weitergehen. Vielleicht entdecken wir ja unterwegs noch mehr Insekten. Zu Hause könnten wir die Lupe und unser Käferbuch holen und dann mal im Garten schauen, was es dort alles für Krabbelviecher gibt.
Henry: Au ja. Das macht bestimmt Spaß!
Vater: Ja, bestimmt!

ZUSAMMENFASSUNG

Wie hat dieser Vater die Praxis-Tipps umgesetzt, um die Fragen seines Kindes zu beantworten, ohne die Geduld zu verlieren?

- ✘ *Er hört zu.* Nehmen Sie die Fragen Ihres Kindes ernst und ignorieren Sie sie nicht.
- ✘ *Er signalisiert, dass die Fragen wichtig sind und würdigt sie.* Er weiß, dass sein Kind etwas ganz Neues erlebt. Er will das Kind ermutigen und nimmt Anteil an dem Lernprozess.
- ✘ *Er lässt das Kind das Problem selbst lösen.* Geben auch Sie Ihrem Kind die Möglichkeit, seine Fragen selbst zu beantworten. Antworten Sie nicht zu schnell. Seien Sie einfach da, um wenn nötig Hilfestellung zu geben, aber ermutigen Sie es, selbstständig nachzudenken.
- ✘ *Er lobt konkret.* Sie können etwa Folgendes sagen: „Toll beobachtet!" „Gut überlegt!" „Du kannst wirklich schon gut Probleme lösen." „Weiter so!"
- ✘ *Er stellt weitere Entdeckungen in Aussicht und nutzt dieses gemeinsame Erlebnis mit seinem Sohn als Ausgangspunkt für weiteres Lernen.* Bieten Sie Ihrem Kind immer wieder Gelegenheiten zum Lernen, damit es sich weiterentwickeln kann.

Kapitel 21

DU BIST UNGLAUB-LICH!

Szene 21, die Erste

AUF DEM WEG IN DEN KINDERGARTEN

Vater: Komm jetzt, Julia! Wir sind spät dran! Beeil dich bitte ein bisschen!
Julia: Ich zieh mir meine Schuhe an.
Vater: Komm, lass mich das schnell machen. Wir haben jetzt keine Zeit, uns lange damit aufzuhalten.
Julia: Ich bin doch schon fast fertig. Menno, ich will das alleine machen!
Vater: Gib mir deinen Fuß und hör endlich auf herumzuzappeln. Los jetzt, auf geht's! Ab mit dir ins Auto!
Julia: Und was ist mit meiner Frühstücksdose?
Vater: Julia Marie, vergiss die Dose. Dafür haben wir jetzt keine Zeit mehr. Du bist wirklich eine Nervensäge.
Julia *den Tränen nah:* Tut mir leid, Papa.
Vater: Gut! Und jetzt geht's los!

Wir kennen ja alle Zeiten, in denen wir mit uns selbst und unseren Lebensumständen nicht gerade zufrieden sind. Wie gehen Sie mit solchen schwierigen und anstrengenden Zeiten um? Ich persönlich komme damit am besten zurecht, wenn ich mir selbst in Erinnerung rufe, wer ich eigentlich im Kern bin – auch abgesehen von meinen derzeitigen Lebensumständen; nämlich ein geliebtes Kind Gottes. Ich kenne meinen Wert. Ich weiß auch, dass diese schwierigen Lebensumstände nur vorübergehend sind und dass meine Gefühle nicht bestimmen, wer ich bin. Ich stelle fest, dass gerade Menschen, die wenig Selbstwertgefühl haben, mit den Klippen des Lebens schwerer zurechtkommen.

Ich habe Gott sei Dank schon als Kind gelernt, dass Gott mich immer liebt, egal was passiert, dass ich jederzeit über alles mit ihm sprechen kann und dass er zuhört und mir hilft. Meine Mutter hat mir tagtäglich bedingungslose Liebe vorgelebt. Sie hat mir gezeigt, dass ich in ihren Augen unendlich wertvoll bin – und in den Augen Gottes auch. Mir wurde vermittelt, dass meine Lebensumstände mich nicht ausmachen und bestimmen, auch wenn ich aus einer gestörten Familie komme. Mein festes Selbstwertgefühl war sehr viel bestimmender als meine damaligen Lebensumstände.

Es ist einfacher, starke Kinder aufzubauen, als kaputte Männer wiederherzustellen.
– Frederick Douglas –

DAS SELBSTWERTGEFÜHL IHRES KINDES AUFBAUEN

Das Selbstwertgefühl eines Kindes lässt sich mit dem Bau eines Turmes vergleichen. Es ist ein langsamer Prozess, der viel Aufmerksamkeit fürs Detail erfordert. Sehr wichtig dabei ist, ein tragfähiges, stabiles Fundament zu bauen, weil sonst der Turm mit zunehmender Höhe immer instabiler und damit einsturzgefährdet ist. Der Bau des Selbstwertfundamentes geschieht, indem Sie Ihrem Kind mit Worten und Taten zeigen, wie wertvoll es ist und dass es völlig unabhängig von den Umständen oder der Meinung anderer seinen Wert hat.

In der Familie „meiner" Zwillinge haben wir am Kühlschrank eine Liste kleben mit „Hundert Arten, ein Kind zu loben". Das ist wirklich praktisch! Selbst wenn einer meiner Schützlinge einmal einen schlechten Augenblick oder sogar einen schlechten Tag hat, kann ich auf diesem Zettel immer mindestens eine Sache finden, die ich sagen kann. „Austin, du bedeutest mir ganz viel." Das kommt auch bei einem Kind an, das gerade einen Wutanfall hat! *Wow, sie hat mich sogar lieb, wenn ich verrückt spiele.* Wenn ein Kind genügend solcher Erlebnisse hat, dann erkennt es die Wahrheit: *Was auch immer ich tue oder sage, wie viele Auszeiten ich auch über mich ergehen lassen muss, ich werde geliebt.*

Die Macht einer solchen bedingungslosen Liebe ist erstaunlich. Einer der Gründe, weshalb ich so hartnäckig betone, dass man das Verhalten und nicht die Person des Kindes kritisieren soll, ist der Umstand, dass das Selbstwertgefühl des Kindes dabei unangetastet bleiben muss. Das ist unglaublich wichtig, und ich kann Ihnen nur dringend raten, sich um Ihres Kindes Willen an diese Grundregel zu halten. Ein Kind als „böse" zu bezeichnen oder als „dumme Göre" bedeutet, es als Verlierer und Versager zu etikettieren und es dadurch zu brechen. Jedenfalls trägt es absolut nichts dazu bei, seinen Willen zu formen. Sie können gerade dabei sein, an der vierten Etage des Selbstwertgefühles Ihres Kindes zu bauen ... und dann mit einem einzigen

Wort alles zum Einsturz bringen. Danach dauert der Wiederaufbau dann doppelt solange wie der Anfang.

Ich kenne Nannys, die Stunden damit verbringen, die Folgen unfreundlicher Worte der Eltern ihrer Schützlinge einigermaßen wieder aufzufangen. Das wird an folgendem Gespräch deutlich.

„Michelle, ich ärgere mich so. Robbys Vater hat heute zu ihm gesagt, dass er wie ein Mädchen wirft."

„Oh nein. Wieso das denn?"

„Robby lernt gerade erst das Werfen mit dem Baseball, und die beiden haben sich gegenseitig den Ball zugeworfen. Sein Vater war nach einer Weile ziemlich frustriert, dass Robby es noch nicht besser kann, und hat dann diese Bemerkung gemacht. Er hat anscheinend gedacht, dass Robby sich dann mehr anstrengt – aber für Robby war damit leider der Spaß vorbei. Er war völlig fertig. Er hat den Ball einfach hingeworfen und kam zu mir gerannt. Er war total verletzt und hat dicke Tränen geweint."

„Und was hast du zu ihm gesagt?"

„Ich habe gesagt, dass ich ganz bestimmt auch traurig wäre, wenn jemand so etwas zu mir sagen würde, aber ich habe ihm auch versichert, dass sein Vater ihn liebhat und wohl mit seinen Worten versucht hat, komisch zu sein – nur dass der Witz für Robby kein bisschen lustig war. Ihm hat diese Bemerkung ganz schön wehgetan und Robbys Sehnsucht, die Anerkennung seines Vaters zu bekommen und sich wie ein großer Junge zu fühlen, ist tief enttäuscht worden. So viel Schaden kann in ein paar Sekunden angerichtet werden. Robby hat jedenfalls gesagt, dass er nie wieder Ball spielen will."

„Ach Mensch! Ich verstehe einfach nicht, wieso manche Leute meinen, dass ihre Kinder besser spielen oder bessere Sportler werden, wenn sie sie beleidigen!"

„Das verstehe ich auch nicht. Ich habe jedenfalls gedacht, dass es am besten ist, sofort wieder aufs Pferd zu steigen, und habe deshalb gesagt: ‚Los, Sportsfreund, lass uns rausgehen und ein paar Bälle werfen.' Und wir mussten ganz von vorn anfangen, mit kleinem Abstand, ganz vorsichtig, und es hat über eine Stunde gedauert, in der wir uns immer ein bisschen weiter voneinander entfernt haben und immer ein bisschen stärker geworfen haben, bis er wieder ein bisschen Selbstvertrauen hatte."

Schon ein einziges unbedachtes Wort kann den „Selbstwertturm" Ihres Kindes zum Einsturz bringen. Und weil man Worte nicht wieder zurücknehmen kann, wenn sie einmal ausgesprochen sind, ist es (hier wie überall!) besser, erst zu denken und dann zu reden. Und wenn Sie es vermasselt haben, indem Sie etwas Abwertendes gesagt haben, dann entschuldigen Sie sich so schnell wie möglich und wirklich ernsthaft. „Tut mir leid, Robby. Ich wollte dich wirklich nicht verletzen. Ich hab nur versucht, einen Witz zu machen, aber das war gar nicht lustig. Das war einfach dumm von mir. Du bist ein großer Junge und lernst schon richtig gut, den Ball zu werfen. Ich hab dich lieb und bin sehr stolz auf dich!“

IHRE KINDER SIND NIE ZU GROSS FÜR ZÄRTLICHKEIT

Gehen Sie nie davon aus, dass Ihre Kinder zu alt für das Bedürfnis sein könnten, umarmt oder gestreichelt zu werden oder ein „Ich hab dich lieb“ zu hören.

Ich hatte einmal einen Freund, der es für ziemlich befremdlich hielt, dass ich am Ende eines Telefongespräches mit meiner Mutter immer zu ihr sagte: „Ich hab dich lieb.“ Dieser Mann war 33 Jahre alt und konnte sich nicht daran erinnern, wann er seinen Eltern zum letzten Mal gesagt hatte, dass er sie liebhat – oder umgekehrt. Mich machte das unglaublich traurig und auch irgendwie fassungslos.

Ich bin in einem Haushalt aufgewachsen, in dem es immer einen Gutenachtkuss gab und wir umarmt wurden, bevor wir morgens in die Schule gingen. Manche Leute sagen: „Aber irgendwann sind Kinder dafür doch zu alt.“ Also, ich bin jetzt über 30 und mag die Umarmungen meiner Mutter immer noch! Jeden Tag, wenn ich zur Arbeit gehe, begrüße ich meine Schützlinge liebevoll. Wenn ich sie an der Schule absetze, verabschiede ich mich mit einem Küsschen, und wenn ich abends nach Hause gehe, sage ich immer zum Abschied zu ihnen: „Ich hab euch lieb.“ Liebe kann man gar nicht genug bekräftigen.

Ich kann mich noch genau erinnern, wie ich 2004 nach meiner Wahl zur „Nanny des Jahres“ von einer Zeitung interviewt wurde. Austin war damals 5. Neben dem Artikel war ein Foto von Austin, auf dem er die Arme weit ausbreitet, und die Unterschrift unter dem Foto lautete: „Michelle, ich hab dich so lieb!“ Ich war tief gerührt, als mir klar wurde, dass ich all meine investierte Liebe zurückbekam!

Untersuchungen haben ergeben, dass Kinder mit einem guten Selbstwertgefühl stolz auf ihre Leistungen sind, dass sie selbstständig entscheiden können, dass sie in der Lage sind, mit ihren Emotionen umzugehen, dass sie hilfsbereit sind und bereit, Neues auszuprobieren. Kinder mit geringem Selbstwertgefühl leiden an sich und der Welt, spielen oft sich und ihre Leistungen herunter und werten sich selbst ab, sie sind in sich gekehrt, leicht zu beeinflussen und vermeiden es, Neues auszuprobieren. Ganz allgemein fühlen sie sich abgelehnt und ungeliebt.

> *Eltern müssen das Gefäß des Selbstwertgefühls ihres Kindes so randvoll machen, dass auch der gesamte Rest der Welt nicht genügend Löcher hineinbohren kann, um es leer laufen zu lassen.*
> – Alvin Price –

Vielleicht ist Ihr Kind ja von Natur aus nicht so heiter und gelassen wie seine Geschwister. Aber Sie können dazu beitragen, dass auch ein von Natur aus eher melancholisches Kind so viel positive Bestätigung und Freude erlebt, wie es für seinen Persönlichkeitstyp überhaupt möglich ist.

MIT ENTTÄUSCHUNGEN UMGEHEN

Eine gemeine Bezeichnung ist nur eine von vielen Enttäuschungen, die Ihr Kind erleben wird. Denken Sie einmal an ein paar Enttäuschungen, mit denen Sie in jüngster Zeit zu tun hatten, kleine wie große. Vielleicht sind Sie bei einer Beförderung übergangen worden, vielleicht haben Sie mit einem Freund bzw. einer Freundin Krach, oder vielleicht ist auch ein naher Angehöriger von Ihnen plötzlich gestorben. Für diejenigen unter Ihnen, die nicht gelernt haben, mit Enttäuschungen fertigzuwerden, ist es fast unmöglich, sich von einem solchen Schlag wieder zu erholen – zumindest dauert es sehr, sehr lange.

Wenn Sie Ihre Kinder mit dem Handwerkszeug ausrüsten wollen, das man braucht, um mit Enttäuschungen umzugehen, dann müssen Sie ihnen als Erstes deutlich machen, dass Enttäuschungen zum Leben dazugehören. Enttäuschungen sind nicht ihr persönliches Problem und spiegeln auch nicht wider, wer oder wie sie sind. Dann müssen Sie Ihr Kind eine Enttäuschung auch wirklich erleben lassen. Vielleicht zieht der beste Freund Ihres Kindes weg und Ihr Kind ist schrecklich traurig. Viel zu häufig versuchen wir, solche schweren Situationen zu beschönigen oder darüber hinwegzutrösten, damit sich das Kind besser fühlt, und zwar mit unrealistischen Versprechungen.

Praxis-Tipps

Hier vier kreative Arten, wie Ihre Kinder ihre Enttäuschung auf gesunde, nicht destruktive Weise zum Ausdruck bringen können.

- Zeigen Sie ihnen, welche Worte sie benutzen können. „Wenn du stinksauer bist, dann sag: ‚Ich bin wütend!', und stampf mit dem Fuß auf (... aber halte dich dann von anderer Leute Füßen fern!)."
- Zeigen Sie ihnen gesunde Methoden, ihre Wut auszudrücken. Sie können beispielsweise ihre Wut in einer Art „Tanz" herausschütteln.
- Spielen Sie draußen etwas Schnelles, Bewegungsreiches, beispielsweise Fußball, wobei sie sich abreagieren können.
- Machen Sie ihnen Mut, ihre Gefühle aufzuzeichnen oder zu malen. Manchmal können sie besser malen als sagen, was sie empfinden, weil ihr Wortschatz noch nicht so umfangreich ist.

Wir sagen: „Sei doch nicht traurig. Er kommt dich bestimmt mal besuchen", obwohl wir genau wissen, dass das eher unwahrscheinlich ist, weil die Familie 500 Kilometer weit weggezogen ist. Vielleicht ist Ihr Haustier gestorben, aber statt Ihrem Kind die Wahrheit zu sagen, erzählen Sie, dass Fido jetzt im Hunde-Altersheim lebt. Warum haben wir eigentlich solche Angst davor, unseren Kindern Enttäuschung, Schmerz oder Kummer wirklich zuzumuten? Wir tun ihnen damit keinen Gefallen, denn so lernen sie nicht, die Situation und die damit verbundenen Gefühle auszuhalten und zu verarbeiten.

Wenn also der Freund Ihres Kindes wegzieht, dann gestehen Sie Ihrem Kind doch einfach zu, dass es deshalb traurig ist. Helfen Sie ihm durch die Gefühle hindurch, die es gerade empfindet. Zeigen Sie ihm, was es sagen kann, wenn es keine Worte für diese Gefühle hat. „Ich weiß, dass du traurig bist, weil Carsten so weit weggezogen ist. Schließlich wart ihr beide richtig dicke Freunde." Ermutigen Sie das Kind, seine Situation zu bearbeiten. Versuchen Sie, etwas zu finden, was es tun kann, um seine Gefühle auszudrücken. „Hey, wir könnten Carsten doch ein Bild für sein neues Zimmer malen und es ihm dann schicken. Du kannst mir alles sagen, was du Carsten gern erzählen würdest, und ich schreibe es für dich auf. Dann schicken wir ihm das Bild und deinen Brief." Sie geben Ihrem Kind dadurch ein Gefühl von Kontrolle über eine Situation, über die es eigentlich keine Kontrolle hat.

Eine andere Möglichkeit, Ihrem Kind beim Umgang mit Enttäuschungen zu helfen, besteht darin, ihm zu vermitteln, dass Gefühle vorbeigehen und nicht ewig andauern. Sie können Ihrer deprimierten Tochter sagen: „Vielleicht denkst du, dass du jetzt immer so traurig bleibst, aber du wirst auch wieder fröhlich, das verspreche ich dir. Es dauert nur eine Weile. Wenn man wirklich traurig ist, dann hilft es oft, einfach zu weinen. Die glücklichen Gefühle kommen ganz bestimmt irgendwann wieder."

Sie können Ihrem Kind auch vermitteln, dass sein Handeln nicht von seinen Gefühlen beherrscht zu werden braucht. Wenn man wütend ist, braucht man niemanden zu boxen. Wenn man traurig ist, braucht man sich nicht unbedingt zurückzuziehen und allein vor sich hin zu brüten. Auch wenn es eine der vielen Möglichkeiten im Umgang mit Wut und Trauer sein kann, in ein Kissen zu boxen oder sich ein wenig zurückzuziehen, ist es sinnvoll, Ihrem Kind deutlich zu machen, dass es eine große Bandbreite an guten und weniger guten Möglichkeiten des Umgangs mit Gefühlen gibt. Geben Sie ihm Anregungen, wie es mit Traurigkeit und Wut fertigwerden kann, wie es sich selbst wieder beruhigen und auf nicht zerstörerische, sondern konstruktive Weise mit seinen Gefühlen umgehen kann.

Sie können Ihrem Kind vermitteln, dass schlechte Gefühle vorbeigehen und dass Sie da sind, um ihm zu helfen. Sie können beispielsweise sagen, dass es ein bisschen so ist, wie eine Spritze zu bekommen. Eine Spritze tut immer weh, aber sie ist weniger schlimm, wenn man jemanden dabei hat, der einem die Hand hält, und irgendwann ist der Schmerz dann auch wieder vorbei und vergessen!

Wenn Sie sich als Freund und Tröster zur Verfügung stellen, zeigen Sie Ihrem Kind, wie viel es Ihnen bedeutet. Ein Kind braucht einen weichen Landeplatz, wenn die Welt da draußen ihm hart und kalt vorkommt. Einen solchen Platz können Eltern bieten.

Kinder, die lernen, mit Kummer und Enttäuschungen umzugehen, verarbeiten beides und stehen dann wieder auf, um sich den Herausforderungen des Lebens zu stellen. Kinder, die nicht von klein auf die Chance bekommen, Enttäuschungen als ganz normalen Teil des Lebens zu erleben, werden irgendwann den großen Schock erleben. Bereiten Sie Ihr Kind auf das Leben vor, indem Sie ihm erlauben, auch Kummer und Enttäuschungen zu erleben.

SELBSTVERTRAUEN

Auch wenn Kinder die Erfahrung gemacht haben, dass sie nicht im Stich gelassen werden, ist es ebenso wichtig, ihnen zu vermitteln, dass sie auch allein und für sich in Ordnung sind. „Selbstsicherheit bezieht sich auf bestimmte Fertigkeiten und Fähigkeiten, über die ein Mensch verfügt, Selbstvertrauen bezieht sich auf die Gewissheit eines Menschen, dass er über die inneren Ressourcen verfügt, um mit einer Situation auch allein fertigzuwerden.“[1]

Selbstvertrauen zu haben bedeutet zu wissen, dass sich ein Kind im schlimmsten denkbaren Fall auf sich selbst verlassen und es schaffen kann. „Ein Mensch mit Selbstvertrauen hat mehr Kontrolle über sein Leben und wird auch damit fertig, wenn der Wind des Lebens hin und wieder steif von vorn weht.“[2]

Es ist schwer für Eltern (und Nannys), ihre Kinder erwachsen werden zu lassen. Loslassen ist nicht einfach! Wenn ich weiter vorn gesagt habe, dass man für ein Kind nie etwas tun soll, was es schon selbst kann, dann sage ich das nicht, weil ich faul und gemein bin, sondern weil ich weiß, es ist der liebevollste Weg, ein Kind zu erziehen. Ich weiß, dass sich ein Teil des kindlichen Selbstwertgefühls daraus ergibt, dass es mehr und mehr selbst kann und sich zutraut. Das findet ganz wunderbar Ausdruck in der alten Weisheit: „Gib einem Kind einen Fisch, dann hat es eine Mahlzeit. Lehre es angeln, und es kann sich ein Leben lang selbst ernähren.“

Wenn Sie Ihr Kind ermutigen, sich auf den Weg zu machen und selbst Dinge aus-

---

1 http://www.indiaparenting.com/confidentchild/index.shtml.

2 http://www.indiaparenting.com/raisingchild/data/raisingchild050.shtml.

zuprobieren, und wenn Sie es vor Herausforderungen stellen, dann lassen Sie es das Leben üben. Wenn das gelingt, erwächst daraus Selbstvertrauen. Statt einfach dazusitzen und zu schmollen lernt es, wie man echte Probleme löst.

Wenn Sie eine gläubige Familie sind und Ihren Kindern vermitteln, dass sie sich auf Gott und seine Kraft verlassen können, dann ist das ein großes Geschenk. Sie können Ihre Kinder nicht immer und überallhin begleiten, aber Sie können ihnen sagen und vorleben, dass Gott immer und überall bei ihnen ist und sie begleitet, dass er immer da ist und sie jederzeit mit ihm reden können. Das hilft einem Kind, sich auf der Welt nicht so allein zu fühlen.

SELBST GRENZEN SETZEN LASSEN

Wenn Ihr Kind einmal weiß, wer es ist, und wenn es sicher ist, dass es geliebt und wertvoll ist, dann werden Sie staunen, wie gut es mit den Höhen und Tiefen des Lebens fertigwird. Sie werden erleben, dass Ihr Kind liebevoll mit anderen umgeht und sich in sie hineinversetzen kann, dass es angemessen mit Kummer und Enttäuschungen fertigwird und wie es selbstständig mitdenkt, um Probleme zu lösen.

Meine Schützlinge verordnen sich inzwischen sogar schon selbst Auszeiten, und manchmal frage ich nicht mal mehr nach, warum. Anscheinend haben sie dann etwas verzapft, was nicht in Ordnung war, und sie haben selbst Maßnahmen in die Wege geleitet, um ihr Verhalten zu korrigieren. Ich höre dann oft, wie der „Täter" sich beim „Opfer" entschuldigt, und manchmal bekomme ich zufällig mit, wie das „Opfer" sagt: „Okay, ich nehme deine Entschuldigung an." In einem solchen Fall brauche ich gar nicht zu wissen, was vorgefallen ist, denn die Jungen haben die Situation ja schon selbst gelöst. Sie fangen an, sich selbst Grenzen zu setzen in Bezug auf das, was annehmbar ist und was nicht, und zwar auf der Grundlage ihrer bisherigen Lebenserfahrung.

DEN WEG WÜRDIGEN

Ich führe eine Art Tagebuch-Fotoalbum mit Bildern, Texten, Kinderzeichnungen etc. Zurzeit umfasst mein Album von den Zwillingen bereits drei Bände, die mit der Schwangerschaft anfangen und bis heute reichen. Es gibt Fotos von jedem kleinen Entwicklungsschritt. Das erste Mal, als Papa seine beiden Söhne im Arm hält, der erste Zahn, der erste Frisörbesuch, der erste Schultag, Ausflüge mit mir etc. Dieses Album umfasst auch unsere alljährlichen Traditionen wie das bereits erwähnte Äpfelpflücken, der Skiurlaub mit der Familie, es zeigt sie beim Spiel mit Freunden und dabei, wie sie ihre Welt erkunden.

Ich finde es sehr wichtig, dass die Jungen ein solches Fototagebuch ihres Lebens haben. Es zeigt, dass die Dinge, die in ihrem Leben passieren, so wichtig sind, dass auch andere sie sehen sollen. Sie lieben es, diese Alben durchzublättern und bei jedem Foto in Erinnerungen zu schwelgen: was für ein Gefühl es war, als der Weihnachtsmann ihnen genau das brachte, was sie sich gewünscht hatten; wie es war, als ein riesiger „Osterhase" ihnen die Hand schüttelte. Sogar Augenblicke, in denen sie sich gegenseitig umarmen, finden sie dort wieder und freuen sich.

Solche Augenblicke im Bild festzuhalten, die Bilder immer und immer wieder anzuschauen und sie zu kommentieren zeigt, dass die Jungen für mich (und ihre Eltern) wichtig genug sind, um alles an ihnen als wichtig zu betrachten – die kleinen wie die großen Entwicklungsschritte. Es erinnert sie daran, wer sie sind, und an all die Liebe, von der sie umgeben sind.

Szene 21, die Zweite

AUF DEM WEG ZUM KINDERGARTEN

Vater: Komm jetzt, wir sind spät dran! Beeil dich!
Julia: Ich zieh grad meine Schuhe an.
Vater: Okay, okay. Versuch es allein und ruf mich, wenn du Hilfe brauchst. Ich hol schon mal das Auto aus der Garage.
Julia: Ich bin gleich fertig.
Vater: Gut. Du schaffst das bestimmt. Ich komm gleich wieder rein und hole dich.
Julia: Und was ist mit meiner Frühstücksdose?
Vater: Gut, dass du daran denkst! Schnapp sie dir auf dem Weg nach draußen. Es ist dein Frühstück, also deine Verantwortung. Wir sind spät dran, also jetzt volle Kraft voraus!
Julia: Okay, Papa. Ich hol noch schnell die Dose!

ZUSAMMENFASSUNG

Wie hat dieser Vater die Praxis-Tipps umgesetzt und Julia ermutigt, statt sie zum Weinen zu bringen?

- ✘ *Er erlaubt ihr zu versuchen, ihr Problem allein zu lösen.* Er ist da, um sie zu ermutigen und ihr bei dem zu helfen, was sie noch nicht selbst kann, aber er nimmt es nicht vorweg.
- ✘ *Sein Lob ist konkret.* „Weiter so!", ist ein Lob für Hartnäckigkeit. „Gut, dass du daran denkst", ist ein Lob für Verantwortungsbewusstsein.
- ✘ *Er überlässt ihr die Verantwortung für ihre eigenen Angelegenheiten.* „Wenn du im Kindergarten etwas essen willst, dann musst du auch daran denken, es mitzunehmen." Er zeigt seinem Kind, dass er ihm etwas zutraut, und das Kind schafft es auch. (Das setzt natürlich voraus, dass Ihr Kind weiß, wo es alles Nötige findet.)
- ✘ *Ihm ist klar, dass eine wichtige Lektion es manchmal wert ist, dafür zu spät zu kommen.* Manche Dinge sind eben etwas langwieriger, aber es lohnt sich, dafür ein paar Extraminuten zu investieren und eine kleine Verspätung in Kauf zu nehmen.

Kapitel 22

SIE KRIEGEN DAS HIN!

Szene 22, die Erste

IM AUTO

Mutter: Es reicht wirklich! Ich schwöre dir, Lukas, ich bekomme noch einen Nervenzusammenbruch. Die Kinder sind völlig außer Kontrolle und du und ich sind uns absolut uneinig in allem, was ihre Erziehung angeht. Ich kann mir nicht vorstellen, dass es noch schlimmer werden kann, als es zurzeit ist.
Vater: Und wir haben gedacht, die Kinder bei der Supernanny im Fernsehen wären gestört! Wo könnten wir nur für unsere Familie eine Mary Poppins herbekommen, die das Chaos in den Griff bekommt?
Mutter: Ich bin jedenfalls mit meiner Weisheit am Ende. Was auch immer passiert ist, ich fühle mich völlig hilflos und hoffnungslos, und ich bin einfach nur noch fertig. Ich hätte nie gedacht, dass es so schwierig ist, Kinder zu haben.
Vater: Ich weiß, ich weiß es ja. Im Augenblick fühlt sich Elternsein für mich eher so an wie eine Strafe als wie ein Vorrecht. Wir müssen einen Weg finden, es anders anzugehen, sonst geht unsere Ehe und die ganze Familie kaputt.

Herzlichen Glückwunsch, dass Sie es bis zum Ende des Buches geschafft haben! Vielleicht hat sich das Lesen irgendwie angefühlt wie Wehen, mit allem Drum und Dran, mit den Schmerzen, den Pausen ... und vielleicht auch einer Übergangsphase (*Wie lange dauert es noch, bis der gute Teil kommt?*).

Alle Familien haben ihre ureigensten Probleme und Persönlichkeiten. Ich bin sicher, dass Sie sich in mindestens einer der Szenen am Anfang jedes Kapitels wiedergefunden haben. Zu Erziehungsproblemen kommt es nicht, weil Eltern keine guten Menschen sind, sich nicht genug Mühe geben oder ihre Kinder nicht lieben. Diese Probleme gibt es, weil den meisten Eltern die praktischen Fertigkeiten fehlen oder weil sie zu gestresst sind, um sich noch auf Konsequenz und durchgängiges Verhalten konzentrieren zu können. Wir lernen in der Schule nicht, wie man Kinder erzieht.

Wenn wir also keine perfekten Eltern gehabt haben, die uns ein friedvolles, liebevolles, harmonisches, reibungslos laufendes Zuhause vorgelebt haben, dann müssen wir uns selbst unseren Erziehungsstil erarbeiten.

Die Nannys, die ich gut kenne, haben nicht nur ein Händchen für die Arbeit mit Kindern, sondern durch eine gründliche Ausbildung und viel Erfahrung (sowie den Vorteil größerer Objektivität) ganz andere Möglichkeiten, Stress und Anstrengung in Familien zu reduzieren. Vielleicht sind deshalb so viele Eltern bereit, eine Zeit lang bei der *Supernanny* in die Lehre zu gehen. Die Ergebnisse, die auch Sie wahrscheinlich schon im Fernsehen gesehen haben, sind nicht nur faszinierend, sondern auch anrührend.

Weil es sich nicht jede Familie leisten kann, eine Woche lang eine Nanny zu engagieren, um akute oder länger bestehende Probleme zu lösen, ist mein Ziel mit diesem Buch, eine Art „Dauernanny" zu sein, die bei Ihnen auf dem Bücherregal wohnt und die sie hervorholen können, wenn Sie nicht mehr weiter wissen, eine Portion Ermutigung oder einen kreativen Trick brauchen. (Sie sind außerdem herzlich eingeladen, mich auf meiner Website zu besuchen – www.nannytotherescue.net, wo es zum Beispiel den „Tipp des Tages" gibt und viele weitere Ideen und Hilfen für Eltern.)

Es ist unrealistisch zu glauben, dass Sie das Buch einmal von vorn bis hinten durchlesen und dann alle Prinzipien und Grundregeln anwenden können, sodass – Voilá – das Leben perfekt ist und alles glattläuft. Chaos entsteht nicht von heute auf morgen, sondern kann über Monate, ja sogar Jahre entstehen, und natürlich dauert es dann meist auch entsprechend lange, die Ordnung wieder herzustellen.

Ich mache Ihnen folgenden Vorschlag: Schauen Sie das Buch noch einmal durch und suchen Sie sich Ihre zwölf Lieblings-Praxis-Tipps aus. Schreiben Sie sie auf und legen Sie den Zettel dann in das Buch hinein. Konzentrieren Sie sich nun jeden Monat auf einen der 12 Tipps, und am Ende des Jahres werden Sie eine drastische Veränderung in Ihrem Familienleben bemerken. Wenn Sie noch mehr verändern möchten, versuchen Sie hin und wieder – alle ein, zwei Wochen etwa –, noch einen zusätzlichen Tipp zu beherzigen.

Zu den wichtigsten Strategien in diesem Buch gehört es, dass Mutter und Vater (oder andere Erziehungsberechtigte) sich einig sind und dasselbe Ziel verfolgen, möglichst mit Hilfe derselben Methoden. Intakte Familien sind wie starke Bäume. Sie, die Eltern, sind die Wurzeln, und Ihre Kinder sind die Äste. Je stärker und gesünder die Wurzeln, desto mehr Früchte tragen die Äste. Und jetzt stellen Sie sich mal vor, wie der Baum in 20 Jahren aussehen wird. Ist er groß und hat viele Äste? Die Größe der Astkrone spiegelt die des Wurzelgeflechts wider. Sie sind nicht nur Eltern eines Hauses voller kleiner Menschen, sondern eines Tages werden Sie die Ureltern eines ganzen Stammbaumes sein.

Was wird Ihr Vermächtnis sein?

Wenn Sie alleinerziehend sind, dann haben Sie meine ganze Hochachtung. Bauen Sie sich ein starkes Netzwerk zu Ihrer Unterstützung auf. Nutzen Sie alle Hilfen, die Ihnen zur Verfügung stehen: Familie, Freunde, Selbsthilfegruppen für Alleinerziehende, Nachbarn und sogar Chaträume (vorausgesetzt natürlich, Sie haben überhaupt Zeit dazu, im Internet zu surfen). Um Hilfe zu bitten ist kein Zeichen von Schwäche, sondern im Gegenteil ein Merkmal großer Stärke. Es gibt genug Zeiten, in denen Sie in Ihrer Aufgabe als Mutter oder Vater allein dastehen, also nutzen Sie jede sich bietende Möglichkeit, sich ein Netzwerk zu schaffen, in dem nicht nur Sie selbst Unterstützung finden, sondern zu dem auch Menschen gehören, die Ihre Kinder lieben.

Meiner Mutter ist es wirklich ganz großartig gelungen, mich allein großzuziehen, ich bin also ein lebender Beweis dafür, dass das geht!

Wenn ich mir eine Auswirkung dieses Buches wünschen dürfte, dann dass Sie sich befähigt und bestärkt fühlen. Ich wünsche mir, dass Sie an sich selbst und an die Ihnen von Gott geschenkte Fähigkeit zum Elternsein glauben.

Am Ende dieses Buches möchte ich Ihnen gern ein ergreifendes Erlebnis weitergeben. Eine Nanny zu sein ist der einzige Beruf, bei dem das Wunschergebnis und die höchste Beförderung darin bestehen, dass man sich selbst überflüssig macht. Als ich mit dem Buchmanuskript fertig war, wurde mir klar, dass für mich schon bald wieder eine solche Beförderung ansteht. So ähnlich wie bei Mary Poppins, wenn sie spürt, dass der Wind die Richtung ändert. Ich erlebe zurzeit gerade das, was für jede Nanny am schwersten ist: das Loslassen. Meine beiden Schützlinge stehen kurz vor dem Übergang in eine Ganztagsschule, und mit ihren vielen Aktivitäten nach der Schule sind sie meist bis zum Abend beschäftigt, sodass sie schon bald keine Nanny mehr brauchen werden.

So bittersüß diese Veränderung auch sein wird, es ist mir ein großer Trost zu wissen, dass das, was ich ins Leben dieser beiden Jungen eingebracht habe, in den kommenden Zeiten in ihnen wachsen und gedeihen und ihnen hoffentlich helfen wird. Und das, was ich von ihnen gelernt habe, mir helfen wird, das nächste Kapitel in meinem Leben aufzuschlagen. Seit ich von der *International Nanny Association* im Jahre 2004 zur „Nanny des Jahres" ernannt worden bin, habe ich das Gefühl, dass ich Mentorin für andere Nannys und für Eltern werden soll, die Anleitung und Ermutigung brauchen. Wohin auch immer der Wind mich trägt, ich bin gespannt, was als Nächstes kommt.

Ich kann nur staunen, wenn ich daran denke, dass Gott einem Mädchen, das so viele Schläge hat einstecken müssen, das Vorrecht gegeben hat, so wunderbare Kinder zu hegen, zu pflegen und zu fördern. Wenn Gott das für mich tun konnte, dann kann er ganz bestimmt auch Sie dazu ausrüsten, Ihrem Kind eine gute Mutter oder ein guter Vater zu sein.

Nutzen Sie diese kurze, aber intensive Zeit mit Ihren Kindern. Seien Sie bestimmt, seien Sie freundlich, und vergessen Sie nicht, mit ihnen Drachen steigen zu lassen, bis ganz hoch hinauf, wo die Luft klar ist!

Szene 22, die Zweite

IM AUTO

Mutter: Kannst du dir noch vorstellen, dass ich im letzten Jahr zu dieser Zeit am Rande eines Nervenzusammenbruchs stand?
Vater: Das scheint eine Ewigkeit her zu sein, nicht wahr?
Mutter: Weißt du, ich habe wirklich gedacht, dass es nie mehr besser wird. Ich dachte, dass wir in diesem chaotischen Lebensstil festsitzen und es keinen Ausweg gibt.
Vater: Wir haben es ja wirklich versucht – aber irgendwas hat gefehlt.
Mutter: Ja. Es war nicht so, dass wir es nicht wirklich versucht hätten, sondern einfach fehlendes Training.
Vater: Ja – ein bisschen Schulung, ein bisschen Übung, ein guter Plan und ganz viel Gebet! Vielleicht sollten wir die Kinder doch nicht auf den Mond schießen!
Mutter *kichernd*: Ja, sie sind eigentlich gar nicht so übel. Und du auch nicht. Danke, dass du mich in allem unterstützt hast. Es kommt ja irgendwann der Zeitpunkt, wenn die Kinder aus dem Haus gehen und nur wir beiden noch übrig bleiben. Und wir können dann den Rest unseres Lebens damit verbringen, die Früchte unserer Arbeit zu genießen.
Vater *verträumt*: Ja ... Dann können wir reisen, was von der Welt sehen und einfach mal die Beine hochlegen. Aber bis dahin könnten wir ein gutes gelungenes Jahr vielleicht auch im Kleinen feiern.
Mutter: Schwebt dir da etwas Bestimmtes vor?
Vater: Wir könnten doch so eine Art Midlife-Flitterwochenende in einem schicken Hotel machen. Den Kindern versprechen wir dafür einen Ausflug in einen Freizeitpark.
Mutter: Du organisierst den Babysitter, mein Schatz. Ich lege eine CD von den Beach Boys ein und fange schon mal an zu packen! Wir haben es uns wirklich verdient!

Wenn Kinder mit Feindseligkeit leben,
dann lernen sie zu kämpfen.
Wenn Kinder mit Demütigungen leben,
dann lernen sie, schüchtern zu sein.
Wenn Kinder mit Toleranz leben,
dann lernen sie, geduldig zu sein.
Wenn Kinder mit Ermutigung leben,
dann lernen sie Selbstsicherheit.
Wenn Kinder mit Lob leben, dann lernen sie,
sich selbst und andere wertzuschätzen.
Wenn Kinder mit Fairness leben,
dann lernen sie Gerechtigkeit.
Wenn Kinder mit Sicherheit leben,
dann lernen sie glauben.
Wenn Kinder mit Zustimmung leben,
dann lernen sie, sich selbst zu mögen.
Wenn Kinder mit Annahme
und Freundschaft leben, dann lernen sie,
Liebe in der Welt zu finden.
– unbekannter Verfasser –

MICHELLES TOP 13 PRAXIS-TIPPS

- Lieben Sie einander. Mit Liebe können Sie zwar hin und wieder eine Schlacht verlieren, aber niemals einen ganzen Krieg.
- Seien Sie Eltern, nicht Freunde oder Kumpel Ihrer Kinder. Halten Sie sich an diesen Tipp, und in zwanzig Jahren wird Ihr Kind Ihr(e) beste(r) Freund/in sein.
- Kein Kind ist böse. Denken Sie daran, dass es nur sein Verhalten ist, das manchmal zum Himmel stinkt.
- Bewahren Sie sich eine positive Einstellung. Es ist schwer, negativ zu sein, wenn alle anderen in der Familie eine positive Einstellung haben.
- Erziehung und Training sind Synonyme. In der Bibel steht: „Erziehe dein Kind schon in jungen Jahren - es wird die Erziehung nicht vergessen, auch wenn es älter wird." (Sprüche 22,6).
- Wenn Sie erzieherische Maßnahmen ergreifen, dann geschieht das aus Liebe; Bestrafung geschieht aus Zorn, Erziehung ist aber immer ein Akt der Liebe.
- Treten Sie als Elternteam auf. Nur ein Team, das sich einig ist, hat Siegchancen. Seien Sie sich einig in Erziehungsfragen.

- Reden Sie miteinander. Kommunikation ist der Schlüssel zum Gelingen jeder Beziehung.
- Agieren Sie als Eltern aktiv. Proaktive Eltern sind vorbereitet; Eltern, die immer nur reagieren, sind im Nachteil und können Wesentliches versäumen.
- Seien Sie konsequent. Regeln sind nur dann wirkungsvoll, wenn sie immer und überall durchgesetzt werden.
- Hören Sie Ihren Kindern zu. Sie haben nicht ohne Grund zwei Ohren und nur einen Mund. Hören Sie mehr zu, als Sie reden, und hören Sie aktiv zu: Suchen Sie Blickkontakt, bestätigen Sie, fragen Sie nach.
- Positiv–negativ–positiv: Sprechen Sie für jedes negative Wort zweimal ein konkretes Lob aus.
- Beten Sie! Eine Familie, die zusammen betet, bleibt zusammen.